Zeit für Paris
Die »Stadt der Lichter« entdecken und genießen

Kurt Ulrich · Dominique Lesbros

BRUCKMANN

Inhalt

1 Quadriga auf dem Arc de Triomphe du Carrousel. **2** Erklärung der Menschenrechte in der Metro-Station Concorde. **3** Luxusgeschäfte säumen die Place Vendôme. **4** Auf dem Pont des Arts treffen sich die Liebespaare. **5** Die Binnenschiffe tragen gern Namen französischer Stars.

Die Place de la Concorde ist der
größte, aber auch verkehrsreichs-
te Pariser Platz. Sein heutiges
Gesicht erhielt der Platz in der
Mitte des 19. Jahrhunderts von
Jacques Ignace Hittorff, der in Köln
als Jakob Ignaz Hittorff geboren
wurde. Der deutsch-französische
Architekt ließ sich vom Peters-
platz in Rom inspirieren:
in der Mitte ein 23 Meter hoher
und über drei Jahrtausende alter
Obelisk aus Luxor, flankiert von
zwei Springbrunnen mit drei
Bassins. Den nördlichen Brunnen
schmücken Flussgottheiten,
den südlichen (im Vordergrund)
Meergottheiten.

Bonjour Paris!
Eine Weltstadt mit dem gewissen Etwas

Paris ist eine Stadt, von der man in der Mehrzahl sprechen sollte, das Paris der Touristen hat mit dem Paris der Pariser kaum etwas gemein.« Was der dort geborene Schriftsteller Julien Green (1900 – 1998) vor Jahren in einem Essay geschrieben hat, gilt immer noch.

Das touristische Paris reduziert sich auf ein ungleichmäßiges Fünfeck: Sacré-Cœur im Norden, Panthéon im Süden, Notre-Dame im Osten, Eiffelturm und Arc de Triomphe im Westen. Hier treten sich Besucher aus aller Welt auf die Füße, finden sie ihr Paris-Bild bestätigt – Monumente und Kirchen, Museen und Paläste, Avenuen und Boulevards. Doch diese visuellen Attraktionen – steinerne Symbole französischer Kultur und Geschichte – zeigen nur eine Seite der facettenreichen französischen Metropole. Wer statt Sehenswürdigkeiten abzuhaken die ausgetretenen Pfade verlässt, entdeckt in Paris eine einzigartige Mischung von Geschichte und Geschichten, Kultur und Kulturen.

Ohne den chronisch chaotischen Verkehr und die vielen Rotlichter ließe sich Frankreichs Hauptstadt von Norden nach Süden bequem in drei Stunden durchwandern. Denn sie ist, anders als London (321 Quadratkilometer) oder Moskau (879 Quadratkilometer), eine kleine Kapitale. Mit der Ringautobahn Boulevard Périphérique als Begrenzung bedeckt sie eine Fläche von lediglich 105 Quadratkilometern, die Einwohnerzahl beträgt bloß 2,1 Millionen. In der Banlieue, den tristen Schlafstädten der Agglomeration, leben fünfmal mehr Menschen.

Fragt man einen Pariser, wo er wohnt, so nennt er nicht eine Straße, sondern antwortet »im Vierten«, »im Achten, »im Sechzehnten«, der Nummer des Arrondissements, in dem er zu Hause ist. Seit 1860 besteht die Stadt aus 20 Arrondissements, die sich vom Zentrum aus mit Louvre, Palais Royal und Place Vendôme (1. Arrondissement) spiralenförmig von innen nach außen mit ansteigenden Nummern im Uhrzeigersinn aneinanderreihen. Jedes Arrondissement hat seine unverwechselbare Atmosphäre, ist eine kleine Welt mit Rathaus, Markt, Grünanlagen, Kinos und Kneipen.

1

Traditionell liegen die *beaux quartiers* – die schönen Viertel –, in denen die feinen Leute wohnen, im Westen (7., 8., 16. Arrondissement), die *quartiers populaires* der Arbeiter und Handwerker im Osten (19., 20. Arrondissement).

Zurzeit verändert sich die soziale Geografie in Paris. Die Bourgeois-Bohèmes, abgekürzt »Bobos«, bilden eine neue Oberschicht der Informationsgesellschaft, die Eigenschaften von Bürgertum und Boheme aufweist: beruflich erfolgreich, gut verdienend, das Leben genießend, gleichzeitig aber nonkonformistisch. Sie lassen die Viertel der Etablierten links liegen, um sich im Osten der Stadt in Lofts und renovierten Altbauwohnungen des Marais, am Canal Saint-Martin und um die Bastille herum niederzulassen.

Als Jean-Jacques Rousseau im Herbst 1741 erstmals nach Paris kam, war er enttäuscht: »Wie sehr widersprach doch der erste Eindruck den Vorstellungen, die ich mir gemacht. Ich hatte mir eine ebenso schöne wie große Stadt von gewaltigem Aussehen vorgestellt, in der es nichts gab als prächtige Straßen und Paläste aus Marmor und Gold.« Doch der Schriftsteller und Philosoph sah »nichts als kleine schmutzige, stinkende Straßen, hässliche geschwärzte Häuser, Unsauberkeit, Armut, Bettler«. Bis in die Mitte des 19. Jahrhunderts war Paris eine mittelalterliche Stadt mit baufälligen Häusern und verwinkelten Gassen, in die kaum je ein Sonnenstrahl fiel. Die wohnlichen und hygienischen Verhältnisse waren elend, Nachttöpfe wurden ungeniert aus dem Fenster in die Gasse entleert.

Kaiser Napoleon III. (1852–1870), ein Enkel des ersten Napoleon, hatte dann allerdings den Ehrgeiz, aus Paris eine moderne Stadt zu machen. Mit der Realisierung beauftragte er den Präfekten Baron Haussmann. Dieser schlug Schneisen durch gewachsene Viertel und riss Zehntausende Häuser ab, um Platz zu schaffen für schnurgerade Straßen, Avenuen und Boulevards. Fünf- bis siebenstöckige Häuser mit einheitlichen Fassaden, schmalen Balkonen und Dienstbotenkammern im Dachgeschoss säumten die neuen Verkehrswege. Er errichtete Plätze, von denen Straßen sternför-

mig abzweigen, schuf Parks und Grünanlagen als »grüne Lungen«, gab die Garnier-Oper und die Börse, ein Kanalisationssystem und die Versorgung mit Trinkwasser in Auftrag. Fast zwei Jahrzehnte lang war die Stadt eine Großbaustelle, danach hatte sie das Gesicht erhalten, das bis in die Sechzigerjahre des letzten Jahrhunderts nahezu unverändert blieb. Noch heute stammen 60 Prozent der Pariser Bauten aus der Zeit von Kaiser Napoleon III. und Baron Haussmann.

Ausgerechnet Jules Verne zeichnete in seinem 1863 geschriebenen, lange Zeit verschollenen und erst 1989 erschienenen Roman »Paris im 20. Jahrhundert« ein zwiespältiges Bild der französischen Hauptstadt: Die Kunst ist tot, der Louvre leer geräumt, die Sprache

1 Ein Eldorado für Hobbyfotografen! **2** Der Louvre ist das weltgrößte Kunstmuseum. **3** Claude Monets Seerosenbilder im Musée de l'Orangerie. **4** Die Garnier-Oper wurde 1875 eingeweiht. **5** Eine vergoldete Kuppel überragt den Invalidendom mit Napoleons Grabstätte.

verkümmert, die Académie française verwaist und das Leben freudlos. Komprimierte, von 1800 Windmühlen produzierte Luft treibt die Hochbahn an und die Autos fahren mit Gas. Über der Stadt schwebt als Blitzableiter eine Flotte von Fesselballonen. Ein 150 Meter hoher Leuchtturm ist das welthöchste Gebäude. Von New York kommende Riesendampfer mit 15 Schornsteinen fahren vom Atlantik auf einem 70 Meter breiten Kanal bis nach Paris. Der

in seinen anderen Werken optimistisch-visionäre Schriftsteller irrte zum Glück.

Jules Vernes Roman spielt im Jahr 1960. Im gleichen Jahr beschloss Präsident Charles de Gaulle, den unter Kaiser Napoleon III. erbauten »Bauch von Paris«, den Großmarkt Les Halles, abzureißen und durch einen Neubau außerhalb der Stadt zu ersetzen. Das Projekt verzögerte sich, und erst 1971 rückten unter Präsident Georges Pompidou die Bulldozer an. Dies war der Startschuss zu den »Grands Travaux« – den großen Arbeiten. Fortan setzte sich jeder Präsident mit sündhaft teuren, meist von Stararchitekten wie Renzo Piano, Ieoh Ming Pei und Jean Nouvel entworfenen Monumentalbauten bereits zu Lebzeiten ein Denkmal. Kein anderer gab jedoch der Stadt mehr architektonische Akzente als François Mitterrand mit Pei-Pyramide, »Grande Arche«, Bastille-Oper und neuer Nationalbibliothek.

»Es gibt keine moderne städtische Architektur ohne Wolkenkratzer«, hatte Präsident Pompidou Ende der Sechzigerjahre des letzten Jahrhunderts erklärt und sich für den Bau der 210 Meter hohen Tour Montparnasse eingesetzt. Doch das städtische Monstrum ist ein Einzelfall, der Eiffelturm bleibt das höchste Pariser Bauwerk. Der Turm ist indes, so der Französischschweizer Charles Ferdinand Ramuz (1878–1947) in seinem Buch »Paris – Aufzeichnungen eines Waadtländers«, »kein Gebäude aus dickem Stein. Der Turm ist wie ein Rauch, der senkrecht in die Lüfte steigt.« Nur auf dem La-Défense-Hügel, im Westen von Paris, ragt ein Wald von Bürowolkenkratzern aus Stahl und Glas in den Himmel. Die nicht auf städtischem Boden, sondern im Departement Hauts-de-Seine gelegene Satellitenstadt ist ein Manhattan-sur-Seine. Hier haben französische und internationale Konzerne ihren Sitz, gibt es 150 000 Arbeitsplätze und 46 000 Parkplätze, aber auch Wohnblocks. Als liebenswerter Kontrapunkt spiegelt sich in den Glasfronten der Hochhäuser ein Nostalgie-Karussell mit Vehikeln aus Jules Vernes Romanen.

Seit 1994 wird im Pariser Osten links der Seine ein vergammeltes Industriegebiet abgerissen und ein neues Quartier Latin aus dem Boden gestampft: »Paris Rive Gauche«, das ambitionierteste Urbanisierungsprojekt seit der »Haussmannisierung« in der zweiten Hälfte des vorletzten Jahrhunderts. Auf 130 Hektar entstehen Wohn- und Bürohäuser, Geschäfte, Cafés und Bistros, Kinderkrippen, Schulen und eine Universität für 30 000 Studenten sowie Grünanlagen und eine Uferpromenade. Kein Gebäude darf höher als 37 Meter sein. Altbauten werden teilweise renoviert, um neue Aufgaben zu übernehmen. Die ausgedienten Hafenanlagen

Millionen Touristen. Marketingexperten glauben zu wissen, warum:
Der weltbekannte Eiffelturm, Baujahr 1889, machte die Stadt zu
einer Marke, einem »Brand« wie Nike, Rolex oder Louis Vuitton.
Das Wort Paris erweckt inhaltliche und emotionale Vorstellungen,
steht für »Ville Lumière« (Lichterstadt) und Stadt der Liebe, für
Savoir-vivre und *un certain je ne sais pas quoi*. Dieses »gewisse
Etwas« hat viele Facetten: die lange, von Königen, Kaisern und Präsidenten geprägte geschichtliche Kontinuität, das nahtlose Inei-
nanderübergehen von Tradition und Moderne, das Nebeneinander
von königlichem Pomp und ländlicher Atmosphäre in eingemeindeten Dörfern, von Prachtavenuen und mittelalterlichen Gassen
mit Namen wie Mauvais-Garçons (Böse Buben) oder Chat-qui-
Pêche (Die Katze, die fischt).
Die sechs Weltausstellungen, die zwischen 1855 und 1937 in Paris
stattfanden, waren eine ideale Bühne zur Selbstdarstellung. Aus
allen Kontinenten reisten Besucher an, allein 50 Millionen im Jahr
1900. In die Heimat zurückgekehrt, schwärmten sie von Palästen
und Boulevards, eleganten Roben und frivolem Nachtleben. Von
Jacques Offenbach, der die Götter auf der Bühne Cancan tanzen
ließ. Paris erwarb den Ruf, Europas kreativste Stadt und Hauptstadt
der Welt zu sein. Von hier trat der Film seinen Siegeszug um die
Welt an, hier wurde die moderne Kunst geboren, ließen sich
Schriftsteller und Musiker inspirieren. Bereits 1917, als noch
kaum jemand in Europa das Wort Jazz gehört hatte, trat in einer
Revue des Casino de Paris »The great american jazz band« auf.
Frankreichs Metropole hat seine politische und kulturelle Füh-
rungsrolle längst abgetreten. Doch die Stadt, die weder Selbst-
zweifel noch Vorbilder kennt, erneuert sich ständig, ohne dabei
ihrem Wesen untreu zu werden. Am schönsten hat dies Etel Adnan
in ihrem Buch »Paris« ausgedrückt: »Paris ist in der Tat wunder-
schön, als letzte der Weltstädte besitzt sie ihre Seele noch.«

verwandeln sich zum Kultur- und Begegnungszentrum »Docks
de Paris« und die Lagerhallen werden in die Universität integriert.
Im »Les frigos«, einem ehemaligen Kühlhaus, haben bereits 250
Künstler ihre Ateliers eingerichtet. 2015 soll das drei Milliarden
Euro teure »Paris Rive Gauche«-Projekt abgeschlossen sein. Paris
ist die meistbesuchte Stadt der Welt, im Jahr 2005 waren es 26

Blick vom Eiffelturm auf Seine, Brücken und Dächer.

Paris hat viele Gesichter

»Unter den Brücken von Paris ...«
Die Seine ist die Lebensader von Paris

Die Seine entspringt nordwestlich von Dijon, fließt in Richtung Paris, durchquert die Hauptstadt, mäandert meerwärts und erreicht nach 776 Kilometern bei Le Havre den Atlantik. Loire, Rhone und Meuse sind länger, doch die Seine mit ihren zahlreichen Brücken hat mehr Prestige. Sie ist der Fluss der Kapitale und deren Zugang zum Meer. Maler haben sie auf Leinwand gebannt, Dichter gepriesen, Chansonniers besungen. Der Evergreen »Sous les ponts de Paris« aus dem Jahr 1913 macht im Dreivierteltakt die wohl schönste Liebeserklärung: »Unter den Brücken von Paris, wenn es Nacht wird, liebt sich ein glückliches Paar, das kein Geld hat, um ein Zimmer zu bezahlen.« Seit 1991 steht das Seine-Ufer zwischen Pont de Sully im Westen und Pont d'Iéna im Osten auf der UNESCO-Liste schützenswerter Kulturdenkmäler, denn: »Von der Seine aus sieht man die Entwicklung und Geschichte der Stadt Paris vom Louvre zum Eiffelturm, von der Place de la Concorde zum Grand Palais und Petit Palais.«

Kein Wunder, dass jeder fünfte Paris-Besucher eine Flusskreuzfahrt macht. Auf Ausflugsschiffen, die »Brigitte Bardot«, »Edith Piaf«, »Maurice Chevalier« oder »Yves Montand« heißen, erleben sie Frankreichs Hauptstadt von der Schokoladenseite und erleichtern sich die Orientierung bei späteren Stadtspaziergängen. Seit dem Revolutionsjahr 1789 ist die Nummerierung der Häuser einheitlich: Bei Straßen, die von der Seine nach Norden oder Süden führen, beginnt sie am Fluss, bei allen anderen folgt sie dem Lauf der Seine – niedrige Nummern flussaufwärts, hohe flussabwärts.

Ohne Seine kein Paris. Die Stadtgeschichte beginnt mit einer erst keltischen, später gallorömischen Siedlung auf der heutigen Île de la Cité. Die Seine wurde eine wichtige Transport- und Verkehrsader, Paris eine Drehscheibe des Handels. Während Jahrhunderten waren die Bewohner Schiffer und Fischer, deren Standesvereinigung im Wappen ein Segelschiff und als Devise »Fluctuat nec mergitur« (Es schwankt, aber geht nicht unter) hatten. Später übernahm die Stadt Wappen und Devise.

1 Seine-Nymphe auf dem Pont Alexandre III. **2** Paris führt einen Dreimastsegler im Wappen. **3** Keine Brücke ist reicher an Figuren, Girlanden und Kandelabern als der Pont Alexandre III. **4** Auf städtischem Gebiet führen 37 Brücken und Übergänge über die Seine.

Heute ist Paris Frankreichs größter Binnenhafen, den Kanäle mit Rhein, Rhone und Loire verbinden, die Seine ein Fluss, den auf städtischem Gebiet 37 Brücken überqueren. Bis ins 16. Jahrhundert waren sie bewohnt. Patrick Süskind beschreibt im Roman »Das Parfum« den Pont au Change, der die Île de la Cité mit dem rechten Ufer verbindet: »Diese Brücke war zu beiden Seiten so dicht mit vierstöckigen Häusern bebaut, dass man beim Überschreiten den Fluss an keiner Seite zu Gesicht bekam, sondern sich auf einer ganz normalen, fest fundierten und obendrein noch äußerst eleganten Straße wähnte.« Der Pont-Neuf (Neue Brücke) ist trotz seines Namens die älteste Seine-Brücke. Bei der Einweihung im Jahr 1607 war er der erste Flussübergang aus Stein, ohne Bebauung und mit zwei Gehsteigen für Fußgänger. Fliegende Händler boten Waren an, Bouquinisten verkauften Bücher, Straßenartisten zeigten Kunststücke. In der zweiten Hälfte des 20. Jahrhunderts verhüllte der Verpackungskünstler Christo den Pont-Neuf in 40 000 Quadratmeter Stoff, verwandelte ihn der Modeschöpfer Kenzo in ein Blumenbeet, drehte der Regisseur Léo Carax den Film »Die Liebenden von Pont-Neuf«. Allerdings entstanden die Aufnahmen weitgehend bei Montpellier mit einer nachgebauten Brücke und einem Kulissen-Stadtpanorama.

Der Pont des Arts, auch Passerelle des Arts genannt, führt vom Institut de France zum Louvre, der 1804 bei der Brückeneinweihung Palais des Arts (Kunstpalast) hieß. Die Brücke wartete mit zwei Neuerungen auf: Erstmals diente Eisen als Baumaterial und blieb ein Flussübergang den Fußgängern vorbehalten. Aber weiterhin waren die Pariser Brücken mautpflichtig, einzig Gaukler hatten freien Zugang. 1979 rammte ein Frachtkahn die Passerelle und brachte sie zum Einsturz. Der originalgetreue Nachbau aus dem Jahr 1984 ist besonders am frühen Abend, wenn die untergehende Sonne die Türme von Notre-Dame und Sainte-Chapelle in ein gelbliches Licht taucht, ein beliebter Treffpunkt. Die einen sitzen lesend, schmusend oder musizierend auf Bänken und Holzplanken, andere genießen an die Brüstung gelehnt die Aussicht. Im Chanson »Le vent« rät Georges Brassens, Hüte und Unterröcke festzuhalten, wenn der Wind durch das Gitter des Eisengeländers pfeift: »Der Wind treibt da Allotria, trifft auf der Brücke er dich voll Tücke.«

Mit dem Pont Alexandre III, der in der Sichtachse Champs-Élysées-Hôtel des Invalides liegt, wollten Frankreich und Russland ihre freundschaftliche Beziehung symbolisieren. 1896 legte Zar Nikolaus II. den Grundstein für die Brücke, die den Namen seines

1 Von früh bis spät verkehren Ausflugsschiffe auf der Seine. **2** Hinterei- nander zu sehen: Pont des Arts, Pont du Carrousel und Pont-Royal. **3** Der Pont-Neuf, die Neue Brücke, ist die älteste Brücke von Paris. **4** Der Pont des Arts führt vom Louvre zum Institut de France. **5** Kinogänger kennen den Quai de Montebello mit dem Pont de l'Archevêché und der Kathe- drale Notre-Dame im Hintergrund aus zahlreichen Filmen.

Vaters trägt, vier Jahre später wurde die erste aus vorfabrizierten Eisenelementen konstruierte Brücke anlässlich der Pariser Welt- ausstellung eingeweiht. Sie überspannt, 40 Meter breit und 154 Meter lang, in einem flachen Bogen die Seine und ist die prunk- vollste aller Brücken: reich verziert mit Girlanden und Kandela- bern, mit den Nymphen der Seine und dem Pariser Stadtwappen auf der einen Seite, den Nymphen der Newa und dem zaristischen Wappen auf der anderen Seite. An beiden Enden stehen vergol- dete Pegasuspferde auf 17 Meter hohen Säulen. Besonders japa- nische Hochzeitspaare lieben es, sich auf dem Pont Alexandre III fürs Fotoalbum ablichten zu lassen.

Namensgeber des Pont de l'Alma ist ein Fluss auf der Krim, an dessen Ufer französische und englische Truppen im Krimkrieg 1854 die russische Armee besiegten. Zwei Jahre danach wurde die Brücke gebaut, vier steinerne Soldaten, darunter ein bärtiger

»Zouave« (französischer Kolonialsoldat), schmückten den mittleren Pfeiler. Ein gesichtsloser Neubau ersetzt seit 1974 das Original. Einzig der »Zouave« wurde übernommen, denn er dient den Parisern traditionell als inoffizieller Wasserstandsmesser – steht der Soldat im Wasser, ist die Seine angestiegen. Bei der Überschwemmung im Jahr 1910 reichte ihm das Wasser bis zum Bart. Der Pont de Sully fällt aus dem Rahmen. Er überspannt nicht wie alle anderen im rechten Winkel auf kürzestem Weg die Seine, sondern bildet die geradlinige Fortsetzung des Boulevard Henri IV, der von der Juli-Säule auf dem Bastille-Platz im 30-Grad-Winkel zum Fluss führt. Dadurch bleibt die Sichtachse zwischen der Säule und dem Panthéon gewahrt.

Die im Juli 2006 eingeweihte Passerelle Simone-de-Beauvoir des österreichischen Architekten Dietmar Feichtinger ist die jüngste, grazilste und erste nach einer Frau benannte Pariser Brücke – Simone de Beauvoir (1908–1986) war Schriftstellerin, Feministin und Jean-Paul Sartres Lebensgefährtin. Ohne Pfeiler überquert die Brücke wie zwei lang gezogene Sinuswellen, die sich kurz bei den Ufern schneiden, die Seine zwischen der Bibliothèque nationale de France und dem Parc de Bercy. Auf dem höchsten Punkt des oberen Bogens geht der Blick im Osten auf die Schlafsilos der

1 Von Mitte Juli bis Mitte August verwandeln sich die Seine-Ufer in eine Strandpromenade. **2** 250 Bouquinisten laden zum Stöbern ein. **3** Halb Paris bummelt oder bräunt sich im Hochsommer an der Seine. **4** Der rechte Fuß des »Zouave« gilt als inoffizieller Wasserstandsmesser. **5** Die elegante Passerelle Simone-de-Beauvoir, Baujahr 2006, ist die jüngste Brücke von Paris. **6** Die Quais sind beliebte Spazierwege.

Banlieue und die Großbaustelle des 13. Arrondissements, im Westen auf das historische Paris mit Notre-Dame und Eiffelturm. Das 1600 Tonnen schwere und 109 Meter lange Mittelstück wurde im Elsass von der Firma Eiffel hergestellt, erst rheinabwärts ins Meer, dann seineaufwärts nach Paris transportiert.

In den Sechzigerjahren des letzten Jahrhunderts beschloss Premierminister Georges Pompidou: »Paris muss autogerecht werden« und schwärmte von zwei Schnellstraßen entlang der Seine, die bis zum Boulevard périphérique (Autobahnring) führen sollten. 1967 wurde am rechten Ufer die Voie Express Georges-Pompidou eröffnet, nach heftigen Protesten blieb das Gegenstück am linken Ufer Stückwerk. Die Pkw-Euphorie war einer Rückbesinnung auf Lebensqualität und Stadtgeschichte gewichen. Man sprach wieder von der Seine als »la plus belle Avenue de Paris«, der schönsten Avenue von Paris, und begann die Uferanlagen zu verschönern.

Von den 30 Kilometern Seine-Ufer sind zehn Fußgängerzone. Man bummelt unter Platanen und Pappeln an Hausbooten und schwimmenden Restaurants vorbei, schaut Anglern zu, sieht Fracht- und Ausflugsschiffe. Auf den Quais links der Seine bilden Häuser aus dem 16. bis 19. Jahrhundert ein homogenes Ensemble. Am Quai

Voltaire dichtete Richard Wagner »Die Meistersinger« (Nummer 19), verbrachte der Balletttänzer und Choreograf Rudolf Nurejew seine letzten Lebensjahre (Nummer 23), starb der Schriftsteller und Philosoph Voltaire (Nummer 29).

Ein ausgeschilderter Weg folgt den Spuren von Präsident François Mitterrand (1916–1996), der ein passionierter Spaziergänger war und gern bei den Bouquinisten stöberte. Bouquinisten – abgeleitet von »bouquin«, dem umgangssprachlichen Wort für Buch – haben in Paris eine jahrhundertealte Tradition. Heute warten entlang der Seine noch 250 auf Interessenten für ihre Bücher, Zeitschriften, Comics, Kunstdrucke und Postkarten. Bibliophiles oder Schnäppchen sind jedoch selten. Seit 1891 ist das Gewerbe genehmigungspflichtig. Das Rathaus schreibt die Farbe (grün) und die Maße der Schaukästen (8,2 Meter lang, 1,10 Meter hoch) ebenso

vor wie die Präsenzzeit der Konzessionäre (wöchentlich mindestens vier Tage).

An Sonn- und Feiertagen sind die Expressstraßen autofrei, bummeln, radeln und skaten Tausende am Fluss entlang. Auf dem Square Tino-Rossi kommt es zu französisch-karibisch-südamerikanischen Freundschaftstreffen. Dutzende Pärchen tanzen ausgelassen Salsa und Tango zur Musik aus einem Kofferradio. Auch im Osten der Stadt, der noch vor einem Jahrzehnt eine »No-go-Area« war, wird getanzt, jedoch nicht am Seine-Ufer, sondern auf den bateaux de nuit (Nachtschiffe) am Quai François-Mauriac. Als erstes »Nachtschiff« machte hier 1995 eine kantonesische Drei-Mast-Dschunke nach einer Weltumsegelung fest. Seither ist sie als »La Guinguette du Pirate« (Piratenkneipe) mit Bar, Restaurant und Tanz eine Attraktion für junge Leute aus ganz Paris. Nachmittags gibt es Programme für Kids, abends Konzerte mit Jazz, Rock und Klezmer, Tanz mit Live-Bands und DJs. Wenige Meter flussaufwärts liegt seit 1999 die feuerwehrrote »Batofar«, ein ehemaliges irisches Leuchtschiff. Der Name ist aus bateau (Schiff) und phare (Leuchtturm) zusammengesetzt, das musikalische Spektrum ausgesprochen breit – Rock, Reggae, Punk, Funk, Drum'n'Bass, Electro, Dancehall, New Wave.

Im Sommer pflegt halb Paris seinen Urlaub an Frankreichs Stränden zu verbringen. Seit 2001 können sich auch Daheimgebliebene unter Palmen räkeln. 2500 Tonnen Sand machen vier Kilometer Schnellstraße beiderseits der Seine von Mitte Juli bis Mitte August zu einer städtischen Côte d'Azur. Bis zu vier Millionen Pariser bräunen sich in Hängematten und Liegestühlen, spielen Beachvolleyball, Beachrugby, Beachsoccer oder Boule. Sie verpflegen sich in den Strandcafés und auf Picknickplätzen, stehen vor drei Eisdielen Schlange, leihen sich in einer improvisierten Bibliothek Bücher aus, lauschen Konzerten von Jazz- und Rockbands. Doch statt verbotenerweise in der verschmutzten Seine zu schwimmen planschen sie in einem Swimmingpool. Inzwischen ist »Paris Plage«, eine Idee des Bürgermeisters Bertrand Delanoë, von Städten wie Berlin, Brüssel, Rom und Tokio übernommen worden. Doch der Bürgermeister ärgert sich über zu viel nackte Haut an der Seine.

Er erließ eine Verordnung gegen »unanständige Kleidung«. Wer sich in einem String-Tanga oder ohne Bikini-Oberteil sonnt, wird bestraft. Die Pariserinnen schüttelten verständnislos den Kopf: Warum soll in der Hauptstadt anstößig sein, was an der Côte d'Azur alltäglich ist?

Zeit für die Seine

Péniche »Johanna«

Unterhalb der Passerelle de Solférino liegt am linken Seine-Ufer die »Johanna«, eine zum Hausboot umgebaute péniche (Frachtkahn). Hinter dem Ruderhaus befinden sich ein Salon und zwei Kabinen für zahlende Gäste, davor ist der Wohnbereich des Besitzerehepaars – sie Engländerin, er halb Franzose, halb Holländer. Sie halten das 36 Meter lange, 1936 in Holland gebaute Schiff tadellos in Schuss. Das französische Frühstück, Milchkaffee und Croissants, wird im Ruderhaus serviert. Die »Johanna«, von Franzosen »Schoana« ausgesprochen, bietet Hausbootromantik inmitten der Großstadt. Buchungen ab zwei Übernachtungen. Das Musée d'Orsay befindet sich lediglich hundert Meter entfernt, der Jardin des Tuileries am nördlichen Ende der Passerelle de Solférino.
Bateau Johanna, Port de Solférino, Quai Anatole-France (7. Arrondissement), Tel.: 01-45516083, Internet: www.bateau.johanna.free.fr, Metro-Station: Solférino.

5

Mini-Kreuzfahrten auf der Seine

Auf der Seine unternimmt eine Flotte unterschiedlichster Ausflugsschiffe –Trimarane, Megajachten und Heckraddampfer – touristische Fahrten. Dabei erfährt der Binnenkreuzfahrer in mehreren Sprachen viel über Paris und seine Geschichte. Besonders beliebt sind dinner cruises durch die nächtliche Stadt mit den angestrahlten Gebäuden und Monumenten. Eine Auswahl von Anbietern: Bateaux Parisiens, Port de la Bourdonnais, am Fuß des Eiffelturms, Tel.: 01-46994313, Internet: www.bateauxparisiens.com.
Les Vedettes du Pont-Neuf, Square du Vert-Galant, Tel.: 01-46339838, Internet: www.vedettesdupontneuf.com.
La Marina de Paris, Port de Solférino, beim Musée d'Orsay, Tel.: 01-43434030, Internet: www.marinadeparis.com
La Compagnie des bateaux-mouches, Pont de l'Alma, Tel.: 01-42259610, Internet: www.bateaux-mouches.fr

Schiffe im Liniendienst

Die sechs »Batobus«-Einheiten – das Wort ist eine Verkürzung von *bateau* (Schiff) und *bus* – bilden eine Alternative zu Bus und Metro. Sie verkehren fahrplanmäßig zwischen Eiffelturm und Jardin des Plantes, bei jeder der acht Stationen kann beliebig oft ein- und ausgestiegen werden. Die Tickets gelten für einen, zwei oder fünf Tage. Tel.: 0825-050101, Internet: www.batobus.com

1 Jugendliche Nachtschwärmer lieben die am Quai François-Mauriac festgemachte »Batofar«, ein einstiges Leuchtschiff, wegen des progressiven Musikprogramms. 2 Auf der »Johanna« (links) können Paris-Besucher übernachten. 3 Freunde südamerikanischer Musik treffen sich am Wochenende zur Salsa-Party auf dem Square Tino-Rossi. 4 Abends laufen die Ausflugsschiffe zu »Dinner Cruises« auf der Seine aus. 5 Klein, aber gemütlich: die Gästekabinen der »Johanna«.

1

2

3

4

Paris hat viele Gesichter

Ohne Metro läuft nichts
Paris – die Stadt mit dem dichtesten U-Bahn-Netz

Ob Eiffelturm, Notre-Dame, Arc de Triomphe oder Montmartre – nahezu alle Pariser Touristenattraktionen liegen im Umkreis von 500 Metern einer Metro-Station.

Schnell verschwindet *le ticket* in einem Schlitz und kommt umgehend durch einen zweiten wieder heraus. Das Drehkreuz gibt den Weg in die Unterwelt der Pariser Metro frei. Sie ist das effizienteste Verkehrsmittel der französischen Metropole, das jährlich 1,3 Milliarden Menschen befördert, darunter zehn Prozent Touristen und vier Prozent Schwarzfahrer. In London ist die Untergrundbahn älter, in Moskau pompöser, in Kopenhagen moderner. Dafür hat Paris das dichteste Verkehrsnetz. Auf den 16 Linien – 1 bis 14 sowie 3 bis und 7 bis – rollen 688 Zugeinheiten, die 381 Stationen liegen durchschnittlich nur 710 Meter auseinander.

Man geht treppauf, treppab durch verwinkelte Gänge, benützt Rolltreppen und Rollbänder, gelegentlich auch einen Lift. Die einst miefige, von Zigarettenqualm geschwängerte Metro-Luft gehört der Vergangenheit an. Das Bahnareal ist rauchfrei, die Luft soll sogar sauberer sein als in Pariser Schulzimmern oder im Justizpalast. Geblieben sind jedoch die Musiker: Sie blasen auf der Basstuba »Kalinka«, spielen auf dem Sopransaxofon Sydney Bechets »Les oignons« nach oder interpretieren Edith Piafs »Non, je ne regrette rien« neu. Marionettenspieler lassen ihre Puppen auf einem Miniklavier »La vie en rose« klimpern und Kammerorchester geigen Vivaldis »Vier Jahreszeiten«.

Der taubengrau-lindgrüne Zug fährt in die Station ein, die Reisenden hasten heraus und hinein. Nach 20 Sekunden ertönt ein lang gezogener Warnton und die Türen schließen sich mit einem dumpfen Knall. Dann setzen sich die Wagen in Bewegung, beschleunigen und werden vom Tunnel verschluckt.

1911 notierte Franz Kafka in sein Reisetagebuch: »Die Metro ist wegen ihrer leichten Verständlichkeit für einen erwartungsvollen und schwächlicheren Fremden die beste Gelegenheit, sich den Glauben zu verschaffen, richtig und rasch im ersten Anlauf in das Wesen von Paris eingedrungen zu sein. Die Fremden erkennt man daran, dass sie oben, schon auf dem letzten Absatz der Metro-Treppe, sich nicht mehr auskennen, sie verlieren sich nicht wie die Pariser aus der Metro übergangslos in das Straßenleben.«

1 Die Metro ist das effizienteste Verkehrsmittel in der Stadt. **2** Ein M oder das Wort »Métro« weisen auf einen Bahnhof hin. **3** Auguste Rodins »Der Denker« in der Station Varenne. **4** Der Eingang zur Station Abbesses auf der Place des Abbesses ist im historischen »Style Métro« gehalten.

1923 reimte Walter Mehring im Gedicht »Métropolis«: »Das ist die Welt/Von Sous-Paris,/Die Tout-Paris/In Atem hält.« In den Fünfzigerjahren des letzten Jahrhunderts schrieb Raymond Queneau »Zazie in der Metro«, die Geschichte der rotzfrechen Göre Zazie, die nur deshalb nach Paris kommt, um mit der Metro zu fahren, »diesem durch und durch pariserischen Transportmittel«. Doch die streikt und Zazie schimpft: »Diese Halunken, diese Sauhunde. Mir das anzutun.«

Wer als Tourist die Metro benutzt, kommt nicht nur rascher und billiger als mit dem Taxi ans Ziel. Er erlebt auch hautnah das Pariser Leben und einen Querschnitt durch die Bevölkerung der Seine-Stadt. Die verschleierte Araberin sitzt hier neben einem nabelfreien Teenager, die Dame im Chanel-Kostüm neben einem unrasierten Obdachlosen. Geschäftsmänner fahren zu Besprechungen, Hausfrauen zum Einkaufen und Studenten in die Universität. Im Chanson »Le Métro« erklärt Yves Montand, das wahre Paris sei nicht Pigalle, Montmartre oder der Eiffelturm, sondern der Metro-Alltag. Für das Gros der Pariser prägt der Dreiklang métro/boulot/dodo den Alltag: In der Untergrundbahn fahren sie zur Arbeit (boulot) und nach Feierabend zum Schlafen (dodo) wie-

der nach Hause. Wenn allerdings morgens und spätnachmittags Zehntausende von Bewohnern der Vorstädte zwischen Wohnung und Arbeitsplatz pendeln, werden Metro-Wagen zu Sardinenbüchsen. Laut Statistik der Metro-Betreiberin RATP (Régie Autonome des Transports Parisiens) stehen sich in den Rushhours pro Quadratmeter bis zu vier Personen die Füße in den Leib.

Bereits in der Mitte des 19. Jahrhunderts planten die Pariser Stadtväter ein modernes Transportsystem; 40 Jahre wurde über die Umsetzung debattiert: Sollte Druckluft verwendet werden wie bei der Rohrpost? Oder besser an einem Seil gezogene Gondeln oder auf einem Wasserbett schwimmende Wagen? Schließlich kristallisierten sich zwei Projekte heraus, die eines gemeinsam hatten – als Antrieb war Elektrizität statt Dampf vorgesehen. Das eine Vorhaben sah eine Hochbahn vor, die auf Pfeilern über Avenuen, Boulevards und Straßen fahren sollte. Die Verfechter der zweiten Idee plädierten, angeführt von einer Gesellschaft der Freunde der Pariser Denkmäler mit dem Schriftsteller Victor Hugo (1802–1885) als Wortführer, für eine Untergrundbahn, die das Stadtbild nicht verschandeln würde. Letztere setzten sich durch. Man übernahm die Spurbreite der französischen Bahnen

1 Die Linie 14 fährt führerlos und computergesteuert. **2** Die nach der belgischen Stadt Liège benannte Station hieß bis 1914 Berlin. **3** Die Linie 6 verkehrt auf einem Drittel der Strecke oberirdisch. **4** Die Station Madeleine. **5** Station Passy. **6** Wartende Reisende vor riesigen Plakaten.

(1435 mm) und baute eine dritte Schiene für die Stromabnahme, denn für Fahrleitungen waren die Tunnel zu niedrig konzipiert. 1898 war schließlich Baubeginn, denn die Zeit drängte: Die erste Linie der Metro, die damals noch umständlich *Chemin de fer métropolitain de Paris* hieß, sollte pünktlich zur Weltausstellung von 1900 eröffnet werden.

Fulgence Bienvenüe (1852–1936), ein junger Ingenieur aus der Bretagne, hatte die Gesamtleitung und gilt als »Vater der Metro«. Seine Büste steht kaum beachtet namenlos hinter verschmutztem Glas in der Station Montparnasse-Bienvenüe beim Eingang Boulevard du Montparnasse. Hector Guimard (1867–1942) entwarf im modischen Jugendstil verschnörkelte Schriften, grünliche Geländer, Kandelaber und Glasdächer, die an Libellenflügel erinnern, für die *bouches* (Münder) genannten Stationseingänge. Kunstkenner sprechen von einem eigenen »Style Métro«. Leider mussten viele

der Eingänge der Jahrhundertwende gesichtslosen Neubauten weichen. Noch findet man aber einige Originale wie Abbesses in Montmartre oder Porte Dauphine im 16. Arrondissement, die inzwischen unter Denkmalschutz stehen. Andere sind gar museumswürdig geworden. Einzelteile haben im Pariser Musée d'Orsay und im New Yorker Museum of Modern Art Aufnahme gefunden. Am 19. Juli 1900, drei Monate nach Eröffnung der Weltausstellung, nahm die heutige Linie 1 zwischen Porte Maillot und Porte de Vincennes ihren Betrieb auf. Paris zeigte allerdings anfänglich wenig Interesse am neuen Verkehrsmittel. Die Zeitung »Le Temps« berichtete: »Es gab keine Eröffnungszeremonie. Für den ersten Zug kaufte ein einziger Fahrgast ein Billett.« Die Skepsis legte sich jedoch bald, bereits im Dezember fuhren täglich 130 000 Pariser unterirdisch. Das Streckennetz wurde zügig ausgebaut und über die Stadtgrenze hinaus in die Vororte verlängert. Kopfzerbrechen bereiteten den Ingenieuren nicht nur technische Probleme wie die Untertunnelungen der Seine, sondern auch der Starrsinn der 1635 gegründeten Académie française, zu deren Aufgaben die Rein

1 Eine Leitstelle überwacht mit Computern und Monitoren die Metro-Züge. **2** Streckenüberwachung der Linie 7 zwischen den Stationen Pyramides und Pont-Neuf. **3** Die Decke der Metrostation »Cluny La Sorbonne« zieren mit Mosaiksteinen gesetzte Unterschriften von so großen Dichtern wie Victor Hugo, Dante und Molière. **4** Mit der Pariser Metro in den Sonnenuntergang ... **5** Die 1998 eingeweihte Linie 14 flitzt mit 40 Stundenkilometern in zwölf Minuten von der Station Bibliothèque François Mitterrand zum Bahnhof Saint-Lazare.

haltung der französischen Sprache gehört. Geplant war, dass die Linie 4 schnurgerade von der Porte de Clignancourt im Norden zur Porte d'Orléans im Süden führen und damit unter dem Institut de France, dem Sitz der Französischen Akademie, hindurchfahren sollte. Deren Mitglieder, die »Unsterblichen« genannt, fürchteten Belästigungen durch Lärm und Vibrationen, protestierten und erwirkten, dass die Metro nun in weitem Bogen ihr Domizil umfährt. Über die Kriterien, nach denen die einzelnen Stationen ihren Namen erhielten, kann nur gerätselt werden. Über 60 davon sind nach Politikern und Staatsoberhäuptern, Generälen, Marschällen

und Admiralen benannt, zahlreiche weitere nach Heiligen, Künstlern, Wissenschaftlern, Ärzten, Städten oder Schlachtfeldern. Aber auch ein Uhrenmacher (Bréguet), ein Winzer (Bérault), eine Anarchistin (Louise Michel), ein Industrieller mit deutschen Wurzeln (Oberkampf) sowie ein englischer Lord Ranelagh finden sich unter den Namensgebern. Einst gab es auch die Stationen Berlin und Rue d'Allemagne, was aber im Ersten Weltkrieg nicht mehr zumutbar war. Erstere wurde daher nach der belgischen Stadt Liège benannt, Letztere nach Jean Jaurès (1859–1914), Politiker und Gründer der KP-Zeitung »L'Humanité«. Als keine Station mehr zur Ehrung besonderer Persönlichkeiten zur Verfügung stand, rettete man sich in Doppelnamen: Champs-Élysées-Clemenceau, Charles de Gaulle-Etoile, Bobigny-Pablo Picasso.

Bis in die Sechzigerjahre des letzten Jahrhunderts präsentierten sich die meisten Bahnhöfe unpersönlich als weiß gekachelte Gewölbe mit riesigen Plakaten an den Wänden. Dann erhielt auf Anregung des Kulturministers André Malraux die Metro-Station Louvre-Rivoli mit Kopien von Statuen und Büsten des nahen Musée du Louvre ein unverwechselbares Gesicht. Seither wurden einige Stationen von Künstlern thematisch gestaltet: zur Französischen Revolution (Bastille), der französisch-amerikanischen Freundschaft (Chaussée d'Antin-La Fayette) oder der Erklärung der Menschenrechte (Concorde). Überdimensionierte Münzen an der Decke von Pont-Neuf weisen auf die benachbarte Münzstätte hin. Die Station Arts et Métiers hat der Comiczeichner François Schuiten (geb. 1956) zum Unterseeboot »Nautilus« des Kapitän Nemo in Jules Vernes »20 000 Meilen unter den Meeren« umgebaut. Durch Bullaugen sind Exponate des Musée des Arts et Métiers zu sehen, das sich um die Ecke befindet.

Zu den Merkwürdigkeiten der Pariser Untergrundbahn gehören *stations fantômes* genannte Bahnhöfe, die auf keiner Metro-Karte verzeichnet sind. Es handelt sich um Haltestellen, die wegen geänderter Baupläne nie fertiggestellt oder wegen zu geringer Frequenz geschlossen wurden. Aufmerksame Metro-Reisende können sie allerdings noch aufspüren – beispielsweise die Stationen Arsenal

der Linie 5 zwischen Quai de la Rapée und Bastille oder Champ de Mars der Linie 8 zwischen La Motte Picquet-Grenelle und Ecole Militaire.

Unangefochtener Star unter den 16 Metro-Linien ist die im Herbst 1998 eingeweihte High-Tech-Linie 14, auch Météor genannt (Abkürzung von Métro Est-Ouest Rapid). Sie flitzt vollautomatisch und computergesteuert auf Gummireifen mit 40 Stundenkilometern in nur zwölf Minuten von der Bibliothèque François Mitterrand im Osten der Stadt zum Bahnhof Saint-Lazare im Westen. Météor versprüht einen Hauch von Science-Fiction, befördert in Stoßverkehrszeiten stündlich bis zu 50 000 Reisende und ist sehr touristenfreundlich: Die Beschriftungen sind fünfsprachig – französisch, englisch, spanisch, italienisch und deutsch. Einzig das Wort *sortie* (Ausgang) bleibt unübersetzt.

1 Einige Stationen sind thematisch gestaltet, in der Station Pont-Neuf weisen riesige Münzen auf die benachbarte Münzstätte hin. **2** Picassos Friedenstaube in der Station Bobigny-Picasso. **3** Live-Musik sorgt für eine gute Stimmung in der Metro. **4** Metro-Zug auf dem Pont Bir-Hakeim.

Zeit für die METRO

Eine Stadtrundfahrt mit der Metro

Eine Fahrt mit den Metro-Linien 2 und 6 garantiert Paris-Besuchern die billigste Sightseeing-Tour: Über ein Drittel der 26 Kilometer langen Strecke, die in weitem Bogen das Stadtzentrum umrundet, verläuft oberirdisch.

In der Station Charles de Gaulle-Etoile nimmt man die Metro-Linie 6 und fährt in Richtung Nation. Bereits nach dem vierten Stopp wird die Untergrundbahn ihrem Namen untreu und kommt ans Tageslicht. Dann überquert sie auf dem Pont de Bir-Hakeim die Seine. Links ragt der Eiffelturm auf, rechts steht auf einer künstlichen Insel die Kopie der New Yorker Freiheitsstatue. Danach fährt der Zug auf einem eisernen Viadukt sechs Meter über den Boulevards und erlaubt linker Hand indiskrete Blicke in Küchen und Wohnzimmer, rechter Hand erscheint die vergoldete Kuppel des

Invalidendoms. Bei der Station Sèvres-Lecourbe taucht die Bahn wieder in den Untergrund ab. Am Bahnhof Place d'Italie glaubt sich der Reisende auf dem falschen Kontinent. Hier steigen vorwiegend Asiaten der Pariser »Chinatown« ein. Vor der Station Nationale fährt die Metro wieder oberirdisch, passiert die vier Türme der Bibliothèque nationale de France, überquert zum zweiten Mal die Seine und erlaubt einen Blick auf den Parc de Bercy. Dann verschwindet sie im Untergrund und erreicht die Endstation Nation. Mit der Linie 2 geht es unter dem Friedhof Père-Lachaise und dem Viertel Belleville durch und bei der Station Colonel Fabien erneut ans Tageslicht. Die Metro macht ein paar enge Kurven – links liegt der Canal Saint-Martin mit seinen Schleusen, rechts das Hafenbecken von La Villette –, fährt über die Gleise der Bahnhöfe Gare de l'Est und Gare du Nord und biegt in den Boulevard de la Chapelle ein. In der Station Barbès-Rochechouart begegnet der Reisende vielen Nordafrikanerinnen in bunten Kleidern und mit fantasievollen Zöpfchenfrisuren. Nun taucht der Zug wieder in den Untergrund ab und fährt wenig später in die Station Charles de Gaulle-Etoile ein.

Für nur 1,70 Euro, den Preis eines Tickets, sieht der interessierte Metro-Fahrer mal Bekanntes aus einer eher unkonventionellen Perspektive, mal Unbekanntes wie die Bereiche der tristen Mietkasernen für die kleinen Leute.

Einzigartiges Wahrzeichen
Der Eiffelturm – einst geschmäht, heute geliebt

Eigentlich war La Tour Eiffel, das Wahrzeichen der Pariser Weltausstellung von 1889 auf dem Champ-de-Mars, als Provisorium konzipiert. Doch dann kam es ganz anders.

Eine Schande für Paris«, »eine Bedrohung von französischer Kunst und Kultur« – aufgebracht protestierten im Februar 1887 47 Künstler und Intellektuelle, unter ihnen der Schriftsteller Guy de Maupassant und der Komponist Charles Gounod, gegen den »Turm des Herrn Eiffel«, den nicht einmal »das auf Kommerz ausgerichtete Amerika sich wünschen würde«. Doch der vom kulturellen Establishment Angegriffene verteidigte sich selbstbewusst: »Ich meinerseits glaube, dass der Turm seine eigene Schönheit aufweisen wird. Er wird das größte je von Menschenhand geschaffene Bauwerk sein. Ist das nicht schon Berechtigung genug?«

Früher als andere erkannte der Ingenieur und Unternehmer Gustave Eiffel (1832–1923), dessen Vorfahren aus der Eifel nach Frankreich ausgewandert waren, die Zeichen der Zeit. In der zweiten Hälfte des 19. Jahrhunderts revolutionierte Eisen als stützendes Skelett, das Backsteine, Ziegel oder Marmor kaschierten, die Architektur. Warum das neue Baumaterial nicht sichtbar machen, fragte sich Eiffel und begann mit seiner Firma, der G. Gustave Eiffel Cie. in Levallois bei Paris, eiserne Bauwerke zu entwerfen: in Budapest den Westbahnhof, im brasilianischen Manaus eine Markthalle, in Nizza ein Observatorium, in Paris eine Bank, ein Warenhaus, eine Kirche und eine Synagoge. Den größten Erfolg hatte er jedoch mit Eisenbrücken. Dank vorfabrizierter, vor Ort zusammengenieteter Elemente waren sie preisgünstiger als Brücken aus Stein und boten mit ihrer filigranen Struktur dem Wind weniger Angriffsfläche. Eiffel vermarktete sie weltweit erfolgreich in Katalogen und bot sie als Bausätze an. Chef seiner Entwicklungsabteilung war Maurice Koechlin (1856–1946). Der Ingenieur mit Schweizer Wurzeln, der sein Studium an der Eidgenössischen Technischen Hochschule in Zürich als Jahresbester abgeschlossen hatte, und sein Arbeitgeber ergänzten sich glänzend. Koechlin war brillant und bescheiden, Eiffel extrovertiert und geschäftstüchtig.

Die Idee eines Turms, der höher als hundert Fuß sein sollte – fast doppelt so hoch wie das damals höchste Bauwerk der Welt, das

1 Bis 1930 war der Eiffelturm das höchste je von Menschenhand geschaffene Bauwerk. **2** Sogar Socken mit dem Eiffelturm lassen sich als Souvenir verkaufen. **3** Der Turm trägt den Namen des Ingenieurs und Unternehmers Gustave Eiffel (1832–1923). **4** Das Pariser Wahrzeichen fasziniert durch seine filigrane Struktur.

Washington Monument (170 Meter) –, lag Ende des 19. Jahrhunderts in der Luft. Sowohl in den USA als auch in Europa arbeiteten Architekten Projekte aus. Doch alle scheiterten an der Statik. Koechlin, der für Eiffel bereits das Eisenskelett der Freiheitsstatue in New York entworfen und berechnet hatte, fand die Lösung: Warum sollte nicht Eiffels Konzept windschlüpfiger Eisenbrücken von der Waagrechte in die Vertikale übertragen werden können? Am 6. Juni 1884 skizzierte er, assistiert von seinem Kollegen Emile Nouguier (1840–1898), einen Masten von 300 Metern Höhe für die Stadt Paris. Es war ein auf vier Füßen stehendes, sich nach oben hin verjüngendes eisernes Gitterwerk. Als Koechlin seinem Chef die Zeichnung vorlegte, zeigte der zunächst kein Interesse. Drei Monate später besann er sich jedoch anders und meldete auf die Namen Eiffel, Koechlin und Nouguier ein Verfahren zur Patentierung an, »das es erlaubt, Masten von über 300 Metern Höhe zu konstruieren«. Kurz danach kaufte er seinen beiden Mitarbeitern die Rechte ab, verpflichtete sich aber dazu, im Zusammenhang mit dem Masten-Projekt immer ihre Namen zu erwähnen. Letzteres vergaß Eiffel allerdings gern, stets sprach er von »meinem« Turm, und mit seinem Namen wurde der Turm weltberühmt. Eiffels

Verdienst bleibt es sicherlich, Koechlins geniale Idee erkannt und realisiert zu haben. Doch ohne Maurice Koechlin gäbe es keinen Eiffelturm, ohne Gustave Eiffel allerdings auch nicht.

Fünf Jahre später sollte eine Weltausstellung in Paris einerseits an das hundertjährige Jubiläum der Französischen Revolution erinnern, andererseits Frankreichs Meriten als Industrienation unterstreichen. Die Ausstellungsleitung schrieb einen Wettbewerb aus für »einen Eisenturm mit quadratischem Grundriss, 125 Meter Seitenlänge und 300 Meter Höhe«, der die Hauptattraktion darstellen sollte. Eiffel brauchte dafür nur in die Schublade zu greifen. Insgesamt trafen 107 Vorschläge ein, Eiffel erhielt den Zuschlag sowie die Nutzungsrechte am Turm während der Weltausstellung und für weitere 20 Jahre. Danach sollte der Eiffelturm abgerissen werden. Auf dem Champ-de-Mars am linken Seine-Ufer arbeiteten bis zu 250 Arbeiter im Sommer täglich zwölf, im Winter neun Stunden und fügten 18 038 vorfabrizierte Eisenelemente mit 2,5 Millionen Nieten zusammen. Bei Hitze und Kälte, Regen und Schnee turnten sie akrobatisch am rasch wachsenden Skelett umher, dabei ereignete sich nur ein einziger tödlicher Unfall. Erst später haben sich über 350 Lebensmüde vom Eiffelturm zu Tode gestürzt. Nach zwei

Jahren, zwei Monaten und fünf Tagen ragte der Welt erster Wolkenkratzer, 300,65 Meter hoch und 7300 Tonnen schwer, in den Pariser Himmel. Erst 1930 entführte das Chrysler Building (319 Meter) den Titel »Höchstes Gebäude der Welt« nach New York, ein Jahr danach wurde das 381 Meter hohe Empire State Building eingeweiht.

Am 31. März 1889, die Lifte waren noch nicht fahrtüchtig, stiegen 20 Honoratioren mit Frack und Zylinder über 1710 Stufen einer Wendeltreppe bis zur Spitze des Eiffelturms, hielten Reden und hissten die Trikolore. La Tour Eiffel bildete die herausragende Sensation der Weltausstellung. Es galt als chic, in einem der vier Restaurants der ersten Plattform (57,6 Meter) zu essen, auf der zweiten (115,7 Meter) die dort gedruckte Mittagsausgabe des »Le Figaro« zu kaufen und auf der dritten (276,1 Meter) einen Blick in Eiffels Appartement zu werfen und Paris aus der Vogelschau zu betrachten. Bereits im ersten Jahr wurden knapp zwei Millionen Besucher gezählt, über sechs Millionen Francs eingenommen und damit die Baukosten von 1 799 401 Francs und 31 Centimes nahezu gedeckt. Die ganze Welt sprach vom Turm des Herrn Eiffel, gab ihm Namen wie »Eiserne Giraffe«, »Dame aus Eisen« oder

1 In Eiffels Windkanal an der Ecke Rue Boileau/Rue de Musset im 16. Arrondissement werden immer noch aerodynamische Tests durchgeführt. **2** Im Untergeschoss befindet sich die Hydraulik aus dem Jahr 1899, die heute noch die Lifte im Ost- und Westpfeiler des Turms antreibt. **3** Blick auf Seine und Trocadéro-Gärten. **4** Auf der ersten Plattform des Eiffelturms steht ein Teil der Wendeltreppe, die bis 1983 zur Turmspitze führte.

»Großes A«. Eiffel stand auf dem Zenit seines Ruhmes, wenig später sollte er jedoch tief fallen.

Dem Franzosen Ferdinand de Lesseps (1805–1894), der in Ägypten erfolgreich den Sueskanal gebaut hatte, drohte in Panama ein Fiasko. Sein Plan eines schleusenlosen Kanals zwischen Atlantik und Pazifik war gescheitert. Daher bestellte er 1887 bei Gustave Eiffel zehn Schleusen, wofür dieser 125 Millionen Francs kassierte. Sie wurden indes nie geliefert, denn Lesseps' Gesellschaft ging Konkurs und hinterließ einen Schuldenberg von 1,4 Milliarden Francs. Frankreich hatte seinen Panamaskandal und viele Franzosen hatten ihre Ersparnisse verloren. 1893 wurden Lesseps wegen Missmanagement, Eiffel wegen überhöhter Rechnungen vor Gericht gestellt und zu Gefängnisstrafen verurteilt. Wegen eines

Formfehlers hob ein Kassationsgericht die Urteile allerdings wieder auf, doch der Ruf der Betroffenen blieb angekratzt.

Mit 61 Jahren entsagte Gustave Eiffel, längst Millionär und Besitzer eines herrschaftlichen Palais in Paris sowie von Villen am Genfer See, an der Côte d'Azur und in der Bretagne, der Bautätigkeit und machte Maurice Koechlin zum Verwaltungsratpräsidenten seiner Firma. Fortan widmete er sich aerodynamischen Versuchen. Erst ließ er von der zweiten Plattform des Eiffelturms an einem langen Seil befestigte Testobjekte fallen, stoppte die Zeit und berechnete so den Luftwiderstand. Später errichtete er unter dem Turm einen ersten, noch recht primitiven Windkanal. Seine Überlegung, statt des zu testenden Objekts den Wind in Bewegung zu setzen, war revolutionär. Im 16. Arrondissement baute Eiffel schließlich einen zweiten verbesserten Windkanal, ließ ihn patentieren und untersuchte fortan die Windschlüpfrigkeit der Maschinen von Flugpionieren wie Louis Blériot und Orville Wright. Das Labor, über dessen Eingang »Laboratoire Aérodynamique Eiffel« steht, befindet sich noch heute an der Ecke Rue Boileau/Rue de Musset.

Ende 1909 lief der Nutzungsvertrag von Eiffels Société de la Tour Eiffel mit der Stadt Paris ab. Erneut erhitzte der Eiffelturm die Gemüter: abreißen oder nicht? Die einen plädierten dafür, da er

1 Blick von der Aussichtsterrasse der Tour Montparnasse auf den heute mit Antenne 324 Meter hohen Eiffelturm. 2 Souvenirs, Souvenirs! 3 Besonders nachts, wenn 350 Scheinwerfer die »Eiserne Giraffe« von innen anstrahlen, zeigt sich die zeitlose Schönheit des Turms. 4 Seit 1889 waren weit über 200 Millionen Besucher auf dem Eiffelturm. 5 Sportliche steigen zu Fuß zur ersten Plattform hoch.

die Sicht von der Terrasse du Trocadéro auf den Champ-de-Mars und die Kuppel des Invalidendoms beeinträchtige. Andere argumentierten dagegen: Der einst als »Fabrikschornstein« geschmähte Turm gehöre zum Pariser Stadtbild wie Notre-Dame und Sacré-Cœur, er sei nicht nur ein Meisterwerk der Eleganz und Originalität, sondern auch wissenschaftlich und militärisch wertvoll. Schließlich wurde der Vertrag verlängert und der Eiffelturm blieb stehen.

Schon Gustave Eiffel hatte auf der dritten Plattform des Eiffelturms ein meteorologisches Labor eingerichtet. 1898 erfolgten die ersten Versuche der drahtlosen Telegrafie mit dem vier Kilometer entfernten Panthéon. 1903 erhielt der Turm Antennen für die Armee, die fortan ihre Meldungen telegrafisch statt mit Tauben oder optischen Signalen übermittelte. Dank der Radiotelegrafie hörten im Ersten Weltkrieg französische Militärs deutsche Funk-

sprüche ab, enttarnten Mata Hari als Spionin und waren über die bevorstehende Marne-Offensive orientiert. 1921 strahlten die Turmantennen die erste Rundfunksendung aus und 1935 die ersten Fernsehbilder.

Inzwischen war unter Frankreichs Avantgarde eine wahre Eiffelmanie ausgebrochen. Immer wieder ließen sich Maler, Musiker, Poeten und Filmemacher von der »Eisernen Giraffe« inspirieren: Raoul Dufy (1877–1953), Robert Delaunay (1885–1941) und Marc Chagall (1887–1985) hielten sie auf Gemälden fest. Guillaume Apollinaire (1880–1918) dichtete »O Hirte Eiffelturm. Die Herde der Brücken blökt heute morgen«, Jean Cocteau (1889–1963) schrieb das Theaterstück »Les Mariés de la Tour Eiffel« (Die Neuvermählten des Eiffelturms), das sich auf der ersten Plattform des Turms abspielt. René Clairs »Paris qui dort« (Paris schläft) war 1923 der erste Spielfilm mit dem Eiffelturm als Schauplatz. Schlagerkomponisten lieferten Lieder mit Titeln wie »La Tour de Monsieur Eiffel« und »L'amant de la Tour Eiffel«. Auch die Souvenirverkäufer hatten eine Goldgrube ausgemacht: der Eiffelturm als Briefbeschwerer, Parfümflasche oder Schlüsselanhänger, auf Tassen, Tellern, Aschenbechern, Schlipsen und Socken.

Im Zweiten Weltkrieg blieb der Eiffelturm für das Publikum geschlossen. Von Juni 1940 bis August 1944 flatterte die Hakenkreuzfahne auf der Turmspitze und eine Banderole am Turm verkündete: »Deutschland siegt an allen Fronten«. Über die Radioantennen ging damals ein Musikprogramm für deutsche Soldaten in den Äther. Danach war der Turm bis März 1946 in amerikanischer Hand und die Besteigung nur für die alliierten Truppen gestattet.

Im Jahr 1977 titelte das Nachrichtenmagazin »L'Express« besorgt: »La Tour Eiffel va-t-elle mourir?« (Wird der Eiffelturm sterben?) Das während vier Jahrzehnten höchste Bauwerk der Welt war in die Jahre gekommen, hatte Rost angesetzt und präsentierte sich ziemlich unansehnlich. Im Pariser Rathaus brach daraufhin Panik aus. Das städtische Wahrzeichen, der berühmteste Turm der Welt war in Gefahr! Für 205 Millionen Francs wurde der Eiffelturm schließlich saniert. Arbeiter kratzten 1348 Tonnen Rost ab, bauten neue Lifte, Treppen und Lokalitäten ein. Auf der zweiten Plattform entstand das Schlemmerlokal »Jules Verne«, das heute unter der Lei-

tung des Sterne-Kochs Pascal Féraud zu den besten Pariser Restaurants gehört und dauernd ausgebucht ist. Gleichzeitig erhielt der Turm mit 50 Tonnen Farbe einen neuen Anstrich. Die Konzession der Societé de la Tour Eiffel wurde nicht verlängert, sondern auf die Neugründung Societé Nouvelle de la Tour Eiffel übertragen, an der die Stadt Paris zu 30 Prozent beteiligt ist.

Im Jahr 2009 haben 6 600 000 Besucher mit Liften oder zu Fuß die Pariser Attraktion bestiegen. Davon waren 75 Prozent Ausländer, 20 Prozent Franzosen aus der Provinz und nur fünf Prozent Pariser. Kein Zweifel, dass die Faszination des Eiffelturms, dem die Schriftstellerin Françoise Sagan (1935–2004) »Sex-Appeal und Charme« bescheinigte, auch nach über einem Jahrhundert ungebrochen bleibt. Und kein Wunder, dass ähnliche Türme in Lyon und Tokio stehen, dass »The Eiffel Tower«, das Wahrzeichen des Hotels »Paris Las Vegas« in der Spielerstadt Las Vegas eine exakte Kopie nach Originalplänen im Maßstab eins zu zwei ist. Interessant ist auch das Ergebnis einer Umfrage der Eiffelturm-Gesellschaft in Amerika, Japan und vier europäischen Ländern. Auf die Frage »Welche europäischen Monumente symbolisieren am besten Europa?«, lautete fünfmal die Antwort: »Der Eiffelturm.« Nur die Deutschen entschieden sich für das Brandenburger Tor.

Zeit für den Eiffelturm

1900 richten die Pariser ihre Uhren erstmals nach der »Mittagskanone«, die jeden Tag Punkt zwölf Uhr auf dem Eiffelturm gezündet wird.

1912 wagt der österreichische »Vogelmensch« Franz Reichelt mit einem selbst entworfenen »Fallschirmkostüm« einen Sprung von der ersten Plattform. Bestaunt von einer riesigen Menschenmenge und gefilmt von Kameraleuten stürzt er wie ein Stein in die Tiefe und ist sofort tot.

1948 stapft ein Elefant des Zirkus Bouglione die 360 Stufen zur ersten Plattform hinauf.

1964 wird La Tour Eiffel in die Liste der historischen Monumente Frankreichs aufgenommen.

1969 dient die erste Plattform erstmals als Kunsteisbahn. Einer der Ersten auf dem Eis ist ein Bär des Moskauer Zirkus, der in Paris gastiert.

1984 fliegt der amerikanische Pilot Robert Moriarty in einer Beechcraft Bonanza zwischen den Pfeilern des Turms durch. Er muss 60 000 Francs Buße bezahlen.

1987 macht der Neuseeländer A. J. Hackett einen Bungee-Sprung von der zweiten Plattform.

1989 feiert der Turm seinen hundertsten Geburtstag mit einer Show der Superlative – mit 6000 Artisten, Musikern und Tänzern. Der Popsänger Stevie Wonder singt »Happy birthday«, der Operntenor Placido Domingo Frankreichs Nationalhymne »La Marseillaise«.

2000 wächst der Turm um 5,3 Meter, als neue Antennen installiert werden. Er ist damit 324 Meter hoch.

2004 erhalten die einstigen Eiffel-Mitarbeiter Maurice Koechlin und Emile Nouguier eine späte Anerkennung. Auf der obersten Plattform stehen sie als Wachsfiguren hinter Glas im Gespräch mit ihrem Chef.

Öffnungszeiten: Der Eiffelturm ist täglich geöffnet. Mitte Juni bis Ende August von 9 Uhr bis 0.45 Uhr (Lift) bzw. 0.30 Uhr (Treppe), in der übrigen Zeit von 9.30 Uhr bis 23.45 Uhr (Lift) bzw. 18.30 Uhr (Treppe).

Restauration: Auf der ersten Plattform befinden sich das »Altitude 9« mit Blick auf die Seine und ein Selbstbedienungscafé. Das »Jules Verne« mit Privatlift im Südpfeiler (unbedingt reservieren, Tel.: 01-45556144) und ein weiteres Selbstbedienungscafé findet man auf der zweiten Plattform.

Geführte Touren: »cultival« hat Touren hinter die Kulissen des Eiffelturms auch in deutscher Sprache im Programm. Sie führen unter anderem in den Maschinenraum der beiden noch hydraulisch betriebenen Lifte aus dem Jahr 1899 und in die Arbeitsgalerie der ersten Plattform. Tel.: 0825054405, Internet: www.cultival.fr

1 Der Turm besteht aus 18 038 vorfabrizierten Eisenelementen.
2 Auf zwei Plattformen gibt es Restaurants und Souvenirläden, ein Postbüro und ein Museum. **3** Geistiger »Vater« des Eiffelturms ist nicht Gustave Eiffel, sondern Maurice Koechlin (Bild), der die Idee eines 300 Meter hohen Gitterwerkturms hatte. **4** Eiffelturm-Souvenirs. **5** Alle fünf Jahre erhält der Turm mit 60 Tonnen Farbe einen neuen Anstrich.

1

2

8ᵉ Arr!

AVENUE

DES

CHAMPS ELYSÉES

3

4

Neuer Glanz für »Les Champs«
Das Schaufenster der Lichterstadt

»Ob Sonnenschein oder Regen,
mittags oder mitternachts –
auf den Champs-Élysées gibt es alles,
was Sie wollen.«

Chanson aus den Siebzigerjahren des 20. Jahrhunderts,
gesungen von Joe Dassin.

Sechzig Millionen Franzosen können nicht irren: Für sie sind die Champs-Élysées die schönste Straße der Welt. Mag es auch längere, breitere und vornehmere Straßen geben, keine ist geschichtsträchtiger und symbolhafter, keine bietet eine harmonischere Sichtachse als die Champs-Elysées. Die Entfernung zwischen den Akzente setzenden Monumenten verdoppelt sich bei jedem Abschnitt: ein Kilometer vom Arc de Triomphe du Carrousel zum Obelisken auf der Place de la Concorde, zwei Kilometer von hier zum Arc de Triomphe auf der Place Charles-de-Gaulle, vier Kilometer vom Arc de Triomphe zur »Grande Arche« in La Défense. Gleichzeitig steigert sich die Höhe der Monumente: Der Triumphbogen des Carrousel ist 20 Meter, der am westlichen Ende der Avenue 50 Meter, der Große Bogen 111 Meter hoch.

Die Flanier-, Einkaufs- und Vergnügungsstraße, deren Anfänge ins 17. Jahrhundert zurückreichen, ist nicht nur ein Stück französischer Geschichte, sondern auch das Schaufenster der »Grande Nation«. Auf ihr zogen 16 Pferde den Sarg Kaiser Napoleons 1840 zum Invalidendom, standen 1871 beim Aufstand der Pariser »Commune« Kanonen, landete der Flugpionier Alberto Santos-Dumont 1896 mit einem Luftschiff und fand 1918 nach dem Ersten Weltkrieg eine Siegesparade statt. Im Jahr 1940 defilierten dann deutsche Truppen auf der berühmten Straße, und 1944 schritt General de Gaulle an der Spitze von Soldaten und Widerstandskämpfern vom Arc de Triomphe zur Place de la Concorde.

1968 demonstrierten bei den Mai-Unruhen Arbeiter und Studenten auf den Champs Élysées, und 1998 feierten 1,6 Millionen Menschen dort Frankreichs Nationalmannschaft als Fußballweltmeister. Hier finden die Paraden des Nationalfeiertags statt, und hier befindet sich die Zielgerade der Tour de France. Und es gibt wohl keinen Staatsgast, der nicht über die Avenue des Champs-Élysées zum Triumphbogen fährt, um am Grab des unbekannten Soldaten einen Kranz niederzulegen.

1 Bronze-Quadriga auf dem Grand-Palais. **2** Die Champs-Élysées: für viele die schönste Straße der Welt. **3** »Les Champs« laden zum Shoppen ein. **4** Der Arc de Triomphe auf der Place Charles-de-Gaulle bildet den krönenden Abschluss der zwei Kilometer langen Avenue des Champs-Élysées.

Der Aufstieg zur Prachtstraße begann in der Mitte des 19. Jahrhunderts. An den Champs-Élysées – für Pariser »Les Champs«, für Amerikaner die »Tschämps Iläisis« – bauten Aristokraten und Millionäre palastähnliche Residenzen. Luxushotels und Nobelrestaurants öffneten daraufhin ihre Pforten und Couturiers und Parfümeure ließen sich nieder. »Les Champs« wurden zum Symbol für Luxus, Chic und Savoir-vivre. In den Gärten zwischen Rond-Point und Place de la Concorde, wo Jacques Offenbach (1819–1880) sein erstes Theater leitete, traf Marcel Proust (1871–1922) die junge Marie de Benardaky, die ihm später als Modell für Gilberte Swann diente, einer Zentralfigur seines Romanzyklus »Auf der Suche nach der verlorenen Zeit«.

Nach dem Zweiten Weltkrieg setzte der Niedergang der Champs-Élysées ein. Touristen aus aller Welt überschwemmten zunehmend die prachtvolle Straße. Schnellimbisse, Eisdielen, Pizzerien, Souvenirläden, Wechselstuben und Fluggesellschaften nahmen überhand. Die Modezaren Dior und Saint-Laurent zogen daraufhin fort und ein Luxushotel nach dem anderen schloss seine Pforten. Das Élysée Palais, in welchem einst Könige und Maharadschas abgestiegen waren und 1915 Mata Hari, die berühmteste Spionin des Ersten Weltkriegs, in ihrer Suite verhaftet wurde, wurde Hauptsitz

einer Bank. Das Astoria, das im Zweiten Weltkrieg General Eisenhowers Hauptquartier war, musste dem Neubau Drugstore Publicis weichen. Die Kluft zwischen Anspruch und Wirklichkeit vergrößerte sich zusehends. Die Pariser begannen der Avenue den Rücken zuzukehren. Daher fragte eine Zeitung besorgt: »Sind die stolzen Tage der Champs-Élysées gezählt?« Als dann 1988 ein kuwaitischer Scheich auch noch die traditionsreiche Edelbrasserie Fouquet's kaufen und in ein Shoppingcenter umwandeln wollte, griff die Regierung ein: Kulturminister Jack Lang stellte das Gebäude unter Denkmalschutz, um es vor dem Abriss zu retten. Und Bürgermeister Jacques Chirac befahl, die Avenue wieder zu dem zu machen, was sie einst war – ein Mythos. Für 240 Millionen Francs, umgerechnet 38 Millionen Euro, erhielt sie in der Folge eine umfassende Renovierung. Die Fassaden wurden gereinigt, die Bürgersteige verbreitert, 200 zusätzliche Platanen gepflanzt sowie 55 Teakholzbänke und 70 Beleuchtungskandelaber aufgestellt. Autos dürfen nur noch im unterirdischen Parkhaus abgestellt werden. Grün eingekleidete Putzmannschaften sind ständig unterwegs, um Kaugummireste und weggeworfene Papiertaschentücher zu beseitigen. Denn nichts darf, so die Anordnung aus dem Rathaus, länger als eine halbe Stunde liegen bleiben.

1 Das Hôtel de Païva gehört zu den schönsten Häusern der Avenue. **2** Briefmarkenmarkt am Rond-Point. **3** Das für die Weltausstellung 1900 gebaute Petit Palais ist heute ein Kunstmuseum. **4** Die Figurengruppe am nordöstlichen Pfeiler des Arc de Triomphe trägt den Titel »Auszug der Freiwilligen von 1792«. **5** Kassettendecke des Triumphbogens. **6** Grab des unbekannten Soldaten unter dem Arc de Triomphe.

Seither erlangt die »schönste Straße der Welt« peu à peu ihren einstigen Glanz wieder. Luxusläden wie Louis Vuitton sind zurückgekehrt, die Weltmarken Nike, Hugo Boss und Lacoste neu mit Geschäften vertreten. Seit Herbst 2006 steht an der Ecke Champs-Élysées / Avenue George V das Luxushotel Fouquet's Barrière. Das Comité des Champs-Élysées, eine Vereinigung hier vertretener Geschäfte und Gesellschaften, bemüht sich, mit Events und Pressearbeit das Prestige der »Champs« zu fördern. Um der gesellschaftlichen Entwicklung der letzten Jahre Rechnung zu tragen, versucht es einen Spagat zwischen Fouquet's und McDonald's: einerseits Exklusives, andererseits Populäres.

Die Straßencafés auf den Champs-Élysées sind von früh bis spät besetzt, an Wochentagen flanieren bis zu 500 000, am Wochenende bis 700 000 Menschen beiderseits der auf zehn Spuren ver-

1 Boxenstopp im Renault-Showroom. 2 Frühstück im »Fouquet's«. 3 Der Weg ins »Fouquet's« führt über die Namen der Gewinner des »César«, des französischen »Oscars«. 4 Jeden Abend zweimal Showtime im Lido. 5 Supermodels überlebensgroß. 6 Eine 40 Tonnen schwere Panzertür dient als Eingang zur Krimi-Abteilung im Virgin Megastore.

teilten, kaum je abreißenden Blechlawine. Nur ausländische Touristen und französische Provinzler beginnen ihren Bummel über die Champs-Élysées auf der Place de la Concorde. Pariser spazieren vom Triumphbogen auf der Place Charles-de-Gaulle die sanft abfallende Avenue hinunter, und zwar auf der nachmittags sonnenbeschienenen Nordseite. Besonders viele Pariser sind am 21. Juni anzutreffen, wenn die Sonne genau hinter dem Arc de Triomphe untergeht.

Den Arc de Triomphe du Carrousel, der an Napoleons Sieg in der Schlacht von Austerlitz 1805 erinnert, empfand Frankreichs egomanischer Kaiser als zu bescheiden dimensioniert. Ein zweiter, ungleich größerer Triumphbogen als Abschluss der »Via triumphalis« sollte Napoleons »Grande Armée« mit ihren 128 Schlachten und 600 Generälen glorifizieren, aber auch »die französischen Bildhauer zehn Jahre lang beschäftigen und ernähren«. Allerdings starb Napoleon bereits fünfzehn Jahre vor Vollendung des Monumentalbaus.

Auf seinem Spaziergang über die Prachtstraße findet der Paris-Besucher im Mercedes-Benz-Showroom (Nummer 118) bis 480 000 Euro teure Luxuslimousinen. Gleich nebenan (Nummer 116 bis) geht im Lido, mit 1150 Plätzen das größte Revuetheater der Stadt, jeden Abend zweimal eine mehrere Millionen teure Show über die Bühne. Les Arcades du Lido (Die Arkaden des Lido, Nummern 76 und 78) ist die älteste und mit ihren Marmorsäulen und Bronzewandleuchtern auch die schönste gedeckte Einkaufspassage der Champs-Élysées. Im Virgin Megastore (Nummer 56 bis 60), der sich in der einstigen Pariser Filiale der First National City Bank befindet, führt eine breite Treppe von der riesigen Eingangshalle in die zurückgesetzte obere Etage mit Tausenden von CDs und DVDs. Im Untergeschoss ist eine reich bestückte Buchhandlung untergebracht. Der Weg in die Krimi-Abteilung führt wit-

zigerweise durch eine 40 Tonnen schwere Panzertüre. Die Öffnungszeiten sind überaus konsumentenfreundlich: Montag bis Samstag von 10 bis 24 Uhr, Sonntag von 12 bis 24 Uhr.

Für eine Erfrischung auf der von 8 Uhr früh bis 2 Uhr nachts geöffneten Terrasse des Fouquet's (Nummer 99), dessen Name auf seinen Gründer Louis Fouquet zurückgeht, muss die Avenue überquert werden. Hier waren einst James Joyce, Ernest Hemingway, Jean Gabin und Marlene Dietrich Stammgäste, und heute findet alljährlich im Februar oder März das Galadinner nach der Verleihung des »César« im Théâtre du Châtelet statt. Mit einem »César«, dem Gegenstück zum amerikanischen »Oscar«, werden seit 1976 die besten Filme, Regisseure und Schauspieler des französischen Films ausgezeichnet. Gleich zweimal, 1976 und 1979, erhielt Romy Schneider (1938–1982) diese Trophäe. Zur Erinnerung an die auch in Frankreich unvergessene deutsche Schauspielerin heißt die jedes Jahr verliehene Auszeichnung für den besten Nachwuchsschauspieler »Prix Romy Schneider«.

Nur wenige Schritte entfernt fand im Herbst 2004 mit großem Staraufgebot – unter anderem Uma Thurman, Catherine Deneuve und Nadja Auermann – die Eröffnung des neuesten Konsumtempels statt: die größte der weltweit über 340 Filialen der Edelmarke Louis Vuitton (Nummer 101). Hier kostet ein Schrankkoffer bis 32 000 Euro, ein pelzgefütterter Mantel bis 45 000 Euro.

Leider beeinträchtigen nicht wenige Neu- und Umbauten die einstige architektonische Harmonie der Champs-Élysées, aber noch finden sich Gebäude mit repräsentativen Originalfassaden: beispielsweise das frühere Elysée Palais im Art-nouveau-Stil (Nummer 103), das neobarocke Hôtel de la Païva (Nummer 25) oder das Haus Nummer 68, im klassizistischen Stil von Charles Méwès (1860–1916) erbaut, dem Architekten des Hotels Ritz.

Das Théâtre des Champs-Élysées in der Avenue Montaigne hat Geschichte gemacht. 1912 sorgte die Uraufführung des Balletts »Le sacre du Printemps« – zur Musik von Igor Strawinsky und mit der Choreografie von Waslaw Nijinskij – für einen handfesten Skandal. Das von den avantgardistischen Rhythmen und Klängen verwirrte Publikum buhte oder verließ protestierend den Saal. Im Jahr 1925 gab es mit »La revue nègre« das erste Gastspiel eines

1 Rushhour in Paris. 2 Bis tief in die Nacht wird gebummelt. 3 Kasperletheater beim Rond-Point. 4 Der Obelisk auf der Place de la Concorde stand einst in Luxor. 5 Kandelaber beleuchten nachts die Place de la Concorde. 6 Im »Goldenen Dreieck« ist die Modewelt zu Hause.

schwarzen Ensembles an der Seine. Die junge Tänzerin Joséphine Baker wurde erst lokaler Publikumsliebling, dann Weltstar, während der Jazzklarinettist Sydney Bechet die Musik aus New Orleans in Paris salonfähig machte.

Die letzten 700 Meter bis zur Place de la Concorde sind die Champs-Élysées von Gartenanlagen mit verschlungenen Wegen und mehreren Statuen flankiert, außerdem trifft man auf ein Kasperletheater und einen Briefmarkenmarkt. Das Grand Palais und das Petit Palais wurden für die Weltausstellung des Jahres 1900 als Pavillons »zum Ruhm und zur Ehre der französischen Kunst« gebaut und sind seither Kunstmuseen.

Auf der Place de la Concorde, die die Größe von zwölf Fußballfeldern aufweist, kreuzen sich zwei Sichtachsen: die von Osten nach Westen zwischen Louvre und »Grande Arche« und die von Norden nach Süden zwischen Madeleine und Palais Bourbon, wo die Nationalversammlung tagt. Seine dunkelsten Stunden erlebte der Platz während der Französischen Revolution. Am 21. Januar 1793 wurde hier König Ludwig XVI. durch das Fallbeil der Guillotine enthauptet. Das Hinrichtungsprotokoll, das sich im Besitz des Nationalarchivs befindet, hält lapidar fest: »10.20 Uhr. Der König steht am Fuß des Schafotts. 10.22 Uhr. Er ist tot.« In den nächsten zwei Jahren fanden über tausend Menschen durch die Guillotine den Tod, unter ihnen die Königin Marie-Antoinette, Georges Danton und Maximilien de Robespierre.

An den vier Ecken der Place de la Concorde symbolisieren acht füllige Frauenfiguren französische Städte, die beiden Brunnen sind den Brunnen auf der Piazza San Pietro in Rom nachempfunden. Der Obelisk – 23 Meter hoch, 220 Tonnen schwer, 3300 Jahre alt – ist ein Geschenk des ägyptischen Vizekönigs, ein steinernes Dankeschön an den französischen Ägyptologen Jean-François Champollion (1790–1832), der als Erster die Hieroglyphen entziffert hat. Auf dem Sockel stellt ein Relief den Transport des Obelisken von Luxor nach Paris und seine Aufstellung dar. Sein heutiges Gesicht erhielt der größte Pariser Platz von Jacques Ignace Hittorff, der 1792 in Köln als Jakob Ignaz Hittorff geboren wurde. Der deutsch-französische Architekt schuf nicht nur die Brunnen und den Sockel des Obelisken, sondern auch die Gare du Nord und die Gebäude an der Place de l'Etoile, wie die Place Charles-de-Gaulle damals hieß und die Pariser auch heute noch sagen.

Zeit für die Champs-Élysées

Die Champs-Élysées und das »Goldene Dreieck«

Kein Franzose, sondern der Engländer Charles Frederick Worth (1825–1895) gilt als »Vater der Haute Couture«. 1858 eröffnete er, finanziert von einem schwedischen Investor, in der Pariser Rue de la Paix eine »Maison Couture«. Worth verstand sich aber nicht als Schneider, sondern als Künstler.

Als Erster verarbeitete er ausschließlich kostbare Stoffe, ließ seine Kreationen auf Modenschauen von Mannequins vorführen und verlangte exorbitante Preise. Zu seinen zahlungskräftigen Kunden gehörten Frankreichs Kaiserin Eugénie, Österreichs Kaiserin Sissi, die Schauspielerin Sarah Bernhardt, die Sängerin Nellie Melba sowie amerikanische Millionärsgattinnen. Das Label »Worth«, das die zweite Hälfte des 19. Jahrhunderts beherrschte, verhalf Paris zum Ruf, der modische Nabel der Welt zu sein. 1895 starb der

Modezar und seine Nachkommen führten das Unternehmen, das in den besten Zeiten mehr als 1200 Näherinnen beschäftigte, bis 1952 weiter. Inzwischen hatte sich auch die erste Generation französischer Couturiers etabliert, unter anderem Coco Chanel, Jeanne Lanvin und Christian Dior.

Heute sind die großen Namen von Haute Couture und Prêt-à-porter vorwiegend im »Triangle d'Or« angesiedelt. Das »Goldene Dreieck«, gebildet von den Avenuen Champs-Élysées, Montaigne und George V, dürfte damit die welthöchste Konzentration an modischer Kreativität aufweisen. Haus an Haus stehen Chanel und Jil Sander, Givenchy und Gautier, Boutiquen für Accessoires, Parfüm, Schmuck und Schuhe.

Wer ist wo?

Avenue Montaigne: Emmanuel Ungaro, Prada, Valentino, Dolce e Gabbana, Christian Dior, Nina Ricci, Chanel, Max Mara, Salvatore Ferragamo, Krizia, Jean Louis Scherrer, Jil Sander, Calvin Klein, Escada.
Avenue George V: Givenchy (Männer), Kenzo, Balenciaga, Gianfranco Ferré (Männer), Gaultier.
Rue François 1er: Christian Dior (Männer), Courrèges, Gianni Versace, Balmain, Ermenegildo Zegna, Givenchy (Männer).
Rue Marbeuf: Cerruti, Rodier.

Zwischen Weinberg und Windmühlen
Montmartre – Boheme-Charme ohne Touristenrummel

Auf der »Butte Montmartre«, dem knapp 130 Meter hohen Montmartre-Hügel im Norden der Seine-Stadt, findet der Besucher Amüsantes, Historisches und Kurioses.

Ich gehe nach Paris«, sagen die »Montmartrois«, die Bewohner von Montmartre, wenn sie von ihrem Hügel heruntersteigen. Sie bewohnen den zweithöchsten Punkt von Paris und sind felsenfest davon überzeugt, dass »La Butte« der berühmteste Hügel der Welt ist. Hier wurde 1534 der Jesuitenorden gegründet, 1871 in einem Heißluftballon die erste Luftpost befördert und 1907 mit Pablo Picassos »Les Demoiselles d'Avignon« der Kubismus geboren. Jährlich strömen bis zu sechs Millionen Besucher herbei, um im Schatten der schneeweißen Zuckerbäcker-Basilika Sacré-Cœur ihr Paris-Klischee bestätigt zu sehen. Entsprechend groß sind Nepp und Rummel auf der Place du Tertre, wo 280 Maler in zwei Schichten – 140 von Morgen bis Nachmittag, 140 von Nachmittag bis Abend – auf nummerierten Standplätzen wie am Fließband ihre ewig gleichen Motive pinseln: Gassen à la Maurice Utrillo, Blumen à la Auguste Renoir, Porträts à la Bernard Buffet. Wer nur wenige Schritte weitergeht, entdeckt ein anderes Montmartre. Kaum Touristen gibt es dort, dafür kopfsteingepflasterte Gassen, verwitterte Häuschen, steile Treppen und schattige Plätze, wo Boulespieler ihre Kugeln werfen – ein Stück Provinz mitten in der Großstadt, ein Sammelsurium von Amüsantem, Kuriosem und Historischem. Über den Ursprung des Namen Montmartre streiten sich die Historiker: Für die einen geht er auf die römischen Götter Mars (Mons Martis, Marsberg) oder Merkur (Mons Mercurii, Merkurberg) zurück, deren Tempel auf dem Hügel standen, für andere auf den später heiliggesprochenen Denis, den als Märtyrer gestorbenen ersten Bischof von Paris. Nachdem ihn die Römer im 3. Jahrhundert am Fuß der »Butte« geköpft hatten, soll er seinen Kopf unter den Arm genommen und Hunderte von Metern hügelauf marschiert sein, bevor er zusammenbrach (Mons Martirium, Märtyrerberg). Seine Statue steht auf dem Square Suzanne-Buisson. In der Impasse Marie-Blanche steht ein mittelalterliches Schloss mit Türmchen und Zinnen, das sich im 19. Jahrhundert der Graf Charles de l'Escalopier bauen ließ. Auf der Place des Abbesses

1 Maler mit Selbstporträt auf der Place du Tertre. **2** Malerische Rue Saint-Vincent. **3** Paris, Stadt der Verliebten. **4** Die gern als »Zuckerbäcker-basilika« geschmähte Sacré-Cœur gehört zu den beliebtesten Postkartenmotiven. 350 Stufen führen zur 83 Meter hohen zentralen Kuppel mit einem 360-Grad-Panoramablick über die Stadt.

befinden sich der wohl schönste Metro-Eingang, ein Jugendstil-Original der Jahrhundertwende, sowie die Kirche Saint-Jean l'Evangéliste. Sie war 1906 der erste Sakralbau aus Eisenbeton. Als Kleriker und Gläubige gegen dieses »profane« Material protestierten, verschwand der Beton hinter Backsteinen. Die Place du Calvaire, lediglich ein paar Meter von der Place du Tertre gelegen und dennoch meist menschenleer, ist der kleinste Platz der Seine-Stadt. Dort liegt dem Besucher ganz Paris zu Füßen. Auf der Place Marcel-Aymé erinnert die vom Schauspieler Jean Marais (1913–1998) geschaffene Bronzestatue »Der Mann, der durch die Wand ging« an Marcel Aymés gleichnamige Kurzgeschichte aus dem Jahr 1943, die mit Heinz Rühmann in der Titelrolle verfilmt wurde: Monsieur Duteuil, wohnhaft in Montmartre, konnte mühelos durch dickste Mauern gehen. Doch eines Tages verlor er diese Fähigkeit und ist seither eingemauert.

Bei einem Spaziergang durch die Rue Saint-Vincent oder die Rue Lepic, deren liebenswerter Charme Patachou, Yves Montand und Marcel Mouloudji besungen haben, glaubt man sich in ein Gemälde von Maurice Utrillo (1883–1955) versetzt. Einzig die sorglos geparkten Autos stören die Illusion. Für ein Abendessen

als Honorar hat Utrillo die »Maison Rose« an der Ecke Rue de l'Abreuvoir/Rue des Saules gemalt, heute ist das Bild mehrere Millionen wert und das rosa Haus, das einst Picasso bewohnt hat, ein Restaurant. In der Rue Cortot 6 lebte und komponierte Eric Satie (1866 –1925) in einem gerade drei Quadratmeter großen Zimmerchen. Auf der Place Dalida steht eine Bronzebüste der in Frankreich auch nach ihrem Freitod im Jahr 1987 unvergessenen Schlagersängerin Dalida, die zeitlebens über 120 Millionen Tonträger mit Liedern wie »Darla dirladada«, »Gigi l'Amoroso« und »Am Tag, als der Regen kam« verkauft hat. Im Haus an der Rue Cortot 12 malte Maurice Utrillo nach Postkarten seine melancholischen Gassenidyllen, und Auguste Renoir schuf 1876 sein berühmtes Bild »Le bal du Moulin de la Galette«, das im Musée d'Orsay hängt. Heute befindet sich hier ein Museum, das mit Hunderten von Exponaten die bewegte Vergangenheit des Künstlerviertels dokumentiert.

Der Montmartre-Hügel war bis 1860 eine Gemeinde außerhalb der Pariser Stadtmauern. Hier standen Bauernhöfe, weideten Kühe, wuchsen Kartoffeln, Korn und Reben. Am Wochenende strömte ganz Paris herbei, um in den Windmühlen, die nicht selten auch

1 Auf der Rue Lepic findet alljährlich eine Oldtimer-Rallye statt. Sieger ist, wer zuletzt auf der Place du Tertre ankommt. **2** Die Statue »Der Mann, der durch die Wand ging« schuf der Schauspieler Jean Marais. **3** Haus in der Rue Saint-Vincent. **4** Das Musée de Montmartre dokumentiert die Geschichte der »Butte«. **5** Die Moulin Radet stammt aus den Sechzigerjahren des letzten Jahrhunderts.

Gartenlokale waren, zu tanzen und Wein zu trinken. In einem Brief an seine Eltern schrieb 1810 der deutsche Schriftsteller Friedrich Uhland: »Man sitzt im Freien, hat die Ansicht der Stadt und guten Wein, der wohlfeil ist, weil diese Vorstadt außerhalb der Barrieren liegt und deshalb der Einfuhrzoll wegfällt.« Im 19. Jahrhundert drehten sich auf der »Butte« die Flügel von über 30 Windmühlen, heute gibt es lediglich noch zwei: an der Rue Lepic 77 hinter Bäumen versteckt der Moulin de la Galette, Baujahr 1622, an der Ecke Rue Lepic/Rue Girardon der Moulin Radet, ein Neubau aus den Sechzigerjahren des letzten Jahrhunderts über einem Restaurant, das einst Dalidas Stammlokal war.

Auch auf der Place du Tertre ist Interessantes zu entdecken. Kaum jemand beachtet die Inschrift am Haus Nummer sechs, die auf ein

Ereignis vom 30. März 1814 hinweist: Nachdem Napoleon I. vertrieben worden war und russische Truppen Paris besetzten, kampierten Kosaken auf der Place du Tertre. Durstig polterten sie ins Wirtshaus von Catherine Lamothe, dem jetzigen »A la Mère Catherine«, bestellten Wein und brüllten: »Bistro!« Von diesem russischen Wort, das »schnell« bedeutet, haben seither Frankreichs Kneipen ihren Namen.

Um 1900 verfiel die Boheme Montmartres ländlichem Charme. Hier dichteten Verlaine und Apollinaire, komponierten Satie und Honegger, malten Braque, Modigliani, van Gogh und Picasso. Impressionisten, Expressionisten, Surrealisten, Kubisten, Dadaisten – alle waren sie hier. Selbstbewusst erklärte Rodolphe Salis, der 1881 das legendäre Cabaret »Chat Noir« gründete: »Einst hat es Athen und Rom gegeben, heute gibt es Montmartre. Was wäre Paris ohne Montmartre? Ein Frühling ohne Sonne, ein Körper ohne Seele, ein Kopf ohne Hirn.« Aristide Bruant (1851–1925), immer mit schwarzem Umhang, schwarzem Schlapphut und den roten Schal lässig über die rechte Schulter geworfen, brillierte als Chansonnier. Die Künstlerkolonie traf sich in seinem Cabaret »Le Lapin Agile«, einem rostroten Häuschen unter alten Bäumen an der Ecke Rue Saint Vincent / Rue des Saules. Der Name des Lokals ist ein

1 Bei einem abendlichen Montmartre-Besuch zeigt sich Paris von seiner romantischsten Seite. **2** Hier sollen 1814 russische Soldaten »Bistro!« (Schnell!) gebrüllt haben, als sie ihren Wein bestellten – das französische Wort Bistro war geboren. **3** Erinnerungen an Montmartres große Zeit. **4** Das touristische Montmartre beschränkt sich auf wenige Gassen. **5** Steile Treppen führen auf den Hügel. **6** Ein besonderes Souvenir bescheren die berühmten Künstler des Viertels ihren Modellen. **7** Natürlich tummeln sich auch Straßenmusikanten in den Gassen.

unübersetzbares Wortspiel: »Lapin agile«, was gewandter Hase bedeutet, lässt sich auch als »Lapin à Gill«, Gills Hase, lesen. Denn an der Fassade hängt, gemalt von André Gill (1840–1885), ein Schild, das einen Hasen mit schwarzem Hut und einem Löffel in der rechten Pfote zeigt, der fröhlich aus einem Topf hüpft.

Die Bohemiens feierten verrückte Feste und schockierten mit ausgefallenen Ideen die Bourgeoisie. 1910 banden sie alkoholselig einem Esel einen Pinsel an den Schwanz, hielten eine Leinwand hin und ließen sie mit Farbe vollschmieren. Das Bild, das sie »Sonnenuntergang an der Adria« nannten und mit Joachim-Raphaël Boronali signierten, hing in einer Kunstausstellung, wurde von Kritikern gelobt und für sensationelle 400 Francs verkauft. Als der Schwindel aufflog, lachte die ganze Welt.

In den Zwanzigerjahren postulierten die »Montmartrois« die Unabhängigkeit der »Butte«, riefen Salvador Dalí zum Kaiser Salvador I. aus und stellten abstruse Forderungen: Aus den Brunnen sollte fortan Wein statt Wasser fließen, zwischen den Bistros seien Rollbänder zu installieren und die Eheleute sollten sich ewige Untreue schwören. Das Goldene Zeitalter der Maler, Musiker und Poeten ist längst passé, doch abseits der verkommerzialisierten Place du Tertre lebt das Montmartre von einst auch heute noch munter wei-

1 Gassengewirr in Montmartre. 2 La Maison Rose wurde von Picasso bewohnt und von Utrillo gemalt. 3 Im Oktober findet ein Winzerfest statt. 4 In der Rue des Dames befindet sich das »Bistrot des Dames« mit einem kleinen Garten. 5 Dachterrasse des Terrass Hôtel.

ter. Denn, so erklärt Jack-André Yatt, der eigentlich André Gauthier heißt und Poet und »Bürgermeister« ohne Amtsbefugnis der seit über 80 Jahren bestehenden Vereinigung »Commune Libre du Vieux Montmartre« ist: »Montmartre ist kein Stadtteil von Paris, sondern eine Geisteshaltung.« Die »Commune«, deren Leitspruch »Art, Gaieté et Bonté« (Kunst, Fröhlichkeit und Güte) lautet, unterstützt Künstler, wirkt gemeinnützig und organisiert alljährlich im Mai unter anderem auf der Rue Lepic eine ausgefallene Auto-Rallye. Sieger ist, wer als Letzter durchs Ziel fährt.

Einst war der Montmartre-Hügel zu drei Vierteln mit Weinbergen bedeckt, am Ende des Ersten Weltkriegs verschwand allerdings der letzte. Als die »Montmartrois« 1933 von dem Plan erfuhren, ein brachliegendes Grundstück an der Ecke Rue Saint-Vincent/Rue des Saules mit einem Hochhaus zu überbauen, erklärten sie die 1468 Quadratmeter zum Weinberg und setzten 1742

Rebstöcke. Selbst der hartgesottenste französische Immobilienhai hätte es nicht über das Herz gebracht, diese Reben wieder ausreißen zu lassen. Zwei Jahre später fand dann am 3. Oktober, einem Samstag, die erste Weinlese statt. Seither steht jeweils am ersten Oktober-Samstag »La fête des Vendanges« (Winzerfest) auf dem Programm. Die politische Prominenz hält Reden, ein farbenfroher Umzug mit Marschkapellen, Folkloregruppen, lokalen Honoratioren und Winzerdelegationen aus ganz Frankreich schlängelt sich durch die Gassen der »Butte«, vorbei an Schlachtenbummlern und Degustationsständen. Der Wein wird im Keller des Rathauses des 18. Arrondissements gekeltert, gelagert und versteigert, der Erlös kommt karitativen Organisationen zu. Kenner sind sich einig, dass der »Clos Montmartre« – 75 Prozent Gamay, 25 Prozent Pinot Noir – kein Spitzenwein ist. Trotzdem gehört er zu Frankreichs seltensten und gesuchtesten Tropfen. Einerseits ist er eine Rarität, da jährlich nur einige Hundert Flaschen abgefüllt werden. Andererseits gestalten traditionell prominente Künstler die Etiketten, früher unter anderem Picasso und Dalí. André Gauthier, der das Weinspektakel mit organisiert, erklärt: »Den ›Clos Montmartre‹ lagert man nicht im Keller, sondern stellt ihn neben dem Kamin auf.«

Zeit für Montmartre

Unterkunft

Eldorado Hôtel, Rue des Dames 18 (17. Arrondissement),
Tel.: 01-45223521, Internet: www.eldoradohotel.fr,
Metro: Place de Clichy.
Schade, dass das Wort »Geheimtipp« durch seinen inflationären
Gebrauch abgegriffen ist.
Auf das 2-Sterne-Hotel Eldorado in Montmartre würde es zutreffen.
Es hat Charme, ist preisgünstig und vermittelt das Gefühl, in die
»fabelhafte Welt der Amélie« eingetaucht zu sein. Die 25 unterschiedlich eingerichteten Zimmer sind wie in Amélies Filmwoh-
nung in satten Farbtönen gehalten und mit allerlei Krimskrams
dekoriert. Sie befinden sich im Hauptgebäude und im Hinterhaus
mit Blick auf die Straße oder den begrünten Hof. Die Zimmer 16
und 17 haben einen kleinen Balkon. Es gibt Nichtraucherzimmer,
aber nirgendwo einen Fernsehapparat. Dem familiären Hotel ist das

gemütliche »Bistrot des Dames« angegliedert. Ein schmaler Gang
führt in das Gartenrestaurant mit einer Handvoll Tischen unter Bäumen – ein Kleinstadtidyll in der Großstadt und daher immer ausgebucht.

Terrass Hôtel, Rue Joseph-de-Maistre 12 (18. Arrondissement),
Tel.: 01-46067285, Internet: www.terrass-hotel.com,
Metro: Blanche. An der südwestlichen Flanke der »Butte Montmartre« liegt in einer verkehrsarmen Straße das Terrass Hôtel. Es ist
ein klassisches 4-Sterne-Hotel mit allen Annehmlichkeiten, die ein
Gast von dieser Hotelkategorie erwartet: große Zimmer mit Klima-
anlage, Minibar, Safe, Kabel-TV und Kaffee- beziehungsweise Tee-
set, mit Piano-Bar und Gourmetrestaurant. Sein Name weist auf das
größte Plus hin: die Panoramaterrasse in der siebten Etage mit
Restauration und Blick auf Paris.

Information

Syndicat d'Initiative du Vieux Montmartre, 21, place du Tertre,
Tel.: 01-42622121, Internet: www.montmartrenet.com.
Das Büro ist täglich von 10 bis 19 Uhr geöffnet, seine Mitarbeiter
organisieren geführte Quartierrundgänge, geben Auskunft über
Veranstaltungen und verteilen kostenlose Montmartre-Pläne.

Hier Rive Gauche – dort Rive Droite
Die Seine trennt Paris in zwei unterschiedliche Welten

Am rechten Seine-Ufer (Rive Droite) Geld und Bourgeoisie, am linken (Rive Gauche) Geist und Boheme – das Klischee hält sich hartnäckig, obgleich es von der Realität längst überholt ist.

Um 1900 kehrte die künstlerische Avantgarde dem Montmartre-Hügel den Rücken und zog ins 14. Arrondissement am linken Seine-Ufer. Montmartre war out, Montparnasse in. Der Name geht auf das 17. Jahrhundert zurück, als die Abfalldeponie der Stadt in einer Kalkgrube einen künstlichen Hügel bildete. Sorbonne-Studenten suchten gern die Gartenlokale zu seinen Füßen auf, in denen die Weine billig waren. Mit Sinn für Ironie gaben sie dem heute längst abgetragenen Abfallhügel den Namen des griechischen Musenbergs Parnass.

Im 19. Jahrhundert dehnten sich hier Wiesen aus, wurden Gemüsegärten angelegt und Häuser gebaut. Der Weiler wuchs zum Dorf, bildete 1860 ein Pariser Arrondissement und schrieb später ein Kapitel Kunstgeschichte: Von der Jahrhundertwende bis zum Ausbruch des Zweiten Weltkriegs galt Montparnasse als kultureller Nabel der Welt. In der Rue de la Grande-Chaumière Nummer 8 hatten Vincent van Gogh und Amedeo Modigliani ihre Ateliers, in der Rue Campagne-Première malten Pablo Picasso, Joan Miró, Giorgio de Chirico und Wassily Kandinsky, in der Rue de Dantzig Fernand Léger und Amedeo Modigliani, in der Avenue du Maine Henri Rousseau, genannt der Zöllner. Aus den USA reiste Alexander Calder an, aus Mexiko Diego Rivera, aus Russland Marc Chagall: »Ich wollte das mit meinen eigenen Augen sehen, wovon ich von nur so weit weg gehört hatte. Diese Revolution des Auges, diese Rotation der Farben, die sich spontan und unerwartet mit einer anderen vermischen und in einen Strom von erdachten Linien untergin. Die Sonne der Künste schien nur auf Paris.«

Auch Literaten wie Guillaume Apollinaire, Samuel Beckett, André Breton und Blaise Cendrars bevölkerten Montparnasse. Nach dem Ersten Weltkrieg machten amerikanische Autoren das Viertel zu ihrer Wahlheimat, unter ihnen William Faulkner, Scott Fitzgerald, Henry Miller und Ernest Hemingway. Am Boulevard du Montparnasse diskutierten und debattierten sie in ihren Stammbrasserien: »Le Sélect« (Nummer 99), »La Coupole« (Nummer 102), »La Rotonde« (Nummer 105), »Le Dôme« (Nummer 108), »La Closerie

1 Rodins »Der Kuss« im Musée Rodin. 2 Hommage an Jean-Paul Sartre und Simone de Beauvoir. 3 Statue des Revolutionärs Danton bei der Metro-Station Odéon. 4 Die griechischen und italienischen Restaurants um die Rue de la Huchette sind fest in touristischer Hand.

1 Hier schrieb Ernest Hemingway seinen Roman »Fiesta«. **2** Einst Stammlokal des Malers Paul Cézanne. **3** Die Tour Montparnasse wirft ihren Schatten auf Montparnasse. **4** Der 210 Meter hohe Wolkenkratzer Tour Montparnasse überragt das Viertel. **5** Die Comédie Italienne in der Rue de la Gaîté hält die Tradition der Commedia dell'Arte aufrecht.

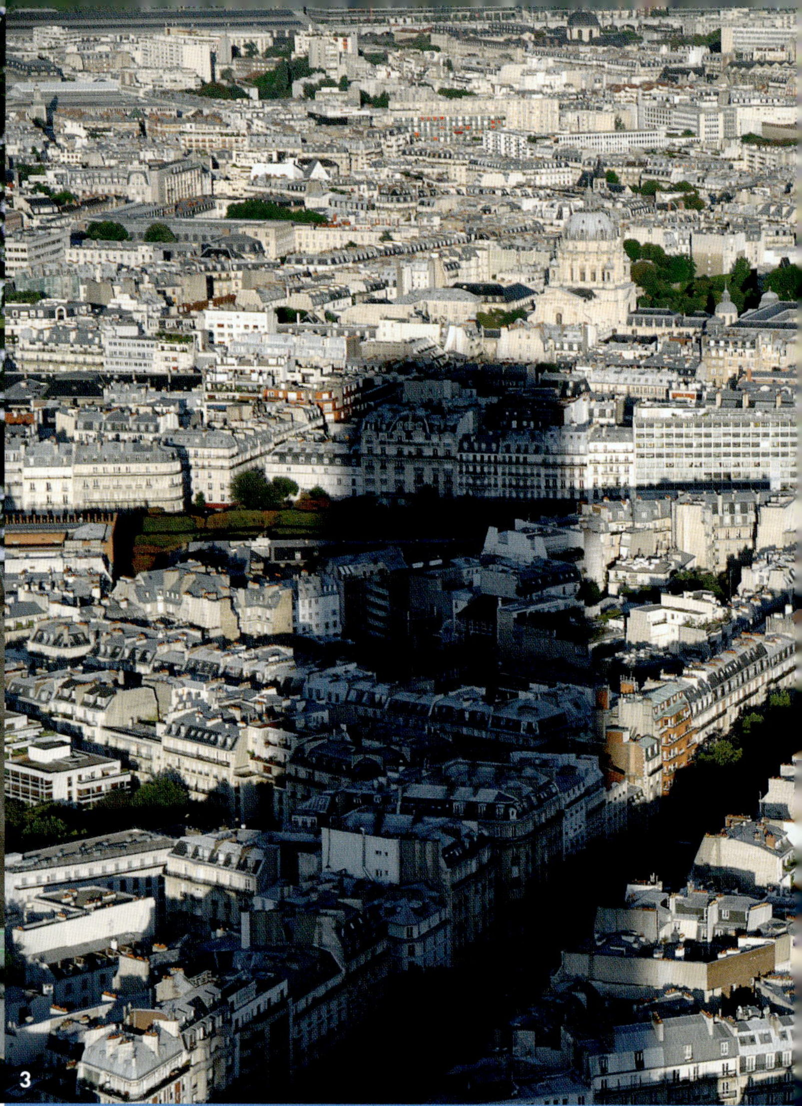

des Lilas« (Nummer 171). Letztere war Hemingways Lieblingslokal, das er in »Paris – ein Fest fürs Leben« von 1965 wiederholt erwähnt: »Es war eines der besten Cafés in Paris. Ich saß in einer Ecke, und das nachmittägliche Licht fiel über meine Schulter ein, und ich schrieb in mein Notizbuch.« Er arbeitete dort an Zeitungsartikeln und an seinem Roman »Fiesta«.

In der Rue Huyghens Nummer 6 traf sich »Le groupe des six«, ein Freundeskreis von fünf Komponisten und einer Komponistin, unter ihnen Arthur Honegger und Darius Milhaud. Erik Satie war ihr geistiger Vater, Jean Cocteau der Gruppensprecher. Sie hatten kein ästhetisches Programm, aber eine gemeinsame Aversion gegen wagnerianische Musik und Debussys Impressionismus, gepaart mit einer unbändigen Lust zur Provokation. Für das Ballett »Parade« nach einer Idee von Cocteau entwarf Picasso das Bühnenbild und lieferte Satie eine Partitur, die auch Ausgefallenes wie

5

Schreibmaschine, Sirene und Revolver vorschrieb. Ort der Handlung ist ein Jahrmarkt mit Akrobaten, Clowns und Feuerschluckern, mit Ragtime-Tänzen und Chaplin-Imitationen. Bei der Uraufführung im Mai 1917 wurde gebuht und gepfiffen.

Der Zweite Weltkrieg setzte dem »Goldenen Zeitalter« von Montparnasse ein abruptes Ende. Geblieben sind die Literaten-Brasserien, die inzwischen Etablissements der gehobeneren Preisklasse im Retro-Look sind. In der »Closerie des Lilas«, in der einst auch Lenin verkehrte, dokumentieren kleine Bronzetafeln auf den Tischen berühmte Gäste. Gleich links beim Eingang finden sich die Namen von Jean-Paul Sartre, André Breton und August Strindberg. 1969 erklärte Präsident Georges Pompidou: »Eine moderne Stadtarchitektur ohne Wolkenkratzer ist undenkbar.« Er propagierte daher einen monströsen, 210 Meter hohen Büroturm im Herzen von Montparnasse, wozu ganze Straßenzüge abgerissen wurden, was das Gesicht des Viertels völlig veränderte. Geblieben ist das pulsierende Leben auf dem Boulevard du Montparnasse mit Multiplex-Kinos, Restaurants, Schnellimbissen und Cafés, deren Terrassen von früh bis spät besetzt sind. Zu den touristischen Favoriten gehören eher die VIP-Gräber des Friedhofs, eine Gruseltour zu den sechs Millionen Skeletten in den Katakomben, das Musée Rodin

und die *Fondation Cartier pour l'art contemporain* (Cartier-Stiftung für moderne Kunst). Merkwürdigerweise zeigen Besucher aber weniger Interesse daran, in nur 38 Sekunden mit dem Lift zur 56. Etage der Tour Montparnasse, dem höchsten Bürogebäude der Stadt, zu fahren. Die drei Stockwerke höher gelegene Plattform bietet einen 360-Grad-Blick, der besonders abends spektakulär ist: Im Norden und Osten die Lichterketten der Boulevards und die angestrahlten Monumente, im Süden der illuminierte Eiffelturm.

Nach den vier schwarzen Jahren der deutschen Okkupation bildete Saint-Germain-des-Prés, das zwischen Seine und Rue Vaugirard, Boulevard Saint-Michel und Rue des Saint-Pères liegt, Frankreichs kulturelles Zentrum. »Es war eine wunderbare Atmosphäre«, erinnert sich die Chansonsängerin Catherine Sauvage (1929–1998), »der Krieg war vorbei und man hatte Durst, sei es unter Künstlern, sei es im Publikum. Durst nach Poesie, Durst nach neuen Dingen« – philosophisch, literarisch und musikalisch. In den Szene-Treffs »Café de Flore« und »Les Deux Magots« am Boulevard Saint-Germain diskutierten sich Jean-Paul Sartre, seine Lebensgefährtin Simone de Beauvoir, Albert Camus, Jacques Prévert und Boris Vian die Köpfe heiß. In den verrauchten Kellern des »Tabou«, »Club

Saint-Germain« und »Club du Vieux Colombier« spielten Sydney Bechet mit dem Orchester Claude Luter Jazz im New-Orleans-Revival-Stil, später Django Reinhardt auf der elektrisch verstärkten Gitarre Bebop. Das Chanson stand mit Jacques Brel, Léo Ferré, Patachou, Barbara, Yves Montand, Charles Trenet und den Frères Jacques in Hochblüte. Juliette Gréco sang, stets ganz in Schwarz, Texte von Sartre und Prévert.

Dominierende Persönlichkeit dieser Zeit war Jean-Paul Sartre (1905–1980), der seine Romane, Bühnenwerke, Drehbücher und Essays vorzugsweise im »Le Flore« verfasste. In »Ist der Existenzialismus ein Humanismus?« formulierte er den Grundgedanken seiner Philosophie: »Der Mensch ist nichts anderes als wozu er sich macht.« Schon bald geriet Existenzialismus allerdings zum sinnentleerten Modewort, galten Ausgeflippte mit großkarierten Hemden oder farbig gestreiften Sweatshirts, die sich die Nächte in den Kellern von Saint-Germain-des-Prés um die Ohren schlugen, als Existenzialisten.

Die schillerndste Figur war das rebellische Multitalent Boris Vian (1920–1959). Der studierte Ingenieur spielte Jazztrompete, schrieb sieben Romane, mehrere Drehbücher und über 460 Chan-

sons. Er übersetzte Raymond Chandler ins Französische, trat als Chansonnier auf und hielt im »Manuel de Saint-Germain-des-Prés« die Atmosphäre des Viertels nach dem Krieg fest. Boris Vian starb während der Vorpremiere der Verfilmung seines Skandalromans »Ich werde auf eure Gräber spucken« an einem Herzinfarkt.

Das etablierte Paris und die Baedeker-Touristen blieben zunächst am liebsten am rechten Seine-Ufer. Das änderte sich aber 1950, als das in allen Hotels kostenlos aufliegende Veranstaltungsmagazin »This week in Paris« seinen Lesern erklärte: »Es ist schick, den Abend in Saint-Germain-des-Prés zu verbringen, wo Sie Jean-Paul Sartre und die Existenzialisten, Dichter und Maler sehen können.« Ein Jahrzehnt danach eröffnete Yves Saint Laurent als Erster eine Boutique auf der Rive Gauche, seither sind immer mehr Nobelmarken links der Seine vertreten – Saint Laurent statt Sartre, Cartier statt Camus, Vuitton statt Vian.

Auf der Terrasse des »Deux Magots« an der Place Sartre-Beauvoir sitzen heute Paris-Besucher vor überteuerten Getränken und werden von Kellnern mit bodenlangen weißen Schürzen bedient. Die schräg gegenüberliegende »Brasserie Lipp« ist auch im 21. Jahrhundert eine Institution. Von der Decke hängen Lüster an schmie-

deeisernen Ketten, riesige Spiegel und Fayencen mit Pflanzengirlanden verzieren die Wände. Die ungeschriebene Hackordnung der Tischzuteilung bleibt unangetastet: Prominente sitzen vorne, alle anderen hinten oder sie werden, noch schlimmer, in den ersten Stock verbannt, das berüchtigte »Sibirien«.

In der Rue de l'Ancienne-Comédie 13 steht auf einer Tafel: »Café Procope. Hier gründete Procopio Dei Coltelli 1686 das älteste Kaffeehaus der Welt und das berühmteste literarische und philosophische Zentrum im 18. und 19. Jahrhundert. Hier verkehrten La Fontaine, Voltaire, Benjamin Franklin, Danton, Marat, Robespierre, Napoleon Bonaparte, Balzac, Victor Hugo, Gambetta, Verlaine und Anatole France.« Jetzt sind es überwiegend Touristen, die in den historischen Räumen dinieren oder soupieren.

In »Paris – ein Fest fürs Leben« schrieb Ernest Hemingway: »Damals hatten wir kein Geld, um Bücher zu kaufen. Ich borgte mir Bücher aus der Leihbibliothek von Shakespeare and Company; das war die Bibliothek und der Buchladen von Sylvia Beach in der Rue de l'Odéon 12.« Zwischen den beiden Weltkriegen war die Amerikanerin die zentrale Figur der englischsprachigen Pariser Literaturszene. Als James Joyce keinen Verleger für seinen Roman »Ulys-

1/2 Im »Café de Flore« und im »Les Deux Magots« hielten Jean-Paul Sartre und Simone de Beauvoir Hof. **3** Im »Procope« verkehrten Voltaire, Danton, Robespierre und Balzac. Heute dominieren hier die Touristen. **4** In der Kirche Saint-Sulpice heiratete Heinrich Heine und wurde Baudelaire getauft. **5** Die mittelalterliche Cour du Commerce Saint-André verbindet den Boulevard Saint-Germain mit der Rue Saint-André-des-Arts.

ses« fand, der einen Tag im Leben des Dubliner Annoncenakquisiteurs Leopold Blum schildert, verlegte Silvia Beach das Buch auf eigene Kosten. Heute zählt »Ulysses« zu den großen Werken der Weltliteratur. Eine Tafel an der Fassade der Buchhandlung, die 1941 während der deutschen Okkupation schließen musste, erinnert an die Entstehungsgeschichte: »1922 publizierte Sylvia Beach in diesem Haus ›Ulysses‹ von James Joyce.«

Im Gassengewirr zwischen Boulevard Saint-Germain und der Seine erahnen Stadtspaziergänger die Atmosphäre des Saint-Germain-des-Prés von einst: Die Häuser stammen aus dem 17. und 18. Jahrhundert. Galerien stellen moderne Kunst aus, Antiquariate verkaufen alte Möbel und Buchhandlungen führen Bibliophiles. In der Rue de Buci reiht sich Café an Café und man sitzt auf den Terras-

sen unter bunten Markisen. Besonders beliebt ist die geheizte Terrasse der »Bar du marché«. In der Rue de l'Ecole-de-Médecine 20 erdolchte 1793 Charlotte Corday den Revolutionspolitiker Jean-Paul Marat in der Badewanne. In der Rue des Grands-Augustins 7 malte Pablo Picasso 1937 sein berühmtes Gemälde »Guernica«, das heute im Madrider Museo Reina Sofia hängt. Immer wieder weisen Tafeln an Fassaden auf historische Ereignisse oder berühmte Bewohner hin: In der Rue Jacob 56 wurde 1783 der Vertrag unterzeichnet, mit welchem England die Unabhängigkeit der Vereinigten Staaten anerkannte. In der Rue Mazarine 28 entzifferte Jean-François Champollion 1822 die ägyptischen Hieroglyphen, und im Haus Nummer 14 lebte Richard Wagner vom Herbst 1841 bis zum Frühling 1842.

An der Fassade des Hauses Nummer 5bis in der Rue de Verneuil ist zwischen Graffiti »Je t'aime«, »Du bist der Beste« und »Simply the Best« zu lesen. Die Schriftzüge stammen von der Fangemeinde des Komponisten, Sängers und Schauspielers Serge Gainsbourg, der hier bis zu seinem Tod im Jahr 1991 wohnte. Seine mit Wortspielen und Slangausdrücken gespickten Chansontexte machten ihn zu Frankreichs Pop-Ikone, die lustvoll provozierte – mal verärgerte seine Reggae-Version der Nationalhymne »La Marseillaise«

1 Der Turm der Kirche Saint-Germain-des-Prés stammt aus dem 11. Jahrhundert. **2** Traditioneller Jazz auf dem Boulevard Saint-Germain. **3** Der Brunnen des heiligen Michael ist ein beliebter Ort für Rendezvous. **4** Die Place Furstenberg trägt den Namen von Wilhelm Egon Graf von Fürstenberg, der Abt der Abtei Saint-Germain war. **5** Fans von Serge Gainsbourg haben dessen Haus mit Graffiti übersät.

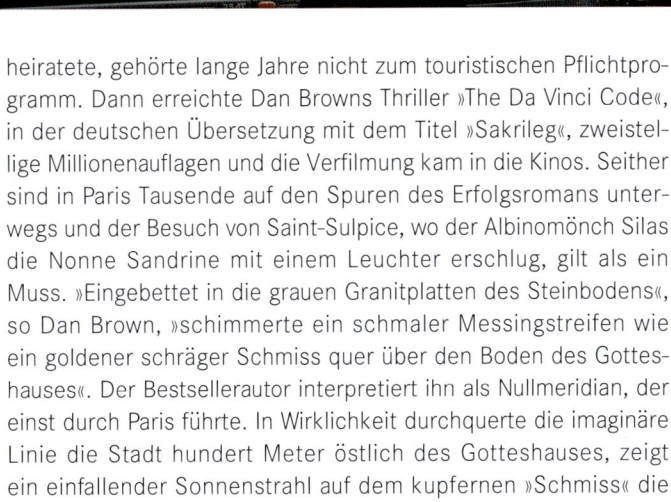

die Patrioten, mal schockte das im Duett mit Jane Birkin gestöhnte »Je t'aime moi non plus« die Moralisten.

Die Place Furstenberg hat ihren Namen von Wilhelm Egon Graf von Fürstenberg (1629–1704). Der frankophile deutsche Adelige war Bischof von Straßburg, später Kardinal und Abt der Abtei Saint-Germain. Die im sechsten Jahrhundert gegründete Abtei war nach dem heiligen Germanus, französisch Saint Germain, benannt und lag anfänglich inmitten von Wiesen, französisch *prés*. Übrig geblieben sind der Name und auf der Place Sartre-Beauvoir die wiederholt umgebaute Kirche Saint-Germain-des-Prés mit einem tausendjährigen Glockenturm. Auf dem Fürstenberg-Platz, dem einstigen Ehrenhof der Abtei, glaubt man sich in einer Filmkulisse. Der winzig kleine Platz mit alten Laternen und vier Platanen, der nur wenige Schritte vom geschäftigen Boulevard Saint-Germain entfernt liegt, hat einen verträumten Charme. Im Haus Nummer 6 befindet sich das Musée national Eugène-Delacroix. Hier wohnte und malte Delacroix von 1861 bis 1863, als er die Fresken in der nahen Kirche Saint-Sulpice schuf, von welchen »Jakobs Kampf mit dem Erzengel« die bekannteste ist.

Die Kirche Saint-Sulpice, in der 1821 Charles Baudelaire getauft wurde und Heinrich Heine zwei Jahrzehnte später seine Mathilde heiratete, gehörte lange Jahre nicht zum touristischen Pflichtprogramm. Dann erreichte Dan Browns Thriller »The Da Vinci Code«, in der deutschen Übersetzung mit dem Titel »Sakrileg«, zweistellige Millionenauflagen und die Verfilmung kam in die Kinos. Seither sind in Paris Tausende auf den Spuren des Erfolgsromans unterwegs und der Besuch von Saint-Sulpice, wo der Albinomönch Silas die Nonne Sandrine mit einem Leuchter erschlug, gilt als ein Muss. »Eingebettet in die grauen Granitplatten des Steinbodens«, so Dan Brown, »schimmerte ein schmaler Messingstreifen wie ein goldener schräger Schmiss quer über den Boden des Gotteshauses«. Der Bestsellerautor interpretiert ihn als Nullmeridian, der einst durch Paris führte. In Wirklichkeit durchquerte die imaginäre Linie die Stadt hundert Meter östlich des Gotteshauses, zeigt ein einfallender Sonnenstrahl auf dem kupfernen »Schmiss« die Mittagszeit an.

Das Saint-Germain-des-Prés von Sartre und Vian, von Literatencafés und Existenzialisten-Kellern gehört der Vergangenheit an. Doch der Brunnen des heiligen Michael auf der Place Saint-Michel bleibt ein beliebter Ort für Rendezvous. Zu jeder Tageszeit stehen wartende Singles beiderlei Geschlechts herum, die ungeduldig zum Metro-Ausgang schauen, ob der oder die sehnsüchtig Erwartete endlich auftaucht.

Der Boulevard Saint-Michel, dessen Namen die Pariser zu Boul' Mich' verkürzen, führt schnurgerade und leicht ansteigend von der Place Saint-Michel zum Boulevard du Montparnasse. Die von Cafés, Bistros, Schnellimbissen, Buchhandlungen und Prêt-à-porter-Boutiquen gesäumte Straße bildet die Grenze zwischen Saint-Germain-des-Prés im Westen (6. Arrondissement) und Quartier Latin im Osten (5. Arrondissement). Das Lateinische Viertel um die Sorbonne, Frankreichs älteste Universität, in der bis 1789 in lateinischer Sprache unterrichtet wurde, ist traditionell von Studenten bewohnt und von Touristen überschwemmt, die zwei Jahrtausende Stadtgeschichte erleben wollen. Die Rue Saint-Jacques, eine Parallelstraße zum Boulevard Saint-Michel, war die Hauptstraße der römischen Siedlung Lutetia. An der Kreuzung Boulevard Saint-Germain/Boulevard Saint-Michel stehen die Ruinen einer Therme, und in der Rue Monge wurde 1916 ein Amphitheater freigelegt, das eine Doppelfunktion hatte. Es diente sowohl für Gladia-

1 Thermen und ein Amphitheater aus der Zeit, als Paris noch Lutetia hieß.
2 In der Buchhandlung Shakespeare and Company treffen sich Autoren und Leseratten. **3** Die Lobby des exklusiven Hotels L'Hôtel. **4** Die Suite Nummer 36 ist nach dem Revuestar Mistinguett benannt.

torenkämpfe als auch für Bühnenaufführungen. Die Hauptattraktion des Musée national du Moyen Age (Nationalmuseum des Mittelalters) sind die sechs Wandteppiche der »Dame mit dem Einhorn« aus dem 15. Jahrhundert, denen Rainer Maria Rilke (1875–1926) ein Gedicht gewidmet hat: »Frau und Erlauchte: Sicher kränken wir /oft Frauen-Schicksal, das wir nicht begreifen.« Die italienischen und griechischen Kneipen um die Rue de la Huchette sind fest in touristischer Hand. Wer die Rue de la Huchette weitergeht, taucht jedoch ins Mittelalter ein. Die Gassen wurden im 13. Jahrhundert angelegt und zahlreiche Häuser stammen aus dem 16. oder 17. Jahrhundert. Der »Caveau de la Huchette« im Haus Nummer 5 spielt allabendlich traditionellen Jazz, das »Théâtre de la Huchette« in Nummer 23 seit 1957 »Die kahle Sängerin« und »Die Schulstunde« von Eugène Ionesco. Mittelalterliches Ambiente haben auch Rue Galande, Rue Xavier-Privas und Rue de la Parcheminerie.

In den verwinkelten Räumen von Shakespeare and Company biegen sich die Regale unter dem Gewicht von 100 000 Büchern – Neues und Antiquarisches auf Englisch, Deutsch und Russisch, zerfledderte Taschenbücher für einen Euro und signierte Erstausgaben von Henry Miller oder Graham Greene. Selbst vor dem Eingang stapeln sich in Regalen und Plastikboxen Bücher. Dazwischen sitzen Lesende auf dem Boden oder einer Bank. Der Name der Buchhandlung ist Verpflichtung. 1951 schuf der Amerikaner George Whitman nach dem Konzept von Sylvia Beach, die er glühend verehrte, an der Rue de la Bûcherie 37 mit Dichterlesungen, literarischen Workshops und kostenloser Leihbibliothek einen Treffpunkt für Leseratten und Autoren. Das täglich von zwölf Uhr mittags bis Mitternacht geöffnete Shakespeare and Company ist längst eine Pariser Institution mit täglich Hunderten lesefreudigen Kunden. Geführt wird es von Whitmans Enkelin, die, wen wundert es, Sylvia Beach Whitman heißt.

Ganz oben auf der Liste von Sightseeing-Touristen stehen im Quartier Latin ein morgendlicher Marktbummel über die Rue Mouffetard, in Paris zu Rue Mouff' verkürzt, und ein Besuch des Panthéon. Der ursprünglich als Kirche konzipierte monumentale Kuppelbau ist Frankreichs Ruhmeshalle. Über dem Eingang steht in großen Lettern »Aux grands hommes la patrie reconnaissante« (Den großen Menschen das dankbare Vaterland). In der Krypta ruhen die sterblichen Überreste von 73 außergewöhnlichen Persönlichkeiten: die Philosophen Voltaire und Rousseau, der Erfinder der Blindenschrift Louis Braille, die Schriftsteller Hugo, Zola und Dumas der Ältere. Aber auch Generäle und Admiräle, Politiker, Juristen und Wissenschaftler sind vertreten sowie Frédéric-Heinri Walther, dessen einziges Verdienst es war, an allen napoleonischen Feldzügen teilgenommen und sie überlebt zu haben. Dem exklusiven Kreis der »grands hommes« gehören lediglich zwei Frauen an: Der Chemiker Bertholet ist neben seiner Frau begraben. Auf Anordnung von Präsident Mitterrand wurden 1995 der Nobelpreisträger Pierre Curie und die zweifache Nobelpreisträgerin Marie Curie exhumiert und ins Panthéon überführt. Sie ist, wie Mitterrand betonte, »die erste Frau in unserer Geschichte, die für ihre Verdienste geehrt wird«.

Zeit für Rive Gauche – Rive Droite

Unterkunft

Das Hotel L'Hôtel liegt unweit von Kunstakademie und Seine im Herzen von Saint-Germain-des-Prés in einer verkehrsarmen Gasse. Es ist ein Boutique-Hotel in einem Haus aus dem frühen 19. Jahrhundert mit Geschichte und Charme, das zu der Kategorie »Quatre Etoiles Luxe«, 4-Sterne-Luxus, gehört, was in Frankreich als höchste Auszeichnung gilt.

Oscar Wilde schrieb Romane wie »Das Bildnis des Dorian Gray«, Bühnenstücke wie »Bunbury« und brillierte mit Bonmots wie »Ich kann auf alles verzichten, nur nicht auf den Luxus«. Nach der Verbüßung einer Gefängnisstrafe wegen »Unzucht« (Homosexualität)

4

verließ er 1897 seine Heimat und zog unter falschem Namen nach Paris ins Hôtel de l'Alsace, wie das L'Hôtel damals hieß. Er lebte in Saus und Braus und ließ sich das beste Essen und die besten Weine servieren. Als Wilde im November 1900 in seinem Hotelbett starb, hinterließ er eine unbezahlte Rechnung in Höhe von 2643 Francs.

Seit der französische Stardesigner Jacques Garcia, der eine Vorliebe für die Innenarchitektur des 17. und 18. Jahrhunderts hegt, vor einigen Jahren das Hotel vollständig umgebaut hat, präsentiert es sich im Retro-Chic eines Stadtpalais. Jedes der lediglich 20 Zimmer, Suiten und Appartements ist anders möbliert: mal im pompejischen Stil, mal im Stil Napoleons III., mal dem Barock, mal dem Art déco verpflichtet. Das meistgefragte Zimmer ist die einst von Oscar Wilde bewohnte Nummer 16. Alle Zimmer liegen um eine zentrale Lobby, die sich spiralförmig über sechs Etagen erstreckt. Vom Speisesaal geht der Blick in einen begrünten Innenhof mit einem plätschernden Brunnen, im Untergeschoss befinden sich ein Türkisches Bad und ein Swimmingpool mit Gegenstromanlage. Besonders Showbusiness-Prominenz liebt den Komfort und die Diskretion der exklusivsten Adresse auf der Rive Gauche.

L'Hôtel, Rue des Beaux-Arts 13 (6. Arrondissement), Tel.: 01-44419900, Internet: www.l-hotel.com, Metro-Station: Saint-Germain-des-Prés.

Pariser Flair von gestern
Île Saint-Louis – eine Oase in großstädtischer Hektik

Wie ein steinernes Schiff liegt die Insel des heiligen Louis – gut 550 Meter lang, knapp 200 Meter breit, mit sechs Brücken zum Festland – inmitten der Seine.

Wer über einen eisernen Stieg, den Pont Saint-Louis, von der Île de la Cité in die nur einen Steinwurf entfernte Île Saint-Louis geht, taucht in eine andere Welt ein: kaum Touristen, kein Schnellimbiss, kein Souvenirladen, keine Stadtrundfahrtbusse, nicht einmal eine Metro-Station. Dafür findet man ein homogenes Architekturensemble von fünf- bis sechsstöckigen Häusern mit dekorativen Fassaden, wuchtigen Holzportalen, schmiedeeisernen Balkongittern, reich verzierten Dachrinnen und Wasserabläufen. Das hat den Charme von gestern und unter der Woche die Beschaulichkeit eines französischen Provinzstädtchens.

Im Mittelalter weideten hier Kühe, und die Wäscherinnen plagten sich am Ufer. Das Volk vergnügte sich bei Wein und Tanz in einer Kneipe, während der Adel Duelle ausfocht und sich im Bogenschießen übte. Um 1609 erhielt der Unternehmer Christophe Marie per königlichem Dekret die Genehmigung, die Insel zu überbauen. Der Hofarchitekt Louis Le Vau, dessen Handschrift auch Louvre und Schloss Versailles tragen, entwarf eine streng symmetrische Anlage mit sich rechtwinklig schneidenden Straßen, repräsentativen *Hôtels particuliers* (Stadtpalais) und der Rue Saint-Louis-en-l'Île als zentraler Längsachse. Rundum war alles mit hohen Quaimauern vor Überschwemmungen geschützt. Doch Marie hatte sich verspekuliert. Seine Hoffnung, dass sich der Adel um die exklusive Wohnlage reißen würde, erfüllte sich nicht. Denn dieser blieb dem Marais-Viertel treu. Dafür erwarben Gewerbetreibende und Kunsthandwerker preisgünstig Grundstücke an der Hauptstraße. Politiker und Neureiche erstanden teurere Uferparzellen mit unverbaubarem Blick auf Seine und Paris. Im 19. und 20. Jahrhundert zogen Dichter, Maler, Musiker und polnische Immigranten ein. Später folgte die Pariser Schickeria, heute gilt die Insel als exklusive und entsprechend teure Adresse.

Wer über die Insel des heiligen Ludwig flaniert, liest immer wieder berühmte Namen auf Steintafeln an den Fassaden: Im Hôtel Lambert an der Rue Saint-Louis-en-l'Île Nummer 2 wohnte Voltaire, konzertierte Frédéric Chopin, plauderte George Sand, las Colette

1 Kleinstadtatmosphäre in der Großstadt. **2** Blumen über der Haustür ... **3** ... und schmiedeeiserne Balkone. **4** Die Insel des heiligen Ludwig ist ein homogenes, auf dem Reißbrett konzipiertes Wohnensemble aus dem frühen 17. Jahrhundert mit schnurgeraden Gassen.

aus ihren Werken und hatte die Filmschauspielerin Michèle Morgan ein Appartement. Camille Claudel, die Lieblingsschülerin von Auguste Rodin, hatte am Quai de Bourbon 19 ihr Atelier. Am Quai d'Anjou zeichnete Honoré Daumier (Nummer 9), malte Paul Cézanne (Nummer 15), schrieb Charles Baudelaire an seinen »Blumen des Bösen« (Nummer 17) und Paul Claudel Theaterstücke (Nummer 37). Das Musée Adam Mickiewicz am Quai d'Orléans 6, das dem polnischen Literaten und Patrioten gewidmet ist, zeigt in einem Salon auch Manuskripte und Partituren von Frédéric Chopin. Am Quai de Béthune 36 forschte Marie Curie, in Nummer 24 leitete Helena Rubinstein ihr Parfümimperium. Nachdem sie das Hôtel Hesselin, eine der schönsten Inselresidenzen, gekauft hatte, ließ sie es unbeeindruckt abreißen und durch einen Allerweltsneubau ersetzen. Einzig das Eingangsportal durfte überleben.

Trotz reichlich Historie ist die Insel kein Freilichtmuseum, sondern quicklebendig. Neben Bäckereien und Buchhandlungen mit nostalgischem Chic – die »Librairie Paris et son patrimoine« an der Rue Saint-Louis-en-l'Île 25 hat die größte Auswahl an Publikationen über Paris – gibt es Geschenkboutiquen, Kunstgalerien, Confiserien, Gewürzhandlungen sowie zwei Dutzend Restaurants. Der Jazzkeller »Le Franc Pinot« am Quai Bourbon 1 ist eine Pariser

Institution. Jeden Abend spielen hier französische und gelegentlich auch ausländische Musiker in einem Gewölbe aus dem 17. Jahrhundert vorzugsweise im Bebop-Stil. Langjähriger Besitzer des Restaurants »L'Orangerie« in der Rue Saint-Louis-en-l'Île 28 war der Schauspieler Jean-Claude Brialy. Er hat in über 180 Filmen mitgewirkt und leitet das traditionsreiche Theater »Bouffes parisiens«, in dem Offenbach-Operetten wie »Orpheus in der Unterwelt«, »Die schöne Helena« und »Pariser Leben« Premiere hatten.

Am Wochenende ändert sich die Atmosphäre auf der kleinen Schwester der Île de la Cité. Der verkehrsfreie Pont Saint-Louis wird zur Freilichtbühne, auf der sich Feuerschlucker, Jongleure und Pantomimen produzieren. Durch die schmale Rue Saint-Louis-en-l'Île drängt sich halb Paris, jeder Zweite mit einem Eis in der Hand. Vor der Hausnummer 31, wo »Berthillon« seit 1954 Eis und Sorbets mit 63 verschiedenen Geschmäckern verkauft, ist die Warteschlange nicht selten 50 Meter lang. »Berthillon« steht im Ruf, Frankreichs beste Eisdiele zu sein. Der Familienbetrieb, der auf jegliche Werbung verzichtet, bleibt Montag, Dienstag und während der Schulferien geschlossen. Damit Stammkunden nicht auf ihre Schleckereien verzichten müssen, listet ein Anschlag die Adressen von einem Dutzend Wiederverkäufern in ganz Paris auf.

Zeit für die Île Saint-Louis

Unterkunft

Wer ein Hotel auf der Île Saint-Louis bucht, ist privilegiert. Er erlebt den Charme von Alt-Paris, findet in der nahen Umgebung mehrere Restaurants und wird nachts nicht vom Durchgangsverkehr gestört. Notre-Dame, Le Marais und Saint-Germain-des-Prés liegen wenige Gehminuten entfernt.

Hôtel Saint-Louis, Rue Saint-Louis-en-l'Île 75 (4. Arrondissement), Tel.: 01-46340480, Internet: www.hotelsaintlouis.com, Metro: Pont Marie. Das Hotel Saint-Louis hat 21 kleine, aber gemütliche Zimmer mit alten Möbeln, Nippsachen und Blumen. Das 3-Sterne-Hotel akzeptiert alle Kreditkarten außer American Express.

In der Rue Saint-Louis-en-l'Île gibt es zwei weitere 3-Sterne-Hotels im gleichen Stil:
Hôtel des Deux Iles, Rue Saint-Louis-en-l'Île 59, Tel.: 01-43261335, Internet: www.deuxiles-paris-hotel.com und
Hôtel de Lutèce, Rue Saint-Louis-en-l'Île 65, Tel.: 01-43262352, Internet: www. deuxiles-paris-hotel.com

Alle drei Hotels sind äußerst beliebt und haben eine treue Stammkundschaft. Unbedingt frühzeitig reservieren!

Wohnungsvermittlung

Die Agentur Paris Lodging bietet Studios und Wohnungen unterschiedlicher Größe für Paris-Besucher an: Im Internet lassen sich für die Suche Kriterien wie Viertel, Anzahl der Räume, Größe, Stockwerk, Terrasse und Raucher oder Nichtraucher anklicken.

Paris Lodging, Tel.: 01-43367169, Internet: www.paris-wohnung-vermietung.com

1 Reger Verkehr auf der Seine. **2** Die Türen öffnen sich auf schmale Balkone. **3** Auf den Quais wird gebummelt, geradelt und geflirtet. **4** Ein beliebtes Motiv auf einer ausgefallenen Leinwand. **5** Läden und Lokale haben nostalgischen Charme. **6** Frühzeitig reservieren!

Ein Viertel zum Bummeln
Historische Gassen und noble Palais im Marais

Le Marais, das Viertel zwischen Bastille, Hôtel de Ville und Place de la République, ist ein Stück Alt-Paris und Frankreichs größtes historisches Wohnensemble.

Beim Bummel durch die engen Gassen des Marais, vorbei an Stadtpalais mit reich verzierten Fassaden, prächtigen Portalen, weiten Ehrenhöfen und Gärten im französischen Stil, glaubt man sich um Jahrhunderte zurückversetzt. Das Viertel rechts der Seine im dritten und vierten Arrondissement hat jedoch nichts Museales, sondern ist ein Stück belebtes Alt-Paris, das sein Flair ins 21. Jahrhundert hinübergerettet hat.

Der eigentlich wenig ansprechende Name Marais – französisch für Sumpf – dokumentiert, dass hier bis ins Mittelalter lediglich ein von Enten bewohntes Überschwemmungsgebiet der Seine war. Dann gründeten Mönche eine Abtei und die Ritter des Templerordens bauten eine Burg. Ihnen folgten Händler und Gewerbetreibende. Ende des 16. und im 17. Jahrhundert erlebte Le Marais sein »Goldenes Zeitalter«. Blut- und Beamtenadel errichtete Stadtpalais und König Heinrich IV. (1553–1610) gab die Place Royale (Königlicher Platz) in Auftrag. Die Architekten Claude Chastillon und Louis Métezeau übernahmen deren Gestaltung. Der älteste und für viele auch schönste Pariser Platz wechselte wiederholt den Namen und heißt heute Place des Vosges, benannt nach dem Departement Vosges. Der rechteckige Vogesen-Platz – 140 Meter lang und 127 Meter breit – besticht durch seine harmonische Bebauung: Auf vier Seiten befinden sich je neun identische dreistöckige Häuser mit Arkaden, hohen Fenstern, Trompe-l'œil-Backsteinen, schlanken Schornsteinen und steilen Schieferdächern. Die Gebäude werden dominiert von zwei etwas höheren Bauten: dem Pavillon de la Reine (Pavillon der Königin) im Norden und dem Pavillon du Roi (Pavillon des Königs) im Süden. Den Löwenanteil des Platzes beansprucht der umzäunte Square Louis XIII, eine von Fußwegen durchzogene Grünanlage mit Bäumen, Bänken und vier Brunnen. Die steinerne Reiterstatue stellt König Ludwig XIII. dar, den Sohn Heinrichs IV., der die Anlage 1612 einweihte. An sonnigen Wochenenden tummeln sich Hunderte Pariser auf dem Rasen – lesend, flirtend, schmusend, sonnenbadend, Schach oder Ball spielend. Andere flanieren unter den Arkaden,

1 Auf den Dächern ragen schlanke Schornsteine in den Himmel.
2 Über den Haustüren befinden sich oft steinerne Köpfe. **3** Geometrisch geschnittene Hecken des französischen Gartens im Hof des Musée Carnavalet. **4** Wohnkultur des 18. Jahrhunderts im Musée Cognacq-Jay.

1/2 Die Place des Vosges mit ihren einheitlich dreistöckigen Häusern gehört zu den schönsten Pariser Plätzen: von Fußwegen durchzogene Rasenflächen, vier Brunnen, zahlreiche Bänke und eine Reiterstatue König Ludwigs XIII. **3** In der Rue des Barres (Bild) und Rue François-Miron stehen noch mittelalterliche Fachwerkhäuser.

sitzen auf den Terrassen von Cafés und Bistros oder schlemmen im 3-Sterne-Restaurant »L'Ambroisie«. Und gelegentlich spielt eine Klezmerband.

Im Haus 1 bis wurde die spätere Marquise de Sévigné (1626 bis 1696) geboren, die als unermüdliche Briefschreiberin in die Literaturgeschichte einging. Ihre Schilderungen des höfischen Lebens unter König Ludwig XIV. sind eine unschätzbare Informationsquelle und in Buchform erschienen. In Nummer 21 wohnte der Schriftsteller Alphonse Daudet (1840–1897) (»Tartarin de Tarascon«, »Briefe aus meiner Mühle«) und später der Krimiautor Georges Simenon (1903–1989). Victor Hugo (1802–1885) lebte 16 Jahre lang in Nummer 6, wo er unter anderem »Die Elenden« schrieb. Seit 1903 beherbergt das Haus ein Victor-Hugo-Museum. Der prominenteste Bewohner ist heute Jack Lang, einst umtriebi-

ger Kulturminister der Ära Mitterrand. Er schwärmt, der Platz sei »eine Insel in der Stadt, zugleich aber ein Ort der Begegnung«, sein Stammcafé »La Bourgogne« befindet sich im Haus Nummer 19.

Im späten 18. Jahrhundert verlor die Aristokratie allmählich das Interesse an den Palais im Marais, sie begann ihre Wohnsitze in die Vorstädte zu verlegen. Als nach 1789 revolutionäre Bürger den Adel reihenweise auf die Guillotine schickten, hatte der »Sumpf« seine Rolle als Pariser Zentrum von Eleganz, Kultur und Festivitäten ausgespielt. Die feudalen Residenzen mutierten zu Werkstätten, Läden und kleinbürgerlichen Wohnungen. Nur der Sturz Kaiser Napoleons III. 1870 verhinderte, dass Baron Haussmann seinen Plan realisieren konnte, die historischen Häuser und verschlungenen Gassen durch Neubauten und Boulevards zu ersetzen. 125 Hektar Alt-Paris überlebten, doch die Palais verrotteten oder wurden abgerissen, das Viertel verkam. 36 Prozent der Wohnungen hatten kein fließendes Wasser, 74 Prozent keine Nasszelle. Erst 1962 erließ der Kulturminister André Malraux das »Gesetz zum Schutz des historischen und ästhetischen Erbes Frankreichs«. Damit floss endlich Geld, um das Viertel zu sanieren und zahlreiche Palais vor dem Verfall zu bewahren. Immobilienhändler kauften die heruntergekommenen Häuser aus dem 17. und 18. Jahrhundert billig auf, renovierten sie aufwendig, richteten kleine Luxuswohnungen ein und verkauften diese teuer. Die alte Bewohnerschaft zog immer mehr in die Satellitenstädte und Le Marais wurde wieder chic – eine beliebte Wohngegend ohne Schnellimbisse und Supermärkte, aber mit Retro-Flair, Cafés, Gourmettempeln, Kunstgalerien und Modeboutiquen. Am Sonntag strömen Pariser und Touristen zum Shopping herbei, wälzen sich Menschenmassen durch die von Läden gesäumte Rue des Francs-Bourgeois.

Gassen wie die Rue Pavée, die Rue du Temple, die Rue des Barres, die Rue Payenne oder die Rue Cloche-Perce haben eine spätmittelalterliche Patina und einige Stadtpalais vermitteln nostalgische Noblesse. So zum Beispiel das Hôtel de Beauvais, einst Sitz des bayerischen Botschafters an der Rue François-Miron 68. Hier komponierte und konzertierte der siebenjährige Mozart während seines Pariser Aufenthaltes im Jahr 1763. Eine Tafel im halbrunden Ehrenhof erinnert daran. Das Hôtel de Sens an der Rue du Figuier 1 gehört zu den ältesten Pariser Profanbauten. Um das Jahr 1500

vom Erzbischof von Sens, dem die Diözese Paris unterstand, in Auftrag gegeben, dokumentiert es den Übergangsstil zwischen ausgehendem Mittelalter und anbrechender Renaissance. Mit seinen Spitzbögen, Wasserspeiern und runden Türmen wäre die eher elegante als trutzige Burg die ideale Kulisse für einen Mantel-und-Degen-Film. Das Hôtel de Sully an der Rue Saint-Antoine 62 stammt aus dem frühen 17. Jahrhundert, befand sich im Besitz des Herzogs von Sully und gehört zu den schönsten Palais im Marais. Vier allegorische Statuen schmücken die barocke Fassade: Herbst und Winter auf der Seite des Ehrenhofs, Frühling und Sommer auf der Seite des Gartens im französischen Stil. Die auch sonntags geöffnete Buchhandlung beim Eingang verfügt über eine exzellente Auswahl von Büchern über Paris, vom Garten gelangt man durch eine kleine Pforte zur Place des Vosges.

In der zweiten Hälfte des 16. Jahrhunderts ließ sich Nicolas Dupuis, Präsident des Pariser Parlaments, an der jetzigen Rue Sévigné 23 ein Hôtel particulier bauen. Merkwürdigerweise wurde das Palais nicht nach ihm benannt, sondern nach der zweiten Besitzerin, der Bretonin Françoise Kernevenoy, deren Namen die Pariser zu Carnavalet verballhornten. Im Hôtel Carnavalet und dem angegliederten Hôtel Le Peletier de Saint-Fargeau ist das Musée Carnavalet untergebracht, das Museum zur Pariser Stadtgeschichte. Gemälde, Möbel und Modelle dokumentieren den Aufstieg der Römersiedlung zur Weltmetropole. Sehenswert sind unter anderem ein Modell, das die Île de la Cité vor Baron Haussmanns Kahlschlag im 19. Jahrhundert zeigt, die Jugendstil-Boutique des Juweliers Fouquet, der Goldene Salon des Hôtel de la Rivière sowie die Appartements der Marquise de Sévigné, die das Palais die letzten 17 Jahre ihres Lebens bewohnte. Das Hôtel Salé (salé: gesalzen) aus dem Jahr 1656, in der Rue de Thorigny 5 gelegen, verdankt den Namen seinem Erbauer Pierre Aubert de Fontenay, der unter König Ludwig XIV. Einnehmer der Salzsteuer war. Seit 1985 ist es das Musée Picasso mit Hunderten von Gemälden, Stichen, Zeichnungen, Keramiken und Statuen aus allen Schaffensepochen. Im Musée national Picasso Paris, so sein offizieller Name, hängen auch zahlreiche Bilder von Braque, Cézanne,

Degas, Matisse und Miró, die aus der Privatsammlung des spanischen Malers stammen.

Während Touristenscharen zum Hôtel Salé strömen, bleiben die kleineren Museen des Marais wenig beachtet: Das Musée

1 Allegorische Statuen schmücken die barocke Fassade des Hôtel de Sully.
2 Das Hôtel de Sens war Sitz eines Erzbischofs. 3 Im Hôtel de Beauvais
wohnte 1763 Mozart. 4 Die Place du Marché Sainte-Catherine liegt
versteckt im Gassengewirr des Marais. 5 Statue des »Sonnenkönigs« im
Musée Carnavalet. 6 Marais-Gasse mit Baguettes-Käufer.

Canaletto, Rembrandt und Rubens. Im Hôtel de Guénégaud aus
der Mitte des 17. Jahrhunderts ist das Musée de la Chasse et de la
Nature (Museum der Jagd und der Natur) zu Hause, in einem
Gewölbe aus dem 16. Jahrhundert das Musée de la Magie
(Museum der Zauberei). Tricks werden keine verraten, dafür gibt
es Einführungskurse in die Kunst der Magie für Kinder und Erwach-
sene. Mariage Frères (Brüder Mariage) an der Rue Bourg-Tibourg
30, 1854 von Edouard und Henri Mariage als Teehandelshaus
gegründet, gilt als Pariser Institution. Der Laden präsentiert sich
unverändert im englischen Kolonialstil und verkauft 220 Teemi-
schungen. Im angegliederten Salon de Thé stehen 180 Mischun-
gen zur Auswahl, im Musée du Thé des Obergeschosses erfährt
der Besucher alles Wissenswerte über Geschichte, Vielfalt und
Zubereitung von Tee.
Le Marais ist ein Viertel, das Stadtspaziergänger immer wieder
durch Entdeckungen überrascht. In der Rue des Jardins-Saint-Paul
sind, drei Meter breit und neun Meter hoch, Reste der Stadtmauer
aus dem 13. Jahrhundert zu sehen. In den Innenhöfen des Village
Saint-Paul zwischen Rue des Jardins-Saint-Paul und Rue Saint-Paul
sind über 60 Antiquitätenläden, Kunstgalerien und Trödelge-
schäfte angesiedelt. Nur wenige Schritte entfernt befinden sich an
der Ecke der Rue François-Miron/Rue Cloche-Perce zwei mittelalterliche Fachwerkhäuser, die allerdings stark renoviert wurden.
Der Marché des Enfants-Rouges (Markt der Roten Kinder) besteht
seit 1615. Der Name erinnert an die roten Kleider, die einst die
Kinder eines Waisenhauses tragen mussten, die heutige Halle
stammt aus den Neunzigerjahren des letzten Jahrhunderts. Von
der betriebsamen Rue Saint-Antoine führt die kurze Rue Caron zur
Place du Marché Sainte-Catherine. Wo erst ein Frauenkloster und
danach eine Markthalle stand, befindet sich heute ein verkehrs-

Cognacq-Jay im Hôtel Domo, einst Sitz von Ernest Cognacq und
seiner Frau Marie-Louise Jay, die 1869 das zurzeit geschlossene
Warenhaus Samaritaine gründeten, zeigt neben Möbeln, Gemälden und Porzellanfiguren aus dem 18. Jahrhundert auch Bilder von

1 Das Eisenskelett der Synagoge in der Rue des Tournelles stammt von Gustave Eiffel. 2 Um die Rue des Rosiers lebt die jüdische Gemeinde. 3 Eine Klezmer-Band spielt auf. 4 Pavillon de la Reine: moderner Komfort und Charme von gestern. 5 Musée Picasso im Hôtel Salé.

freier Platz mit Brunnen, Bäumen und mehreren Bistros. Wer hier unter bunten Markisen sitzt, glaubt sich weit weg von der großstädtischen Hektik. Der Marais-Flaneur findet Geschäfte, die sich auf Matrjoschkas, Plüschbären oder Strohhüte spezialisiert haben und Kneipen mit Namen wie »Le Politburo«, »Klein Holland« und »The Quiet Man«. Immer wieder erinnern Regenbogenflaggen an die ansässige große Schwulenszene. Der »Sumpf« ist nicht nur reich an Geschichte, sondern auch voller Gegensätze: Avantgardistische Kunstgalerien stehen neben verstaubten Antiquariaten, Prêt-à-porter-Boutiquen zwischen urigen Kneipen, noble Palais neben koscheren Metzgereien.

Um die Rue des Rosiers gruppiert sich Europas größte jüdische Gemeinde. Hier dominieren weiße Davidsterne und hebräische Schriftzeichen, sind Metzgereien nicht nur »koscher«, sondern »streng koscher« und werden Pizzas »unter Aufsicht des orthodoxen Oberrabinats von Paris« in den Ofen geschoben. Plakate wer-

ben für Hebräischkurse und Reisebüros bieten Israelreisen an. Im Haus Nummer 27 verkauft das Feinkostgeschäft Sacha Finkelstajn Strudel und Sachertorten, »gefilte Fisch« und »gehakte Herring«. Orthodoxe Juden mit Gehrock, Bart und Schläfenlocken parlieren noch Jiddisch – ein »Pletzl« (kleiner Platz) wie in längst vergangenen Tagen. Die gemauerte Fassade der Synagoge in der Rue Pavée 10 kaschiert das von Gustave Eiffel (1832–1923) entworfene Eisengerippe. Die Art-nouveau-Synagoge in der Rue des Tournelles 10 stammt von Hector Guimard (1867–1942), dem Designer der unter Denkmalschutz stehenden Metroeingänge. Während vier Jahrhunderten führte die Rue des Juifs (Judenstraße) von der Rue de Rivoli zur Rue des Rosiers, bis sie während der skandalösen »Affäre Dreyfus« Ende des 19. Jahrhunderts den Namen Rue Ferdinand-Duval erhielt. Unter der deutschen Okkupation im Zweiten Weltkrieg führte die französische Polizei im Marais Razzien durch. Allein aus diesem Viertel wurden 25 000 Pariser Juden in Auschwitz umgebracht. Le Mémorial de la Shoah (Holocaust-Mahnmal) in der Rue Geoffroy-l'Asnier 17 ist eine Dokumentationsstelle für den organisierten Nazi-Genozid und eine Gedenkstätte mit den Namen von 76 000 französischen Juden, die in die Vernichtungslager deportiert wurden. Lediglich 2500 kehrten nach Kriegsende wieder zurück.

Zeit für das Marais

Museen

Musée Picasso, Rue de Thorigny 5, Metro: Saint-Sébastien Froissart, Internet: www.musee-picasso.fr
Öffnungszeiten: April bis September täglich außer Dienstag von 9.30 bis 18 Uhr, Oktober bis März außer Dienstag von 9.30 bis 17.30 Uhr. Eintritt: 6,70 Euro, Sonntag 5,20 Euro, freier Eintritt am ersten Sonntag des Monats.

Musée Carnavalet, Rue de Sévigné 23, Metro: Saint-Paul, Internet: www.carnavalet.paris.fr. Öffnungszeiten: täglich außer Montag und einigen Feiertagen von 10 bis 18 Uhr. Freier Eintritt.

Maison de Victor Hugo, Place des Vosges 6, Metro: Saint-Paul, Chemin Vert, Internet: www.musee-hugo.paris.fr
Öffnungszeiten: täglich außer Montag von 10 bis 18 Uhr. Freier Eintritt.

Musée Cognacq-Jay, Rue Elzévir 8, Metro: Saint-Paul, Internet: www.cognacq-jay.paris.fr. Öffnungszeiten: täglich außer Montag von 10 bis 18 Uhr. Freier Eintritt.

Musée de la Chasse et de la Nature, Rue des Archives 60, Metro-Station: Rambuteau, Internet: www.chassenature.org. Öffnungszeiten: täglich außer Montag und Feiertagen von 11 bis 18 Uhr. Eintritt: 6 Euro.

Musée de la Magie, Rue Saint-Paul 11, Metro: Saint-Paul, Internet: museedelamagie.com. Öffnungszeiten: Mittwoch, Samstag und Sonntag von 14 bis 19 Uhr. Eintritt: 9 Euro.

Musée du Thé, Rue du Bourg-Tibourg 30, Metro: Hôtel de Ville, Internet: www.mariagefreres.com. Öffnungszeiten: täglich von 10.30 bis 19.30 Uhr. Freier Eintritt.

Unterkunft

Pavillon de la Reine, Place des Vosges 28 (3. Arrondissement), Tel.: 01-40291919, Internet: www.pavillon-de-la-reine.com, Metro: Saint-Paul, Chemin Vert. Das 4-Sterne-Hotel Pavillon de la Reine, nicht zu verwechseln mit dem gleichnamigen Gebäude weiter links an der Nordseite der Place des Vosges, ist eine Oase der Ruhe. Hinter der blumengeschmückten Fassade aus dem 17. Jahrhundert findet der Gast 55 Zimmer, Suiten und Appartements, die modernen Komfort mit dem Charme von gestern verbinden. Das Hotel besitzt einen Frühstücksraum, aber kein Restaurant.

Sur les marches de cette maison
naquit le 19 Décembre 1915
dans le plus grand dénuement
EDITH PIAF
dont la voix, plus tard,
devait bouleverser le monde

1

2

3

4

Baguettes, Couscous und Reisnudeln
In Belleville schlägt das Herz traditionell links

Belleville im Osten der Stadt steht nur selten auf dem Programm von Besuchern. Schade, denn sie verpassen ein Stück Paris mit bewegter Vergangenheit und pulsierender Gegenwart.

Links vom Eingang eine hölzerne Theke, rechts drei lang gezogene Tische mit rot-weiß gemusterten Decken, in der Ecke eine Schiefertafel mit den Tagesgerichten und Maurice Chevalier fast lebensgroß. Dahinter ein halbes Dutzend weitere Tische und ein Poster von Edith Piaf. »Le Vieux Belleville« ist ein unprätentiöses Bistrot in der Rue des Envierges, das gern von »Bellevillois«, den Bewohnern von Belleville, aufgesucht wird – mittags wegen seiner französischen Hausmannskost, nach der Arbeit für ein Bier an der Theke. Außer Sonntag und Montag lädt es täglich zu einem Chansonabend ein. Dann sitzen Quartierbewohner neben Touristen, verteilt Minelle die Liedertexte, ergreift ihr Akkordeon und geht spielend und singend auf und ab – mal Bekanntes aus dem Repertoire von Edith Piaf, mal Lucienne Boyers »Parlez-moi d'amour«, Jean Gabins »Quand on se promène au bord de l'eau« und Lale Andersens »Lili Marleen«. Alles singt oder trällert mit und schwingt auch mal das Tanzbein. In den Pausen kommen Ausländer und Quartierbewohner unweigerlich ins Gespräch. Gewiss, Belleville hat sich in den letzten Jahren gewandelt, aber dabei seinen Charme weitgehend bewahrt. Es ist keine Touristenattraktion, sondern zeigt das wahre Gesicht von Paris.

Belleville, das sich am Westhang eines Hügelzugs zwischen Buttes-Chaumont und Père-Lachaise hinzieht, war einst ein Dorf. Oben wuchsen Reben, standen Obstbäume, wurden die Guinguettes (Gartenlokale) von Ganoven und leichten Mädchen besucht. Unten wohnten die Arbeiter der nahen Kalkgruben. Als Belleville 1860 eingemeindet wurde, verteilten die Stadtväter das Dorf auf zwei Arrondissements – ein politischer Entscheid, um einen rein roten Bezirk zu verhindern. Die steil ansteigende Rue de Belleville bildet die Grenze zwischen dem 20. Arrondissement im Süden und dem 19. im Norden. Gleichzeitig ist sie wie in einem Provinzstädtchen die Hauptstraße mit Kirche, Geschäften, Kneipen und Friedhof. In der Rue du Télégraphe informiert eine Tafel den Belleville-Bummler, dass er hier 128,506 Meter über dem durchschnittlichen Meeresspiegel steht, »dem höchsten Punkt auf öffentlichem

1 In Belleville leben Menschen aus 80 Nationen. **2** Entgegen der Inschrift wurde Edith Piaf nicht hier, sondern in einem nahe gelegenen Spital geboren. **3** Vorgarten-Idyll. **4** In lauen Sommernächten laden in Belleville zahllose Cafés und Kneipen zum gemütlichen Beisammensein ein.

Grund der Stadt Paris«. Im Parc de Belleville liegt ihm ganz Paris zu Füßen. Der Postkartenblick auf Panthéon, Tour Eiffel, Arc de Triomphe und Centre Pompidou ist bestechend schön!

Man spaziert durch schnurgerade Straßen und verwinkelte Gassen, vorbei an renovierten Fassaden, vergammelten Altbauten, windschiefen Häuschen mit Vorgärten, gesichtslosen Wohnbauten und gelegentlich exzentrischer Architektur. Hinter verschlossenen Türen, die sich nur mit einem Nummerncode öffnen lassen, verstecken sich teils gepflegte, teils verwilderte Hinterhöfe. Der architektonischen Vielfalt entspricht die Bevölkerungsstruktur in Belleville. Hier haben sich seit über einem Jahrhundert Einwanderer niedergelassen. Zu Beginn des 20. Jahrhunderts flohen russische und polnische Juden vor Pogromen, im Ersten Weltkrieg Armenier vor dem Völkermord in der Türkei. In den 1930er-Jahren kamen deutsche Juden, während des Bürgerkriegs republikanische Spanier, nach dem Zweiten Weltkrieg französischstämmige Algerier und jüdische Tunesier, Schwarzafrikaner, Asiaten, Jugoslawen und Pakistaner.

Im Multikulti-Quartier Belleville, das wegen seiner Sprachvielfalt auch »Babelville« genannt wird, leben Menschen aus rund 80 Nationen. In der Rue Julien-Lacroix gibt es auf wenigen Hundert Metern eine katholische und eine protestantische Kirche, eine Moschee und eine Synagoge. Im ganzen Viertel finden sich Thai-Restaurants, koschere Metzgereien, arabische Basars und chinesische Supermärkte zwischen Bistros, Cafés, Käseläden und Bäckereien. Vor der Boulangerie »Au 140« in der Rue de Belleville 140 reißt die Warteschlange nie ab, denn der Besitzer Laurent Demoncy erhielt nicht nur beim Wettbewerb um die besten Pariser Croissants den zweiten Preis, sondern wurde im Jahr 2001 auch Sieger im Wettbewerb um die besten Baguettes der Stadt. Seither verkünden große weiße Buchstaben am Schaufenster, dass er »Offizieller Baguettes-Lieferant des Elysée-Palastes« sei. Gleich neben der Bäckerei haben Käseliebhaber in Pascal Beillevaires Fromagerie die Wahl zwischen 350 Sorten.

Ein paar Schritte hügelabwärts verkündet eine Tafel am Haus 72, zu dem eine kurze Treppe führt: »Auf den Stufen dieses Hauses wurde am 19. Dezember 1919 in größtem Elend Edith Piaf geboren, deren Stimme die Welt erschüttern sollte.« Der erste Teil des Satzes trifft nicht zu, die Piaf hatte stets erklärt: »Ich wurde fast hier geboren«, nämlich in einem nahe gelegenen Spital. In Belleville debütierte sie als Straßensängerin, sang sich in Musichalls und Filmen zur Star-Chansonnière hoch und feierte in der New York Carnegie Hall Triumphe. 1933 bewohnte der »Spatz von Paris« in der Rue Crespin-du-Gast ein 2-Zimmer-Appartement, das ein Fan zum privaten Musée Edith Piaf machte (Besuch nur nach telefonischer Voranmeldung: 0143555272).

Zeit für Belleville

Tage der offenen Tür

Das volkstümliche Belleville, wo ein Kaffee an der Theke ab einen Euro zehn Cents und ein Mittagessen ab neun Euro kostet, lockte unweigerlich viele Künstler an. Heute leben hier rund 240 Maler, Bildhauer, Illustratoren, Keramiker, Filmemacher und Fotografen. Im Jahr 1990 haben sie sich zur Vereinigung »Ateliers d'Artistes de Belleville« zusammengeschlossen, die jeweils im Mai vier Tage der offenen Türen durchführen. Dann strömen bis 50 000 Kunstinteressierte in den Pariser Osten, schlendern mit einem Faltblatt in der Hand, das über hundert für Besucher geöffnete Ateliers auflistet, von Adresse zu Adresse. Die einen schauen sich lediglich um, andere diskutieren mit den Künstlern oder suchen gezielt Ateliers auf, um ein Werk zu erstehen. In den Straßen und im Parc de Belleville stehen Installationen, produzieren sich Clowns, Tänzer und Theatergruppen, spielen Jazz-, Salsa- und Rockbands. Ein Multikulti-Fest für »Bellevillois« und Besucher.

Amélie von Belleville

Nicht nur Montmartre hat seine Amélie, sondern auch Belleville. Amélie Hélié war Anfang des 20. Jahrhunderts eine Prostituierte, die wegen ihres blonden Haarschopfs »Casque d'Or« (Goldhelm)

genannt wurde. Sie frequentierte die Guinguettes von Belleville, wo sich zwei Bandenchefs um ihre Gunst prügelten. Die Zeitungen berichteten ausführlich darüber. Amélie wurde eine Pariser Berühmtheit, die unter dem Titel »Meine Tage und meine Nächte« ihre Biografie schrieb. Später heiratete sie einen Strickwarenhändler und gebar ihm vier Kinder. Amélie von Belleville wäre aber heute längst vergessen, wenn nicht Jacques Becker 1951 »Casque d'Or« mit Simone Signoret in der Titelrolle gedreht hätte. Der Film geht mit der Biografie sehr freizügig um, ist aber längst ein Klassiker.

Als 1992 das Haus in der Rue des Cascades 44, wo Schlüsselszenen des Films entstanden sind, abgerissen werden sollte, brach ein Proteststurm aus. Heute ist der einstige Drehort eine Pilgerstätte für Cinephile.

1 Bei den Chanson-Abenden im »Le Vieux Belleville« sitzen Einheimische neben Touristen. **2/3** Seit die Bäckerei »Au 140« einen ersten Preis für die besten Baguettes gewonnen hat, stehen die Käufer Schlange. **4** Hinter leider meist verschlossenen Türen verstecken sich zahlreiche Hinterhöfe. **5** Im Mai laden die Künstler an vier Tagen zu Atelierbesuchen ein. **6** Simone Signoret als »Casque d'Or« im gleichnamigen Film.

Berühmtheiten der Vergangenheit
Pariser Friedhöfe als Touristenattraktion

Knapp zwei Millionen Besucher spazieren alljährlich durch den Cimetière du Père-Lachaise. Der Friedhof ist nicht nur eine Totenstadt, sondern auch ein Kunstmuseum unter freiem Himmel und der größte Landschaftspark auf städtischem Gebiet.

Bis zur Französischen Revolution 1789, in der Zeit des Ancien Régime, wurden die Toten gemeinhin in Massengräbern verscharrt, die über ganz Paris verstreut waren. Dann beschloss die Stadtverwaltung 1804 den Bau von drei Großfriedhöfen im Osten (Père-Lachaise), Süden (Montparnasse) und Norden (Montmartre). Der Cimetière du Père-Lachaise, auf einem Hügel im heutigen 20. Arrondissement gelegen und benannt nach François d'Aix de la Chaise, dem Beichtvater des »Sonnenkönigs«, war revolutionär: Erstmals wurden Verstorbene in einem Park à l'anglaise beigesetzt, markierten mal schlichte, mal pompöse Monumente die letzten Ruhestätten.

Anfänglich zeigten die Pariser keinerlei Lust, im frisch angelegten Friedhof, der sich damals noch außerhalb der Stadtmauern befand, auf das Jüngste Gericht zu warten. Das änderte sich erst, als die sterblichen Reste von vier populären Franzosen exhumiert und im Cimetière du Père-Lachaise neu bestattet wurden: Héloïse und Abélard, deren tragische Liebesgeschichte in Frankreich jeder kennt, in der 7. Abteilung, der Komödienautor Molière und der Fabeldichter La Fontaine in der 25. Fortan galt der Friedhof als begehrte letzte Adresse.

Mit 69 000 Gräbern und 5300 Bäumen ist Père-Lachaise der schönste und meistbesuchte unter den 26 Pariser Friedhöfen. Hier sind Schriftsteller (Balzac, Colette, Proust, Ludwig Börne), Komponisten (Bizet, Dukas, Poulenc), Maler (Modigliani, Seurat, Max Ernst) und Schauspieler (Sarah Bernhardt, Simone Signoret, Yves Montand) begraben, aber auch die Gräfin Waleska, die Geliebte Kaiser Napoleons, der Sueskanal-Erbauer Lesseps und Eugène Pottier, der Texter der »Internationalen« (»Völker hört die Signale!«). Nirgendwo sonst finden sich mehr Prominente verschiedenster Epochen, Nationen und Konfessionen friedlich vereinigt.

Die einen Besucher lassen sich treiben und verirren sich unweigerlich. Andere flanieren mit dem am Eingang erhältlichen Lageplan durch das Labyrinth von Avenuen und Wegen, um gezielt Grä-

1 Edith Piaf im Friedhof Père-Lachaise. **2** Der Tänzer Waslaw Nijinskij als »Petruschka« im Friedhof Montmartre. **3** Der Maler Maurice Utrillo im Friedhof Saint-Vincent. **4** Der Cimetière du Père-Lachaise ist der größte, schönste und meistbesuchte Pariser Friedhof.

1 Alphonsine Plessis, die Dumas zum Roman »Die Kameliendame« inspirierte, im Montmartre-Friedhof. **2** La Fontaine (links) und Molière im Friedhof Père-Lachaise. **3** Jean-Paul Sartre und Simone de Beauvoir im Friedhof Montparnasse. **4** Jim Morrison im Père-Lachaise-Friedhof. **5** Ohne Friedhofsplan verläuft man sich im Cimetière du Père-Lachaise unweigerlich.

ber aufzusuchen. Einige Grabstätten sind wahre Pilgerorte. In der sechsten Abteilung beispielsweise das Grab von Jim Morrison, dem 1971 in Paris an Alkohol und Drogen verstorbenen Leadsänger der »Doors«. Eine Absperrung schützt die Kultstätte der Rock-Generation vor allzu frenetischen Fans. Um das mit »Famille Cassion-Piaf« beschriftete Marmorgrab für Edith Piaf und ihren letzten Mann versammelt sich die Fangemeinde des »Spatz von Paris« und legt Blumen und Briefchen nieder (97. Abteilung). Auf dem Sockel des Grabes von Oscar Wilde, der als geflügelte Sphinx dargestellt ist, pflegen seine Verehrerinnen Lippenstiftabdrücke zu hinterlassen (89. Abteilung).

Die nordöstliche Ecke des Friedhofs mit den Mahnmalen für die in deutschen Konzentrationslagern ermordeten Franzosen war gleich zweimal Kriegsschauplatz: 1814 richteten russische Truppen unter den hinter der Friedhofsmauer verschanzten Schülern der Militärakademie ein Blutbad an. 1871 massakrierten Regierungstruppen an den beiden letzten Tagen des Pariser Kommune-Aufstands, der zum Bürgerkrieg eskaliert war, 1018 Kommunarden.

Der 20 Jahre nach dem Cimetière du Père-Lachaise eröffnete Cimetière du Montparnasse sieht radikal anders aus: schnurgerade Wege, meist rechteckige Abteilungen, kaum protzige Mausoleen. Aber auch im Friedhof Montparnasse ist die Liste der VIP-Toten lang. Gleich rechts des Haupteingangs teilen sich Jean-Paul Sartre und Simone de Beauvoir ein schlichtes Grab. Weiter hinten ruhen die Schriftsteller Samuel Beckett (12. Abteilung), Guy de Maupassant (26. Abteilung), Charles Baudelaire und Eugène Ionesco (6. Abteilung), die Pianistin Clara Haskil (4. Abteilung), die Filmschauspielerin Jean Seberg (13. Abteilung) und in der 28. Abteilung drei höchst unterschiedliche Persönlichkeiten: der Autofabrikant André Citroën, der fälschlicherweise des Landesverrats beschuldigte Alfred Dreyfus und Frédéric-Auguste Bartholdi, Schöpfer der New Yorker Freiheitsstatue. Star unter den vielen Berühmtheiten ist der in Frankreich kultisch verehrte Chansonnier Serge Gainsbourg (»Je t'aime moi non plus«). Auf seinem Grab in der 1. Abteilung liegen stets Devotionalien wie »Gitanes«-Zigarettenschachteln und von Steinchen beschwerte Metro-Billette (1. Abteilung).

Im 1825 eröffneten Cimetière de Montmartre findet der Besucher einen englischen Landschaftsgarten mit zahlreichen Prominentengräbern, so etwa dem des Malers Edgar Degas (4. Abteilung), des Komponisten Jacques Offenbach (9. Abteilung), des Balletttänzers Waslaw Nijinskij (22. Abteilung), des Filmregisseurs François Truffaut (21. Abteilung), der Schlagersängerin Dalida (18. Abteilung) und von Alphonsine Plessis (15. Abteilung), die Alexandre Dumas den Jüngeren zum Roman »Die Kameliendame« inspirierte (21. Abteilung). Auf einer Grabplatte in der 31. Abteilung steht »Hier ruht Louise Weber, genannt ›La Goulue‹, Erfinderin des Cancan«. Heinrich Heines Grab in der 27. Abteilung ist mit seinem Gedicht geschmückt: »Wo wird einst des Wandermüden/Letzte Ruhestätte sein?« Rätselhaft bleibt, was Charles-Henri Sanson (20. Abteilung) in dieser illustren Runde zu suchen hat. Als Henker von Paris guillotinierte er während der Französischen Revolution 2918 Menschen.

Zeit für Pariser Friedhöfe

Cimetière du Père-Lachaise: Ecke Boulevard de Ménilmontant/Rue de la Roquette, Metro: Père-Lachaise.

Cimetière du Montparnasse 3: Boulevard Edgar-Quinet 20, Metro: Edgar-Quinet.

Cimetière de Montmartre: Avenue Rachel, Metro: Place Clichy. Cimetière du Calvaire: Rue du Mont-Cenis 2, Metro: Abbesses oder Lamarck-Caulaincourt. Im ältesten und kleinsten der Pariser Friedhöfe sind ausschließlich »Montmartrois« beigesetzt. Auf dem Grab der Familie Debray, einst Besitzer der Moulin de la Galette, steht eine kleine Windmühle. Der Friedhof ist nur am 1. November für die Öffentlichkeit zugänglich.

Cimetière Saint-Vincent: Place Constantin-Pecqueur, Metro: Lamarck-Caulaincourt. Gräber von Maurice Utrillo, Arthur Honegger, Marcel Aymé.

Cimetière des Batignolles: Rue Saint-Just 8, Metro: Porte de Clichy. Gräber von Blaise Cendrars, Paul Verlaine, André Breton.

Cimetière de Passy: Rue du Commandant-Schloesing 2, Metro: Trocadéro. Gräber von Fernandel, Edouard Manet, Jean Giraudoux, Claude Debussy.

Cimetière de Charonne: Rue de Bagnolet 119, Metro: Porte de Bagnolet. Der zur Kirche Saint-Germain de Charonne gehörende Friedhof hat seine dörfliche Atmosphäre bewahrt.

Cimetière de Picpus: Rue de Picpus 35, Metro: Nation. Der Privatfriedhof ist von Dienstag bis Sonntag nachmittags geöffnet. Über dem Grab des Marquis de La Fayette, der im amerikanischen Unabhängigkeitskrieg unter George Washington als Generalmajor kämpfte, flattert die »Stars and Stripes«-Flagge. Der Zutritt zu den zwei Massengräbern für die während der Französischen Revolution auf der heutigen Place de la Nation Hingerichteten bleibt den Nachkommen vorbehalten.

PLAN DE LA BASTILLE·COMMENCÉE EN 1370
PRISE PAR LE PEUPLE LE 14 JUILLET 1789
ET DÉMOLIE LA MÊME ANNÉE.

LE PÉRIMÈTRE DE LA FORTERESSE
EST TRACÉ SUR LE SOL DE CETTE·PLACE
14 JUILLET 1880.

Ganz Paris in Blau-Weiß-Rot
Am 14. Juli wird der Bastille-Platz zum Tanzparkett

Der *Quatorze Juillet*, Frankreichs Nationalfeiertag, hat zwei unterschiedliche Gesichter: vormittags militärisch-patriotisch, abends volkstümlich-heiter.

Am 14. Juli 1789 schauten 32 Schweizer Gardisten und 82 Militärveteranen, die in der Bastille ganze sieben Gefangene bewachten, irritiert von den acht Türmen: Tausende strömten mit Gewehren und Kanonen herbei, riefen: »Wir wollen Brot! Wir wollen die Bastille!«, und forderten die Übergabe des Gefängnisses. Nach einem kurzen Gemetzel ergab sich die Besatzung. Am gleichen Abend notierte König Ludwig XVI. in sein Tagebuch: »Rien« – nichts. Der Monarch irrte. Mit der Eroberung der verhassten Gefängnisfestung begann die Französische Revolution, die den König vier Jahre später den Kopf kostete und deren Losung »Freiheit, Gleichheit, Brüderlichkeit« um die Welt ging. Seither gilt der 14. Juli, trotz Unterbrechungen durch jakobinischen Terror, napoleonische Kaiser und bourbonische Könige, als Geburtsstunde der französischen Republik. Die Bastille ist längst abgerissen, die Steine wurden teils als Souvenirs verkauft, teils für den Bau des Pont de la Concorde verwendet. An das Symbol des Ancien Régime erinnert nur wenig: Über der Markise des »Café Français« auf dem Bastille-Platz befindet sich ein Lageplan mit der Inschrift »Baubeginn 1370, vom Volk am 14. Juli 1789 eingenommen und im gleichen Jahr zerstört«. Die Grundrisse der Bastille sind auf dem Platz durch Pflastersteine markiert, in der Metro-Station Bastille der Linie 5 Richtung Bobigny-Pablo Picasso durch dicke gelbe Linien.

Der erste Jahrestag der Revolution begann mit einem Umzug von der Place de la Bastille zum Champ-de-Mars, gefolgt von einem Festakt mit patriotischen Ansprachen und Gesängen sowie zahlreichen Trinksprüchen: »Auf die Eroberer der Bastille!«, »Auf die Pressefreiheit!«, »Auf Wilhelm Tell, den Befreier seines Landes!« Doch erst seit 1880 ist der *Quatorze Juillet* Frankreichs Nationalfeiertag, den Paris auf zwei ganz unterschiedliche Arten feiert: am Vormittag offiziell und mit militärischem Pomp, am Abend volkstümlich mit Feuerwerk und Tanz auf Straßen und Plätzen, in Feuerwehrkasernen und Gartenlokalen am Ufer der Marne. Überall weht die Trikolore, hängen blau-weiß-rote Girlanden und

1 Szenen der Französischen Revolution in der Metro-Station Bastille. **2** Grundriss der Bastille über dem »Café Français«. **3** Ringelreihen am Nationalfeiertag. **4** Am Abend des 14. Juli wird die Place de la Bastille zum Tanzparkett – mal Rock 'n' Roll, mal Valse Musette.

1 Der Bastille-Platz mit seinen Cafés, vor denen man im Sommer herrlich draußen sitzen kann, ist ein beliebter Treffpunkt. **2** Am 14. Juli wird nicht nur auf dem Bastille-Platz getanzt, sondern beispielsweise auch am Seine-Ufer. **3** In der Metro-Station Bastille der Linie 4 markieren gelbe Linien den Grundriss der längst abgerissenen Bastille. **4** Frühstücksraum des Standard Design Hôtel.

Kokarden. Die Straßen links und rechts der Champs-Élysées sind weiträumig abgesperrt. Zehntausende säumen die 71 Meter breite Avenue, mehrheitlich Touristen, denn die Pariser sind entweder im Urlaub oder verfolgen das militärische Spektakel lieber zu Hause vor dem Fernseher.

Punkt zehn Uhr nimmt das Staatsoberhaupt auf der Ehrentribüne Platz. Dann düst, rollt und schreitet die während vier Tagen minutiös geprobte Parade vorbei. 10.30 Uhr: 150 Flugzeuge – Kampfjets, Helikopter und Transporter – donnern im Tiefflug über die Champs-Élysées. 10.35 Uhr: 4500 Soldaten und Soldatinnen von Armee, Marine und Luftwaffe sowie bärtige Fremdenlegionäre einer Pioniereinheit marschieren vorbei. Das Reglement schreibt vor: pro Minute 115 Schritte, somit elf Minuten für die 880 Meter lange Champs-Élysées. 11 Uhr: Angeführt von der Garde républicaine auf 250 Pferden rumpeln 300 Tanks, gepanzerte Fahrzeuge und fahrbare Kanonen vom Arc de Triomphe zum Rond-Point des Champs-Élysées. 11.30 Uhr: nochmals Tiefflug der französischen Luftwaffe. Die Piloten sind angewiesen, im Notfall eine Landung in der Seine zu versuchen. Anschließend lädt Frankreichs Präsident eine handverlesene Schar von Gästen zu einer Gartenparty in den Élysée-Palast ein. Das ist das Ende des offiziellen Teils.

Wenn es Nacht wird, lautet die Devise: »On s'amuse« (Man amüsiert sich). Auf der Place de la Bastille drehen sich Karussells und stehen Würstchenbuden. Die Tischchen der umliegenden Cafés sind bis zum letzten Platz besetzt. Um neun Uhr wird der Platz für den Verkehr gesperrt, dann legt die Band auf dem Musikerpodest los. Jetzt rockt und rollt Jules mit Juliette, walzt Monsieur Dupont mit seiner Gattin. Eine Oma macht mit ihrer Enkelin Ringelreihen, ein Vater tanzt mit dem Töchterchen im Arm. Eine Patriotin mit phrygischer Mütze legt ein Solo hin, ein Fremdenlegionär greift sich eine Rucksacktouristin und wiegt sie im Tangotakt. Dazu lassen Jugendliche, obgleich verboten, Kracher los. Doch auch die Polizisten sind in Festlaune und drücken einmal ein Auge zu.

Aber nicht nur auf dem geschichtsträchtigen Platz wird getanzt. Traditionell organisiert die Feuerwehr fast in jedem Arrondissement ihren eigenen Ball. Die Löschfahrzeuge werden vor die Kaserne gefahren, die Garage wird zur Festwirtschaft, im Innenhof spielt ein Orchester zum Tanz auf – mal Foxtrott, mal Tango und Pasodoble, aber immer wieder Valse Musette: »Sous le ciel de Paris«, »Sous les ponts de Paris«, »Un gamin à Paris«.

Um 22.30 Uhr beginnt vor dem Trocadéro ein halbstündiges, musikalisch untermaltes Feuerwerk, das alljährlich 150 000 Schaulustige anlockt. Doch wer ausgelassen oder eng umschlungen unter dem Himmel von Paris und im Hof einer Feuerwehrkaserne tanzt, nimmt den pyromanischen Abschluss des Nationalfeiertages kaum zur Kenntnis.

Zeit für den Bastille-Platz

Hinterhöfe, Passagen und Rue de Lappe

Im Faubourg Saint-Antoine, der Vorstadt des heiligen Antonius, stellten Schreiner, Tischler, Lackierer und Vergolder während zwei Jahrhunderten Möbel für ganz Frankreich her. Dann begann die Massenproduktion das Kunsthandwerk zu verdrängen, lockte die Bastille-Oper Kulturinteressierte in den Pariser Osten. Das Quartier wurde trendy. Doch das Labyrinth von Passagen und Hinterhöfen beiderseits der Rue du Faubourg-Saint-Antoine ist geblieben, von den einst über 2000 Möbelateliers haben knapp 300 überlebt. Beispielsweise in der Passage du Cheval-Blanc (Rue de la Roquette 2), der Passage du Chantier (Rue du Faubourg-Saint-Antoine 66) oder der Cour de l'Etoile d'Or (Rue du Faubourg-Saint-Antoine 75). Geblieben sind auch die geschäftige Rue de la Roquette mit ihren zahlreichen Restaurants und die autofreie Rue de Lappe. In der kopfsteingepflasterten, lediglich 250 Meter langen Gasse treffen sich seit etwa hundert Jahren die Nachtschwärmer. Einst schwoften hier Schickeria und Halbwelt zu Akkordeonklängen bei den »Bals Musette«, heute stehen dicht an dicht Bars mit Namen wie »Chez Pierrot«, »Patati Patata« oder »Sixty Six«, in denen nach acht Uhr abends kein Platz mehr frei ist. Einzig das 1936 eröffnete »Balajo« setzt die Tradition der Ballhäuser fort. Ein Anschlag links des Eingangs informiert, was auf dem Programm steht – mal Rock 'n' Roll, mal Salsa, mal Funk, gelegentlich Musette-Nostalgie.

4

Unterkunft

Standard Design Hôtel, Rue des Taillandiers 29 (11. Arrondissement), Tel.: 01-48053097, Internet: www.standard-design-hotel-paris.com, Metro-Station: Bastille.
Das im Herbst 2005 eröffnete 3-Sterne-Hotel liegt nur zwei Straßen von der Rue de Lappe entfernt. Hinter der schmucklosen Fassade verbirgt sich ein durchgestyltes Boutique-Hotel: Schwarzweiß dominiert, in den 40 Zimmern aufgelockert durch rosa (erste Etage), grüne (zweite Etage) und orange Vorhänge (dritte Etage). Der Frühstücksraum in der vierten Etage verfügt über eine Espressomaschine zur Selbstbedienung.

3

Paris, Stadt der Künste

Atemberaubend: die Galerie d'Apollon im berühmten Palais du Louvre.

6

1 VILLE DE PARIS
MAISON
DE
VICTOR HUGO

2 16ᵉ Arrᵗ
RUE
HENRI HEINE
1797 · 1856
ÉCRIVAIN ALLEMAND

3 RAYMOND QUENEAU
1903 · 1976
POÈTE ET ÉCRIVAIN FRANÇAIS
AUTEUR NOTAMMENT DE
" ZAZIE DANS LE MÉTRO "
" LE CHIEN A LA MANDOLINE "
" EXERCICES DE STYLE "

4

Literarische Spaziergänge durch Paris
Keine andere Stadt hat Schriftsteller mehr inspiriert

»Paris liegt nicht allein auf dem Montmartre und an der Place Pigalle, es liegt zwischen Emile Zola und Marcel Proust, es liegt an der Seine und zwischen Sartre und Claudel.«
Heinrich Böll

Die erste literarische Erwähnung der heutigen Metropole stammt aus dem Jahr 52 v. Chr. In seinem »Gallischen Krieg« notierte Julius Cäsar, für Franzosen Jules César, militärisch knapp: »Lutetia ist eine Stadt im Land der Parisier und liegt auf einer Insel.«
Ungleich ausführlicher war 16 Jahrhunderte später François Rabelais' derb-grotesker Romanzyklus um den Riesen Gargantua, der zu den ältesten Klassikern der Weltliteratur gehört. In den Türmen von Notre-Dame besah sich der Sauf- und Fressfreudige »die großen Glocken und ließ sie harmonisch zusammen läuten. Darüber kam ihm der Gedanke, dass sie sich ganz vortrefflich zu Schellen um den Hals seiner Mähre eignen müssten. Er nahm sie also mit in seine Herberge. Da geriet die ganze Stadt in Aufruhr, denn dazu ist sie immer bereit, sodass er die Glocken wieder aushändigen musste und diese wieder an ihren Ort gebracht wurden.«
Victor Hugos »Der Glöckner von Notre-Dame«, erschienen 1831, ist mehr als ein spannender Roman. Das dritte Kapitel beschreibt detailreich »diese Königin unter unseren Kathedralen« und das Paris im späten 15. Jahrhundert: »Eine noch vollständig erhaltene, unversehrte, homogene gotische Stadt«, »eine verwirrende Menge von Dächern, Schornsteinen, Straßen, Brücken, Plätzen, Turmspitzen und Glockentürmen.« Heute ist das mittelalterliche Paris nahezu verschwunden, aber immer noch »gibt es eine bestimmte Stunde, die das Portal der Notre-Dame besonders verschönt. Es ist der Augenblick, da die schon dem Abend zuneigende Sonne fast der Kathedrale ins Angesicht schaut.«
In seinem voluminösen Roman »Die Elenden« von 1862 schildert Victor Hugo die tristen Lebensbedingungen von Kleinbürgertum und Proletariat unter dem reaktionären König Karl X., die 1830 zur Juli-Revolution führten. Während drei Tagen tobten in den Straßen von Paris blutige Kämpfe zwischen Aufständischen und Armee: »Steine flogen, die Gewehre knatterten, viele Menschen stürzten sich in die Seine, um sich schwimmend zu retten. Man riss Pfähle aus dem Boden, Pistolen knallten, schon wuchsen Barrikaden aus

1 Victor Hugo wohnte an der Place des Vosges. 2 Aus Heinrich Heine machen die Franzosen Henri Heine. 3 In der Metro-Station Bobigny-Pantin-Raymond Queneau wird der Autor von »Zazie in der Metro« geehrt. 4 Schauplatz von Victor Hugos »Der Glöckner von Notre-Dame«.

dem Boden. Gegen sechs Uhr abends war die Passage du Saumon ein Schlachtfeld. Auf der einen Seite stand die Menge, auf der anderen Militär.« Karl X. floh nach England, sein Nachfolger wurde der »Bürgerkönig« Ludwig Philipp. Zur Erinnerung an die Opfer der »Trois Glorieuses« (drei glorreiche Tage), wie Franzosen die Juli-Revolution nennen, ließ die neue Regierung auf dem Bastille-Platz die 52 Meter hohe Juli-Säule aufstellen. Das 1980 in Paris uraufgeführte Musical »Les Misérables«, das recht freizügig mit der Romanvorlage umgeht, wurde in 23 Sprachen übersetzt und in 38 Ländern gespielt.

Victor Hugo (1802–1885) spezialisierte sich auf historische Romane, Honoré de Balzac (1799–1850) porträtierte die Pariser Bourgeoisie, der Schriftsteller, Journalist und Fotograf Emile Zola (1840 – 1902) war Chronist des Zweiten Kaiserreiches (1852 bis 1870). Mit ihren Werken machten sie das 19. Jahrhundert zum »Goldenen Zeitalter« des französischen Romans.

Um Zensur und Antisemitismus zu entgehen, emigrierte Heinrich Heine 1831 nach Paris, wo er 1856 in der »Matratzengruft« seiner Wohnung in der Avenue Montaigne 3 starb. Der brillante Dichter, Essayist und Journalist schrieb für deutsche und französische Zeitungen über Gott und die Welt. Seine erzählende Dichtung »Florentinische Nächte« ist eine Liebeserklärung an Paris, die Pariserin und die französische Sprache: »In dieser Luft heilen alle Wunden viel schneller als irgendanderswo; es ist in dieser Luft etwas so Großmütiges, so Mildreiches, so Liebenswürdiges wie im Volke selbst.« »Ich verehre sie (die Pariserin) ihrer Fehler wegen noch weit mehr als wegen ihrer Tugenden.« »Wie Rossinische Melodien erklangen in meinem Ohr die artigen Entschuldigungsreden eines Franzosen, der am Tage meiner Ankunft mich auf der Straße nur leise gestoßen hatte.« Wen wundert's, dass Frankreich Henri Heine liebt.

1867 machte Mark Twain eine Mittelmeerkreuzfahrt, fuhr von Marseille zu einem Kurzbesuch nach Paris und publizierte seine Erlebnisse in Buchform als »The Innocents Abroad« (deutscher Titel: »Reise durch die Alte Welt«): »Wir haben hiermit unsere Pflicht getan. Wir haben die Tuilerien gesehen, die Napoleonsäule, die Madeleine, das Grab Napoleons, all die großen Kirchen und Museen, Büchereien, kaiserlichen Paläste, Ausstellungen von Plastiken und Gemäldegalerien, das Panthéon, den Jardin des Plantes, die Oper.« Das touristische Klischeebild der Seine-Stadt hat sich seit Mark Twains Besuch nicht verändert.

»Das Phantom der Oper«, ein 1911 publizierter Kolportageroman von Gaston Leroux, spielt in der Pariser Oper und war als Buch nur mäßig erfolgreich. Dennoch wurde es mehrfach verfilmt – erstmals 1916 als Stummfilm in Deutschland – und kam in zwei Musicalfassungen auf die Bühne: 1986 mit der Musik des Engländers

DANS CET HOTEL
QU'IL FIT DECOUVRIR A
AUGUSTE RODIN
RAINER-MARIA RILKE
VECUT DE 1908 A 1911.

Andrew Lloyd Webber, 1991 mit der des Amerikaners Maury Yeston. Letztere Fassung floppte, erstere bleibt ein Riesenhit, der bislang weltweit über 60 Millionen Besucher ins Theater lockte und allein am Broadway mehr als 7500-mal über die Bühne ging. Wie die labyrinthartige Unterwelt der Pariser Oper aussieht, in der sich das Phantom häuslich eingerichtet hat, zeigt ein Modell im Musée d'Orsay.

Zwischen 1913 und 1927 erschien »Auf der Suche nach der verlorenen Zeit«, das Jahrhundertwerk von Marcel Proust. Der siebenbändige Romanzyklus besticht durch innere Monologe, assoziative Verknüpfungen und präzise Naturschilderungen, die sich wie Prosagedichte lesen: »Die verschiedenen Partien des Bois de Boulogne, die im Sommer unter der Dichte und Einförmigkeit des Grüns ineinander verschwammen, traten jetzt auseinander. Bei einigen ließen lichtere Stellen nunmehr den Eingang sichtbar werden, vor anderen pflanzte sich üppiges Laubwerk wie ein Banner auf.« (Band eins: »In Swanns Welt«)

Zwischen dem Ersten und Zweiten Weltkrieg traf sich in Paris nahezu alles, was in der zeitgenössischen Literatur Rang und Namen hatte. Erst kamen die Künstler aus Neigung, später auf der Flucht vor der Nazidiktatur: aus Schweden August Strindberg, aus Irland James Joyce, aus der Schweiz Rainer Maria Rilke und C. F. Ramuz, aus Russland Maxim Gorki und Wladimir Majakowski, aus Österreich Robert Musil und Joseph Roth, aus England George Orwell, Oscar Wilde und William Somerset Maugham, aus Amerika Scott Fitzgerald, John Dos Passos, Henry Miller und Ernest Hemingway, aus Deutschland Walter Benjamin, Alfred Döblin, Walter Mehring, Stefan Zweig, Friedrich Sieburg, Frank Wedekind und Kurt Tucholsky. Die Liste ist unvollständig. Wer heute mit offenen Augen durch Paris geht, findet an zahlreichen Fassaden Gedenktafeln mit den Namen von Literaten, die hier vorübergehend schrieben und wohnten.

Links vom Eingang zum unprätentiösen Restaurant »La Maison de Verlaine« in der Rue Descartes 38 steht, dass hier 1919 Paul Verlaine gestorben ist und Ernest Hemingway von 1921 bis 1925 gelebt hat. Damals war dieser am Anfang seiner Karriere und finanziell in Nöten, das Haus ein schäbiges Hotel. In »Paris – ein Fest fürs Leben«, den Erinnerungen an seine Pariser Jahre, erzählt

1/2 »Das Phantom der Oper« spielt in der Garnier-Oper. Im Musée d'Orsay zeigt ein Modell die Unterwelt des Phantoms. **3** Der Elefantenbrunnen in Victor Hugos »Die Elenden« stand auf dem Bastille-Platz, wo sich heute die Juli-Säule befindet. **4** Eine Tafel im Musée Rodin erinnert an Rainer Maria Rilkes Zeit als Rodins Privatsekretär.

1 In der Avenue d'Italie 111 schrieb Günter Grass »Die Blechtrommel«.
2 Dan Browns Thriller »Sakrileg« brachte dem Louvre neue Besucher-
rekorde. 3 In der Rue Descartes 38 lebte Ernest Hemingway und starb
Paul Verlaine. 4 Hotel Saint-James & Albany. 5 Hotelzimmer.

Hemingway von Kneipen, Spaziergängen, Rennwetten und Be-
gegnungen mit James Joyce, Scott Fitzgerald und Ezra Pound.
Berühmt und reich geworden, pflegte »Hem«, wie ihn seine
Freunde nannten, im noblen Ritz abzusteigen. Heute steht vor der
mit Hemingway-Memorabilien geschmückten Hemingway-Bar im
Hotel eine Hemingway-Büste.

An Kurt Tucholsky, der 1924 als Pariser Korrespondent deutscher
Zeitungen für fünf Jahre, unterbrochen durch ein kurzes Intermez-
zo als Herausgeber der »Weltbühne« in Berlin, an die Seine zog,
erinnert keine Tafel. Er schrieb Hunderte von liebevoll-kritischen
Stimmungsbildern, Essays, Gedichten und Glossen mit Sätzen wie
»Paris arbeitet – Berlin schuftet« und einen hinreißenden »Herr
Wendriner in Paris« mit Tucholskys eigenwilliger Orthografie: »Was
wir noch gesehen haben? Die Revuen, die große Opa, Mong-

machta, Notta Damm, den Louwer – na, das Wichtigste ham wir
gesehen. Weiter ist ja dann auch nichts.«

An der Ecke Avenue d'Italie/Rue Caillaux weist keine Gedenktafel
darauf hin, dass 1959 der trommelnde und schreiende Gnom
Oskar Matzerath nicht in der Kaschubei, sondern im zweiten
Stock des Hinterhauses zur Welt kam. Hier schrieb Günter Grass
während seines dreijährigen Pariser Aufenthaltes »Die Blechtrommel«. 1962 erhielt »Le Tambour«, wie der Roman in der Übersetzung heißt, den französischen Literaturpreis für das beste ausländische Buch. 44 Jahre danach erinnert sich Grass in »Beim Häuten
der Zwiebel«: »Seitdem ich in Paris den ersten Satz gefunden
hatte, gingen mir die Wörter nicht aus.« Und: »In Paris wurde ich
zusehends politischer.«

Es gibt kaum einen bekannten französischen Autor, nach dem
nicht eine Straße in Paris benannt ist – Rue Albert-Camus, Rue
Gustave-Flaubert, Rue Jules-Verne. Aber auch Rue Henri-Heine,
Rue Thomas-Mann und Rue Goethe (sprich: Göt). Dabei hat
der weit gereiste deutsche Dichterfürst Paris stets links liegen
gelassen.

Zeit für die Schriftsteller

Übernachten

Hôtel Saint-James & Albany, Rue de Tivoli 202 (1. Arrondissement), Tel.: 01-44584321, Internet: www.saintjamesalbany.com, Metro: Palais Royal-Musée du Louvre.

Das Hôtel Saint-James & Albany, in welchem Thomas Mann in »Bekenntnisse des Hochstaplers Felix Krull« von 1954 den Titelhelden vom Liftboy zum Marquis de Venosta aufsteigen lässt, gibt es wirklich. Allerdings liegt das 4-Sterne-Hotel nicht wie bei Mann zu lesen in der »Straße Saint-Honoré, welche, wie der Gebildete weiß, der Rue de Rivoli gleichläuft«, sondern in der Rue de Rivoli gegenüber dem Jardin des Tuileries. Es ist ein Palais aus dem 17. Jahrhundert mit Innenhof und französischem Garten, das einst Stadtresidenz der Herzöge von Noailles war. Hier pflegte der Marquis de La Fayette in Paris abzusteigen und erhielt im Revolutionsjahr 1789 den Besuch von Königin Marie-Antoinctte. Seit 1853 ist das Palais ein Hotel mit heute 195 Zimmern und Suiten, das zur Vereinigung »Les Hôtels France Patrimoine« gehört. Der Gast findet historisches Flair mit Antiquitäten, Stilmöbeln und Kristallleuchtern gepaart mit modernem Komfort, mit Hallenbad, Wellness-Center, Fitnessraum und Tagungsräumen. Das Restaurant »Le Noailles« wird gern von Parisern aufgesucht, besonders im Sommer, wenn auf der Terrasse serviert wird.

Die Lage ist optimal: Der Louvre befindet sich schräg gegenüber, die Champs-Élysées sind nur wenige Gehminuten entfernt, in der Nachbarschaft gibt es reichlich Boutiquen, Läden und Restaurants.

DANS CETTE MAISON
EST MORT
LE 8 JANVIER 1896,
LE POÈTE
PAUL VERLAINE
NÉ À METZ,
LE 30 MARS 1844.

ERNEST HEMINGWAY
LIVED IN THIS BUILDING
FROM 1921 TO 1925

Quai des Orfèvres

Siège de la police judiciaire, rendu célèbre par le commissaire Maigret, personnage des romans de Georges Simenon, le quai des Orfèvres possède un riche passé historique malgré ses bâtiments du XIXe siècle et sa tour d'angle, pastiche médiéval de 1911. Il doit son nom aux orfèvres établis sur le quai bâti entre 1580 et 1643. Les rues Sainte-Anne et de Jérusalem y débouchaient au niveau des numéros 12-14 et 24-26, et le reliaient à la rue de Nazareth, sa parallèle. Ici naquirent Boileau et Voltaire, et résidait le premier président du Parlement, dans l'ancien hôtel

Tatort Paris
Unterwegs mit Jules Maigret und Nestor Burma

Kriminalromane von Georges Simenon und Léo Malet, die sich überwiegend in Paris abspielen, bieten nicht nur spannende Unterhaltung. Streckenweise lesen sie sich wie Reiseführer mit atmosphärisch dichten Ortsbeschreibungen.

An der Westfassade des palastartigen Gebäudes Quai des Orfèvres 36 verkündet eine Tafel: »Sitz der Kriminalpolizei, berühmt geworden durch Kommissar Maigret in den Romanen von Georges Simenon.« Maigrets Büro befindet sich im zweiten Stock mit Blick auf die Seine. Privat führen Jules Maigret und seine Frau Louise am Boulevard Richard-Lenoir 132 im 11. Arrondissement eine kleinbürgerliche Ehe. Sie bringt ihm morgens eine Tasse Kaffee ans Bett und legt abends seine Pantoffeln bereit. Er trinkt am liebsten Bier, liest kaum ein Buch und hat keinen Führerschein. Die über hundert Maigret-Krimis, die Georges Simenon (1903–1989) zwischen 1929 und 1972 verfasst hat, spielen sich mehrheitlich im Paris vor dem Zweiten Weltkrieg ab; kein anderer Autor hat mehr Bücher mit Paris als Schauplatz publiziert. »Stark und breit wie ein Lastträger der Markthallen« streift der Kommissar durch das Paris der Pariser, sitzt in Cafés, Bistros und Brasserien, wenn er auf Verbrecherjagd ist. Dabei verlässt er sich nicht auf Scharfsinn und Kombinationsgabe, sondern auf Intuition – sich in den Täter hineindenken, sein Milieu kennenlernen: »Jedes Viertel in Paris, jede soziale Schicht hat sozusagen eine eigene Art zu töten. (...) Man kennt die Viertel, in denen Messerstiche gang und gäbe sind, jene, in denen man einen Knüppel benutzt, und jene, wie Montmartre, in denen man zum Revolver greift.« (Aus »Maigret ist wütend«.)

In wenigen Sätzen skizziert Simenon die unterschiedlichen Gesichter der Seine-Stadt. »Über den eisernen Steg gelangten sie auf die Île Saint-Louis. (...) Das Gebäude war alt, mit einer riesigen Toreinfahrt, doch es war gepflegt wie ein antikes Stilmöbel. Messingbeschläge, Treppengeländer, Treppenstufen, Wände, alles war auf Hochglanz gebracht, nirgends ein Stäubchen. Selbst die Concierge, in schwarzem Kleid und weißer Schürze, sah aus wie ein Dienstmädchen vornehmer Leute.« (Aus »Maigret und der Clochard«.) »Im Viertel um die Kirche von Auteuil herum geschehen

1 Burma (Guy Marchand) und Hélène (Natacha Lindinger) in einem TV-Film. **2** »Berühmt dank Kommissar Maigret« steht auf der Tafel am Gebäude der Kriminalpolizei am Quai des Orfèvres. **3** Rupert Davies als Kommissar Maigret. **4** Im zweiten Stock des Polizeigebäudes hatte Maigret sein Büro.

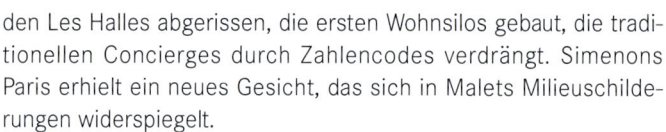

1 Maigret wohnte am Boulevard Richard-Lenoir 132. 2 Burmas Detektei befand sich in der Rue des Petits-Champs. 3 Bruno Cremer als Kommissar Maigret. 4 Jean Gabin als Maigret. 5 Hommage an Edgar Allan Poe.

selten Verbrechen. Und die Rue Lopert besteht nur aus etwa zwanzig Häusern, wie sie an einem Platz in einem Provinznest stehen könnte. (…) Man fühlt sich meilenweit von Paris entfernt.« (Aus »Maigret und der Fall Josset«.)

Mit Nestor Burma schuf Léo Malet (1909–1996) Frankreichs ersten Privatdetektiv. Auch er raucht Pfeife, ist dem Alkohol nicht abgeneigt und löst seine Fälle fast ausschließlich in Paris. Aber sonst bildet er den Gegenpol zum beamteten Verbrecherjäger Maigret. Burma gibt sich ruppig, respektlos und zynisch, liest Baudelaire, spielt Saxofon und liebt Whisky. Die Räume seiner Detektei »Fiat Lux« (Es werde Licht), die sich wenige Schritte von den Galerien Colbert und Vivienne in der Rue des Petits-Champs befinden, teilt er mit seiner ebenso hübschen wie intelligenten Sekretärin Hélène.

Sie himmelt ihn an, er schielt nach ihren Beinen, beide geben sich gern frivol: »›Wir sollten besser ins Bett gehen‹, schlug Hélène seufzend vor. ›Was haben Sie gerade gesagt?‹ ›Wir sollten besser ins Bett gehen‹ ›Wir?‹ ›Jeder für sich natürlich‹, präzisierte sie.« (Aus »Die Nächte von St. Germain«.) Wie Raymond Chandlers Philip Marlowe ist Nestor Burma ein einsamer Wolf, der unermüdlich im Auto oder zu Fuß durch die Stadt hetzt, dabei immer wieder über Leichen stolpert, verprügelt wird, die Grenzen der Legalität überschreitet und mit der Polizei in Konflikt kommt.

Léo Malet verfasste 29 Krimis mit Burma als Ich-Erzähler, die sich mit einer Ausnahme in der Nachkriegszeit abspielen. Damals wur-

den Les Halles abgerissen, die ersten Wohnsilos gebaut, die traditionellen Concierges durch Zahlencodes verdrängt. Simenons Paris erhielt ein neues Gesicht, das sich in Malets Milieuschilderungen widerspiegelt.

In »Die Spur führt ins Ghetto« schreibt er über die Île Saint-Louis: »Diese Ruhe fällt einem noch mehr auf durch das Treiben, die Bewegung, den Verkehr vom anderen Seine-Ufer. Dumpf dringt der Lärm herüber an mein Ohr. (…) Ich gehe nach rechts und gelange hinter dem Pont Marie zum Quai d'Anjou. Ein richtiges Dorf, diese Île Saint-Louis. Alles geht hier ganz einfach vonstatten, voller Vertrauen. Ungeduldige und stürmische Zeitgenossen bleiben am besten weg.« In »Das stille Gold der alten Dame« beklagt er die Veränderungen von Auteuil: »Früher war dieses Viertel berühmt wegen seiner schmucken Stadtvillen; aber bald wird es mit Wolkenkratzern zugepflastert sein. Und Grünflächen kann man dann nur noch in Billardsälen bewundern.«

Berühmt wurde Burma mit dem Zyklus »Die neuen Geheimnisse von Paris«, dessen Titel eine Hommage an Eugène Sues Roman »Die Geheimnisse von Paris« aus der Mitte des 19. Jahrhunderts ist. Jeder Fall sollte in einem anderen der 20 Arrondissements spielen, somit nicht nur kriminalistisches Kribbeln vermitteln, sondern auch Bevölkerung, Architektur und Ambiente der höchst unterschiedlichen Quartiere dokumentieren. Leider brach Malet das Projekt schon nach 15 Romanen ab.

Zeit für Krimis

Der Kriminalroman wurde in Paris geboren

»In der Abendausgabe der ›Gazette des Tribunaux‹ stand im April 1841 unter dem Titel ›Sensationeller Mord‹ zu lesen: ›Heute Morgen gegen drei Uhr wurden die Bewohner des Quartiers St. Roch durch entsetzliche Schreie geweckt, die anscheinend aus dem vierten Stockwerk eines Hauses der Rue Morgue drangen.‹ Nachbarn und Gendarmen ›vernahmen zwei oder mehr rauhe Stimmen, die heftig und laut miteinander stritten‹. Man forschte ›im Schornstein

5

nach und zog – grässlich, es zu sagen! – den Leichnam der Tochter hervor, der mit dem Kopf nach unten ziemlich hoch in den Schornstein hinaufgestopft war‹. Dann wurde im Hof die Leiche einer alten Dame gefunden: ›Der Kopf war vom Rumpf abgetrennt und hing nur noch durch ein Stück Haut lose damit verbunden.‹ Die Polizei war ›ratlos und verwirrt.‹« So beginnt die Kurzgeschichte des Amerikaners Edgar Allan Poe »Der Doppelmord in der Rue Morgue« von 1841. Die Rue Morgue (wörtlich: Leichenhallen-Straße), »eine jener Querstraßen, die die Rue de Richelieu mit der Rue Saint-Roch verbindet«, gibt es nicht, wohl aber die Rue de Richelieu und die Rue Saint-Roch. Sie befinden sich im 1. Arrondissement östlich und westlich der Avenue de l'Opéra.

Auguste Dupin, wohnhaft in einem »wunderlich aussehenden Häuschen« im Faubourg Saint-Germain, studiert die Zeitungsberichte, sieht sich am Tatort um und löst dank seiner analytischen Begabung den Fall: Der Täter ist ein entlaufener Orang-Utan.

Mit dem Privatdetektiv Auguste Dupin wurde in Frankreichs Hauptstadt der Kriminalroman geboren.
In »Das Geheimnis der Marie Rogêt«, Poes nächstem Kriminalroman, wird in der Seine die Leiche der »schönen Marie« gefunden. Erneut tappt die Polizei im Dunkeln und bittet Dupin um Hilfe. Dieser belehrt erst seine Auftraggeber. »Die Erfahrung hat gezeigt, dass ein großer, vielleicht der größere Teil der Wahrheit aus dem scheinbar Unwichtigen geschöpft wird« – ein Satz, der von Kommissar Maigret sein könnte –, um danach auch dieses Verbrechen aufzuklären.

3

4

ICI LE 28 DÉCEMBRE 1895

EURENT LIEU

LES PREMIÈRES PROJECTIONS PUBLIQUES

DE PHOTOGRAPHIE ANIMÉE

A L'AIDE DU CINÉMATOGRAPHE

APPAREIL INVENTÉ PAR LES FRÈRES LUMIÈRE

8me ARR.
RUE
VEZELAY

8me ARR.
RUE
DE MONCEAU

Licht! Kamera! Action!
Paris liebt den Film. Und der Film liebt Paris

»Warum ist Paris die schönste Stadt der Welt?
Weil es hier am meisten Kinos gibt. In keiner anderen Stadt sind
so viele Filme zu sehen.«

Claude Lelouch, Filmregisseur

Hier fanden am 28. Dezember 1895 die ersten öffentlichen Vorführungen belebter Photographie mit Hilfe des Cinématographen, einer Erfindung der Brüder Lumière, statt.« Die Inschrift auf einer Tafel am Haus Nummer 14 des Boulevard des Capucines erinnert an die Geburtsstunde des Films. An diesem Dezemberabend flimmerten im »Salon Indien« des »Grand Café« zehn knapp einminütige Filme von Auguste und Louis Lumière über die Leinwand. Der Film hat zwar mehrere Väter, doch erst die Geräte und der Geschäftssinn der Brüder Lumière brachten den Durchbruch. Von Paris aus begann er seinen Siegeszug um die Welt. Lumières Kameraleute kurbelten auf allen Kontinenten, vor dem Ersten Weltkrieg waren 90 Prozent aller in der Welt vorgeführten Filme französischer Herkunft, danach verlor Frankreich seine Vormachtstellung an die Amerikaner.

Seit der Premiere am Boulevard des Capucines pflegt Paris eine enge Beziehung zum bewegten Bild, nennt sich Geburtsstadt des Films und Filmkapitale der Welt. Es gibt 375 Kinosäle, jede Woche stehen mehr als 400 Filme auf dem Programm und alljährlich gehen 30 Millionen Besucher ins Kino. Le Grand Rex am Boulevard Poissonnière 1, ein denkmalgeschützter Lichtspieltempel aus dem Jahr 1932, ist mit 2750 Plätzen auf drei Ebenen Europas größter Filmpalast. Dank finanzieller Zuwendungen der Stadt haben aber auch kleine Filmtheater eine Chance gegen die wie Pilze aus dem Boden schießenden Multiplex-Kinos mit bis zu 19 Sälen. Das MK2 bei der Bibliothèque nationale de France hat zwar »nur« 14 Säle, ist aber der Prototyp einer neuen Generation von Kinos. Marin Karmitz, Filmproduzent und Direktor der MK2-Kinokette, postulierte in einem Interview: »Ein Kino muss Begegnungsstätte sein und eine Brücke schlagen zu anderen künstlerischen Ausdrucksformen wie Literatur, Malerei und Musik.« Im MK2 Bibliothèque befinden sich daher auch Boutiquen, eine Filmbuchhandlung, ein gut ausgestatteter DVD-Laden und vier Verpflegungsmöglichkeiten – ein Café, eine Brasserie sowie zwei Restau-

1 Audrey Tautou als Amélie von Montmartre. **2** Gedenktafel am Boulevard des Capucines 14. **3** Die Cinémathèque Française befindet sich in einem Gebäude des amerikanischen Architekten Frank O. Gehry. **4** Jährlich werden in Paris bis zu 600 Spiel- und Werbefilme gedreht.

rants. Regelmäßig stehen Ausstellungen und Konzerte auf dem Programm, die Kinos verfügen über *fauteuils à deux*, Sessel für zwei zum Kuscheln. Pariser nennen sie *fauteuils des amoureux*, Sessel für Verliebte.

Die traditionsreiche, 1936 gegründete Cinémathèque Française ist seit Herbst 2005 in einem exzentrischen Bau des amerikanischen Architekten Frank O. Gehry an der Rue de Bercy 51 untergebracht. Das großzügig vom Staat finanzierte Institut, dessen jährliches Budget bei 16 Millionen Euro liegt, genießt unter Cinephilen Kultstatus. Täglich außer Dienstag zeigt die Cinémathèque aus ihrem Fundus von über 40 000 Filmen Klassiker und Raritäten. In der Bibliothek reihen sich 18 700 Bücher zum Thema Film und in der Mediathek 4200 Videos und DVDs aneinander.

Das kinofreudige Paris kennt sogar Filmvorführungen zum Nulltarif. Unter dem Motto »Cinéma au clair de la Lune« (Kino im Mondschein) finden in der ersten Augusthälfte auf einigen Plätzen und Parks von der Stadt organisierte Kinoabende statt. Von Mitte Juli bis Mitte August wird der Parc de la Villette zum Open-Air-Kino.

Man sitzt auf dem Rasen, trinkt und isst Mitgebrachtes und verfolgt das Filmgeschehen auf der Riesenleinwand. Nur für die Miete eines Liegestuhls wird eine Gebühr erhoben.

Paris liebt den Film. Und Filmproduzenten lieben Paris. Alljährlich werden an der Seine um die 600 Filme gedreht – Spielfilme für Kino und Fernsehen, Dokumentarfilme, Werbefilme und TV-Spots. Kein Wunder also, dass selbst Besucher, die zuvor noch nie an der Seine waren, auf Schritt und Tritt ein Déjà-vu-Erlebnis haben, sehen sie doch von Film und Fernsehen vertraute Straßen, Plätze, Kirchen, Monumente und Cafés.

In »Charade« aus dem Jahr 1963 etwa treffen sich Audrey Hepburn und Cary Grant vor dem Kasperletheater an der Ecke Champs-Élysées/Avenue Matignon. Sie unternehmen eine nächtliche Kreuzfahrt auf der Seine, fahren Metro und hetzen durch Metro-Gänge. Eine Schlüsselszene spielt auf dem Briefmarkenmarkt Ecke Avenue Gabriel/Avenue Matignon. In den Kolonnaden des Palais-Royal kommt es dann zu einer Schießerei, und in der Comédie Française Richelieu siegt am Filmende das Gute über das Böse.

1/2 Le Grand Rex, Europas größter Filmpalast: prunkvolle Fassade, pompöse Innenräume. **3** Kein fernöstlicher Tempel, sondern das Kino »La Pagode«. **4** Filmplakat beim Eingang zum »Café Tabac des Deux Moulins«, wo Amélie Poulain ihre schrulligen Gäste bediente. **5** Das Café hat sich seit den Dreharbeiten kaum verändert. **6** Im Palace Vidéo arbeitete Amélies große Liebe.

Die turbulente Thrillerkomödie um Gauner und Geheimdienste mit witzigen Dialogen und schwarzem Humor wurde weitgehend vor Ort gedreht.

Auch viele andere Filme haben Paris als Schauplatz: Auf dem Quai de Montebello am linken Seineufer tanzt in »Forget Paris« Debra Winger mit Billy Crystal, in »Everyone Says I love you« Woody Allen mit Goldie Hawn. Marlon Brando begegnet in »Der letzte Tango in Paris« auf dem Pont Bir-Hakeim erstmals Maria Schneider, und in der Salle Wagram an der Avenue Wagram 37 wiegen sie sich im Tango-Takt. In »Das Mädchen Irma la Douce« steigt Jack Lemmon mit Bowler und Regenschirm als »Lord X« beim Pont-Royal aus der Seine und twistet Shirley MacLaine auf dem Billardtisch von »Chez

1 »Ein Amerikaner in Paris« (Bildmitte: Gene Kelly). **2** »Charade« (Cary Grant und Audrey Hepburn). **3** »The Da Vinci Code« (Tom Hanks und Audrey Tautou). **4** »Zazie in der Metro« (Philippe Noiret und Catherine Demongeot). **5** »Ein süßer Fratz« (Fred Astaire). **6** »Die Liebenden von Pont-Neuf« (Juliette Binoche). **7** »Außer Atem« (Jean-Paul Belmondo und Jean Seberg).

Moustache«. Die Fassade des Bistros ist eine Hollywood-Kopie des »L'Escargot Montorgueil« in der Rue Montorgueil 38.

Im Juli 2005 fanden in Paris die Dreharbeiten für Dan Browns Thriller »The Da Vinci Code« (»Sakrileg«) mit Tom Hanks und Audrey Tautou statt. Gefilmt wurde teils an den Originalschauplätzen des Bestsellers: vor dem Hotel Ritz auf der Place Vendôme, bei der Glaspyramide in der Cour Napoléon, in der Grande Galerie und den Salons Napoléon III des Louvre-Museums. Weil die im Buch beschriebene Kirche Saint-Sulpice wegen Restaurierungsarbeiten eingerüstet war, ist im Film die Kirche Notre-Dame-de-Lorette zu sehen.

Der größten Beliebtheit als Drehort erfreut sich, wen wundert's, seit über einem Jahrhundert der Eiffelturm. Auf dem Pariser Wahrzeichen klettert der Indio-Junge Mimi Siku mit Pfeil und Bogen herum (»Der Großstadtindianer«), klärt Charles Laughton als Kom-

missar Maigret einen Mord auf (»Der Mann vom Eiffelturm«) oder ballert Roger Moore als James Bond auf Grace Jones (»Im Angesicht des Todes«). In »Einmal Millionär sein« klaut Alec Guinness in der Bank of England Goldbarren im Wert von einer Million Pfund, gießt sie in kleine Eiffeltürme um und verkauft diese vor der Tour Eiffel.

Generationen von französischen Regisseuren haben Hunderte von Filmen in und über Paris inszeniert. Vor dem Zweiten Weltkrieg zeigte René Clair in Filmen wie »Der 14. Juli« und »Unter den Dächern von Paris« mit liebevoller Ironie die Welt des Kleinbürgertums, sein Kollege Marcel Carné in »Bestie Mensch«, »Hôtel du Nord« und »Les portes de la nuit« die düstere Seite der Seine-Stadt. Beide filmten vorzugsweise im Studio, wo sie ganze Straßenzüge nachbauen ließen. Filmhistoriker sprechen von der Epoche des »Poetischen Realismus«.

1959 entstand »Zazie in der Metro« von Louis Malle nach dem gleichnamigen Roman von Raymond Queneau. Der Film zeigt augenzwinkernd nahezu alle touristischen Sehenswürdigkeiten und ist eine Hommage an Hollywoods Slapstickkomödien der Stummfilmzeit. In Jean-Luc Godards »Außer Atem« aus dem Jahr 1960 spazieren Jean-Paul Belmondo und Jean Seberg über die Champs-Élysées, fahren endlos im Auto durch die Stadt, streiten und küssen sich in einem Hotelzimmer am Quai Saint-Michel 15. Godard filmte mit einer Handkamera und ohne künstliches Licht auf Straßen und Boulevards, in Bistros und Büros. Die Erzählweise ist sprunghaft, die schwarzweißen Bilder sind grobkörnig und die Kamerafahrten wackelig. Indem er gegen alle Regeln verstieß, schuf Godard eine neue filmische Ästhetik und Dramaturgie. Mit »Außer Atem« begann ein neues Kapitel der Filmgeschichte. Während Godard ein Paris ohne Charme und Glamour zeigt, bietet Jean-Pierre Jeunets »Die fabelhafte Welt der Amélie Poulain« ein verklärtes Montmartre. Das Pop-Märchen hat über 30 Millionen Besucher ins Kino gelockt und gehört damit zu Frankreichs erfolgreichsten Filmproduktionen. Seit 2001 macht es weltweit Werbung für »La Butte Montmartre«. »Man kommt aus dem Kino und könnte die ganze Welt umarmen.« »Merci, Amélie!« Das im Verkehrsbüro auf der Place du Tertre aufliegende Gästebuch enthält seitenweise Dankeszeilen von Paris-Besuchern, die in Montmartre auf den Spuren von Amélie gebummelt sind. Täglich fragen Touristen nach den Schauplätzen des mit Preisen überhäuften Films, in welchem Amélie (Audrey Tautou) Schüchterne zusammenbringt, Traurige tröstet und Garstige bestraft. Die Interessierten erhalten

1/2 Marlon Brando in »Der letzte Tango in Paris«, gedreht auf dem Pont Bir-Hakeim. **3** Für die Fassade des »Chez Moustache« in »Irma la Douce« ließ sich der Filmarchitekt vom »L'Escargot« in der Rue de Montorgueil inspirieren. **4** Julia Roberts in »Everyone Says I love you«. **5** Zimmer mit Rita-Hayworth-Poster im Hôtel du 7e Art.

ein Faltblatt mit Stadtplan und Adressen für einen Rundgang in die Hand. Denn der Film ist mehrheitlich vor Ort gedreht worden.
Das »Café Tabac des Deux Moulins« in der Rue Lepic 15 ist eine Brasserie wie Hunderte andere – vor dem Eingang ein paar Tischchen, innen die Gemütlichkeit der 1950er-Jahre mit Theke und Tischen, Kaffeemaschine und Flipperkasten. Hier filmte der Regisseur Jeunet, wie Amélie die kauzige Kundschaft bedient. Das Lokal präsentiert sich unverändert, wie Kinogänger es kennen, nur der Tabakstand rechts vom Eingang ist verschwunden. Ein paar Straßen weiter, an der Ecke Rue des Trois-Frères/Rue Androuet, wohnt die Titelheldin im Dachgeschoss, die Innenaufnahmen der französisch-deutschen Koproduktion sind allerdings in einem Kölner Studio gemacht worden. Im Parterre führt Monsieur Collignon ein Lebensmittelgeschäft und schikaniert ständig seinen nordafrikanischen Kommis Lucien. Ali Mdough, der richtige Besitzer, erklärt: »Amélie hat mein Leben verändert.« Der Erfolg des Films

katapultierte den Marokkaner ins Scheinwerferlicht der Medien, er gab Radio- und Fernsehinterviews, sein Bild erschien in den Zeitungen und Zeitschriften. Über der knallroten Markise hängt noch immer die Tafel mit der Aufschrift »Maison Collignon gegründet 1956«. Auf dem Square Willette unterhalb der Zuckerbäckerbasilika Sacré-Cœur, wo sich Amélie mit ihrer heimlichen Liebe Nino verabredet hat, dreht sich weiterhin ein doppelstöckiges Karussell. Das öffentliche Telefon, in welches die schüchterne Verliebte »Folgen Sie den blauen Pfeilen, Monsieur Quincampoix!« befiehlt, stand allerdings nur für die Dreharbeiten hier.
»Mein Film ist nicht realistisch, sondern ein Traum-Montmartre«, erklärt Jean-Pierre Jeunet, der das Viertel, in dem er jahrelang gewohnt hat, wie seine Hosentasche kennt. Es sind daher weder geparkte Autos noch Blechkarawanen oder Graffiti zu sehen, die Zelluloidbilder wurden nachträglich im Computer bearbeitet und teilweise verfremdet. Mit einem Feuerwerk teils surrealer, teils durchgeknallter Einfälle zeigt »Die fabelhafte Welt der Amélie Poulain« die Welt der kleinen Leute und schrägen Typen auf der »Butte«. Das steht ganz in der Tradition des »Poetischen Realismus« eines René Clair – jetzt allerdings nicht mehr mit raffinierten Lichteffekten in den Kulissen eines Studio gedreht, sondern vor Ort und digital verfremdet.

Zeit für Filme

Paris liebt den Film

Übernachten

Hôtel du 7e Art, Rue Saint-Paul 20 (4. Arrondissement),
Tel.: 01-44548500, Internet: www.paris-hotel-7art.com,
Metro: Saint-Paul.

Die Bilder lernten noch laufen, als 1911 der französische Journalist
Ricciotto Canuda den Film zur 7e Art, zur siebten Kunst neben Literatur, Plastik, Malerei, Musik, Tanz und Architektur erhob.
Im gleichnamigen 2-Sterne-Hotel fühlen sich Kinofreaks im siebten
Himmel, denn alles erinnert an Hollywoods goldene Jahre. An den
Wänden hängen Plakate mit Rita Hayworth, Audrey Hepburn, Clark

Gable, Groucho Marx und Charles Chaplin, den Franzosen Charlot
nennen. Dazwischen stehen Filmrollen, Statuetten und andere
Memorabilien. Im Frühstücksraum wünschen Oliver Hardy und
Stan Laurel einen guten Tag. Das Hotel liegt in einer ruhigen Seitenstraße der Rue Saint-Antoine, hat 23 kleine Zimmer, aber keinen
Lift. Zum Marais-Viertel, zur Seine und zur nächsten Metro sind es
nur 300 Meter. Und die Antiquitätengeschäfte des Village Saint-Paul befinden sich gleich gegenüber.

Pariser Studiokinos

89 Kinos gehören in die Kategorie »Art et Essai« (Kunst- und Experimentalfilme). Sie zeigen Historisches, Avantgardistisches und
Experimentelles, Retrospektiven über Regisseure, Schauspieler und
Gattungen sowie Zyklen mit Produktionen einzelner Länder. Zu den
bekanntesten gehören **Le Saint-André-des-Arts** in der Rue
Saint-André-des-Arts 30 (Metro: Saint-Michel), **Le Studio des
Ursulines** in der Rue des Ursulines 10 (Metro: Luxembourg) und
Le Cinéma des cinéastes in der Avenue de Clichy 7 (Metro:
Place-de-Clichy). **La Pagode** ist eine authentische Pagode, die ein
reicher Pariser 1896 als Geschenk für seine Frau aus Japan importierte, die 1931 ein Kino wurde und heute unter Denkmalschutz
steht (Rue de Babylone 57, Metro: Saint-François-Xavier). **Le Studio 28**, das seit 1928 Filme projiziert, hat nostalgischen Charme
und von Jean Cocteau entworfene Wandleuchten (Rue Tholozé 10,
Metro: Blanche oder Abbesses).

Kunstgalerie unter freiem Himmel
Statuen, Skulpturen, Brunnen aus neun Jahrhunderten

Kunst vom Mittelalter bis heute zum Nulltarif gibt es in Paris nicht nur in den städtischen Museen, sondern auch an Fassaden, auf Straßen und Plätzen, in Parks und Gärten.

Über alle 20 Arrondissements verstreut finden sich in Paris mehr als 500 Statuen und Skulpturen, allein die Fassade des Hôtel de Ville schmücken 108. Man trifft Heilige und Allegorien, Könige und Kaiser, Militärs und Persönlichkeiten aus Kunst, Wissenschaft und Politik, aber auch zahlreiche Werke, die Trends und Strömungen seit den Fünfzigerjahren des letzten Jahrhunderts dokumentieren. Die ältesten Zeugnisse stammen aus dem 12. Jahrhundert. Die Jungfrau Maria, ein König, ein Bischof und zwei Engel schmücken rechts vom Haupteingang zur Notre-Dame das Portal der heiligen Anna. Die nächsten vier Jahrhunderte blieben Skulpturen ausschließlich ein Privileg der Kirche, erst die Bourbonenherrscher ließen sich nach antikem Vorbild mit Standbildern glorifizieren. Maria von Medici beauftragte einen Florentiner Bildhauer, ein bronzenes Reiterdenkmal für ihren 1610 ermordeten Gatten König Heinrich IV. zu schaffen. Das Schiff, das das fertige Werk nach Frankreich bringen sollte, sank jedoch vor Sardinien. Die Statue wurde gehoben und von einem anderen Schiff, das auf seiner Reise knapp Piratenattacken entkam, nach Le Havre transportiert. Auf einem Seine-Schiff erreichten Pferd und Reiter dann nach einem Jahr den Pont-Neuf, den zukünftigen Standort. Dass sie stark an Michelangelos Marc Aurel auf der Piazza del Campidoglio in Rom erinnern, ist kein Zufall: Der Bildhauer war ein Schüler Michelangelos. 1792 demolierten wütende Revolutionäre das Monument. Der reitende Heinrich IV., der heute auf der ältesten Pariser Brücke steht, stammt aus dem Jahr 1818.

Auch die Statue auf der kreisrunden Place des Victoires, die König Ludwig XIV. als römischen Feldherrn auf einem sich aufbäumenden Pferd darstellt, stammt aus nachrevolutionärer Zeit. Sie ersetzt einen stehenden »Sonnenkönig«, der die Französische Revolution nicht überlebte. Die einzige aus dem vorrevolutionären Ancien Régime stammende Statue des »Grand Roi« (Großer König), wie ihn die Franzosen nennen, befindet sich im Hof des Musée Carnavalet.

1 König Heinrich IV. zu Pferd auf dem Pont-Neuf. **2** Igor-Strawinsky-Brunnen von Jean Tinguely und Niki de Saint-Phalle auf der Place Igor Strawinsky beim Centre Pompidou. **3** Die Installation »Les Colonnes de Buren« (Buren-Säulen) im Ehrenhof des Palais-Royal. **4** Jeanne d'Arc beritten und vergoldet auf der Place des Pyramides.

In der zweiten Hälfte des 19. Jahrhunderts hatten Bildhauer vorzugsweise Werke mit den Themen Patriotismus und Berühmtheiten herzustellen. Jeanne d'Arc etwa gibt es gleich mehrfach – vergoldet auf der Place des Pyramides, aus Gusseisen in der Rue de
la Chapelle oder aus Bronze auf dem Boulevard Saint-Martin und
der Île aux Cygnes.

Auf der Place du Général-Catroux blickt Alexandre Dumas der
Ältere (1802–1870) im Lehnstuhl sitzend auf drei in ein Buch ver-
tiefte Figuren: Ein Student, eine Hausfrau und ein Arbeiter symbolisieren die Beliebtheit des Autors von »Die drei Musketiere« in
allen Bevölkerungsschichten. Auf der Rückseite sitzt d'Artagnan
mit einem Degen in der Hand nonchalant auf dem Denkmalsockel.
Im Parc Monceau und im Jardin du Luxembourg ehren zahlreiche
Büsten, Statuen und Skulpturen Schriftsteller und Komponisten –
dort Guy de Maupassant, Alfred de Mussy, Frédéric Chopin und
Charles Gounod, hier Stendhal (Marie-Henri Beyle), Charles Baudelaire, Gustave Flaubert, Paul Verlaine, Ludwig van Beethoven und
andere. In der Rue René Boulanger/Ecke Boulevard Saint-Martin
steht eine Büste des Walzerkönigs Johann Strauß, im Garten vor

der Nationalen Druckerei in der Rue de la Convention eine Statue
von Johannes Gutenberg, den Franzosen Jean Gutenberg nennen.
1891 erhielt Auguste Rodin von der Literarischen Gesellschaft den
Auftrag für eine Statue des Romanciers Honoré de Balzac. Der
Bildhauer »wollte den von Schulden geplagten, schlaflosen Viel-
schreiber zeigen, wie er sich nachts aus dem Bett erhebt, um
einen Gedanken zu Papier zu bringen«. Als er das Gipsmodell präsentierte, kam es zum Eklat: ein literarischer Titan im Morgen-
rock? Unmöglich! Die Gesellschaft entzog Rodin daraufhin den
Auftrag und übertrug ihn an seinen heute längst vergessenen Kollegen Alexandre Falguière. Dieser schuf eine konventionelle Statue – Balzac mit übereinandergeschlagenen Beinen auf einer Bank
sitzend und gedankenverloren in die Ferne blickend. Sie gefiel und
steht unweit des Arc de Triomphe auf der Place Georges-Guillaumin. In einem Zeitungsinterview sagte Auguste Rodin über seine
Balzac-Statue: »Das Werk, das man ausgelacht und zum Gespött
gemacht hat, ist die Quintessenz meines Schaffens. Es wird seinen Weg machen.« Doch erst 1939, 22 Jahre nach dem Tod des
Bildhauers, korrigierte die Literarische Gesellschaft ihr künstleri-

sches Fehlurteil und ließ Rodins Balzac an der Kreuzung Boulevard Raspail / Boulevard du Montparnasse aufstellen.

In der zweiten Hälfte des letzten Jahrhunderts begann Paris gezielt Aufträge an zeitgenössische Künstler zu vergeben. Auf dem Platz vor der Gare Saint-Lazare errichtete Armand (1928–2005), der eigentlich Armand Pierre Fernandez heißt, zwei »Akkumulationen« (Anhäufung von Gegenständen mit gleicher Funktion): sechs Meter hohe Türme, gebildet aus Koffern und Uhren. César Baldaccini (1921–1998), genannt César, hat sich mit zusammengepressten Autowracks und Plastiken aus geschweißtem Schrott einen Namen gemacht. Sein »Le Centaure, hommage à Pablo Picasso« (Der Zentaur, Ehrerweisung an Pablo Picasso) befindet sich auf dem Carrefour de la Croix-Rouge. Beide Werke stießen bei den Parisern auf wenig Gegenliebe, Daniel Burens (*1938) 260 unterschiedlich hohe, schwarzweiß gestreifte Marmorzylinder im Ehrenhof des Palais-Royal gar auf einhellige Ablehnung. Was soll, fragten Presse und Publikum irritiert, zeitgenössische Kunst in einer unter Denkmalschutz stehenden Stätte? Inzwischen ist die allgemein »Les Colonnes de Buren« (Buren-Säulen) genannte Installation

1 »Lebende Statue«. 2 Eine Uhren-»Akkumulation« des Künstlers Armand vor dem Bahnhof Saint-Lazare. 3 Die Statue von König Ludwig XIV. als römischer Feldherr steht auf der Place des Victoires. 4 Die Fontaine du Felah (Fellachenbrunnen) in der Rue de Sèvres 42.

nicht nur ein Klassiker der Moderne, sondern auch ein gern aufgesuchter Ort. Hier ruhen sich Stadtbummler aus, kurven Inlineskater oder posieren Touristen für Souvenirfotos.

Was gestern Provokation war, ist heute Attraktion. Auf der Place de la Défense lockern Werke von César, Alexandre Calder und Joan Miró die Sterilität der Wolkenkratzerarchitektur auf. Im Vorhof einer Bank am Quai Anatole-France 3 ragt Jean Dubuffets knallbunte Polyesterskulptur »Le réséda« hoch, und im Garten der Bibliothèque nationale in der Rue Vivienne steht die Bronzestatue »Jean-Paul Sartre marchant« (Jean-Paul Sartre, marschierend) von Roseline Granet.

Wahre Freilichtmuseen moderner Kunst sind Jardin des Tuileries, Jardin du Carrousel und Jardin Tino-Rossi, Parc floral im Bois de Boulogne und der Garten des UNESCO-Sitzes.

1

2

Nachdem sich Napoleon 1799 an die Macht geputscht hatte, fragte er den Präfekten von Paris, wie er sich bei den Einwohnern beliebt machen könnte. Dessen Antwort ist überliefert: »Geben Sie ihnen Wasser, Sire!« Die Versorgung mit Trinkwasser lag damals im Argen. Wer kein Geld hatte, um es bei einem ambulanten Wasserverkäufer zu erstehen, musste bei einem der wenigen Brunnen Schlange stehen.

La Fontaine des Innocents (Brunnen der Unschuldigen) liegt zwischen Les Halles und Centre Pompidou auf dem Square des Innocents und stammt aus der Mitte des 16. Jahrhunderts. Damit ist er der älteste Brunnen auf städtischem Gebiet. Mit seiner Kuppel und den steinernen Nymphen erinnert er an einen Pavillon im Renaissance-Stil, von welchem das Wasser in sechs Stufen in ein rundes Becken fließt.

Zu Beginn des 19. Jahrhunderts ließ der Erste Konsul und spätere Kaiser Napoleon 16 Brunnen errichten. Sie sollten einerseits das begehrte Nass liefern, andererseits wie die Vendôme-Säule und die beiden Triumphbögen von den ruhmreichen Taten des obersten Feldherrn künden. Auf der Place du Châtelet listet die palmenartige, von einer vergoldeten Siegesgöttin gekrönte Säule in gol-

denen Lettern die napoleonischen Schlachten in Italien und Ägypten auf, vier Statuen symbolisieren Wachsamkeit, Gerechtigkeit, Kraft und Vorsicht und aus den Mündern von vier Sphinxen sprudelt Wasser. Der Brunnen hat gleich drei Namen: Fontaine du Châtelet, Fontaine de la Victoire und Fontaine du Palmier (Châtelet-, Sieges- und Palmenbrunnen). Ungleich schlichter gibt sich die in eine Mauernische eingelassene Fontaine du Felah (Fellachenbrunnen) in der Rue de Sèvres 42. Vor einem Tempelportal trägt ein nur mit Lendenschurz bekleideter Ägypter zwei Amphoren mit Wasser – ein diskreter Hinweis auf Napoleons Ägyptenfeldzug.

Mit der Molière-Statue der Fontaine Molière an der Ecke Rue Molière/Rue de Richelieu ehrte man erstmals nicht einen Souverän, sondern einen Bürgerlichen. Überlebensgroß thront der Theaterautor, flankiert von den Allegorien »Ernste Kömödie« und »Leichte Komödie«, hoch über einem Wasserbecken.

Der Standort ist mit Bedacht gewählt: Molière wohnte an der Rue de Richelieu 40. Und er starb 1673 nicht, wie oft geschrieben wird, während einer Vorstellung seines »Eingebildeten Kranken« auf der Bühne im nahen Palais-Royal, sondern nach der Vorstellung im heimischen Bett.

1 Molière-Brunnen in der Rue Molière. 2 Brunnen der Unschuldigen zwischen Les Halles und Centre Pompidou. 3/4 Balzac-Statuen von Alexandre Falguière (Place Georges-Guillaumin) und Auguste Rodin (unweit der Metro-Station Vavin). 5 Maillots »Liegende« im Jardin du Carrousel. 6 Metallskulptur von Alexandre Calder in La Défense.

Als Baron Haussmann Paris im 19. Jahrhundert ein modernes Gesicht gab, brauchte er für die Sichtachse zwischen Place du Châtelet und Place Saint-Michel einen abschließenden Akzent. Er entschied sich für einen 26 Meter hohen und 16 Meter breiten Brunnen, der die ganze Nordfassade eines Hauses einnimmt. In der zentralen Nische schwingt der heilige Michael drohend sein Schwert über einen zu seinen Füßen liegenden Dämon. Auf den vier Marmorsäulen symbolisieren vier Statuen die vier Haupttugenden, zwei geflügelte Drachen lassen Wasser ins Becken fließen.

Im Jardin Marco-Polo, auf halbem Weg zwischen Palais du Luxembourg und Observatoire de Paris, befindet sich die monumentale Fontaine des quatre parties du monde (Brunnen der vier Kontinente). In der Mitte eines kreisrunden Bassins mit bronzenen Pferden,

1 Brunnen der vier Kontinente im Jardin Marco-Polo. 2 Wasser speiende Sphinx auf der Place du Châtelet. 3 Figurengruppe von Joan Miró in La Défense. 4 Igor-Strawinsky-Brunnen. 5 Typisch für Paris: die Wallace-Trinkwasserbrunnen von Sir Richard Wallace.

Delfinen und Schildkröten tragen vier Bronzestatuen den Globus: eine ranke Europäerin, eine sportliche Amerikanerin, eine mandeläugige Asiatin und eine Afrikanerin mit Fußfesseln.

Die Fontaine Médicis, die im Jardin Luxembourg etwas versteckt unter hundertjährigen Platanen liegt, ist der romantischste unter den 230 Pariser Brunnen, die Fontaine Stravinsky auf der Place Igor Stravinsky beim Centre Pompidou der heiterste. Ein Dutzend knallbunter Figurinen und ratternder Nonsensmaschinen des Teams Jean Tinguely und Niki de Saint-Phalle sind eine Hommage an den russischen Komponisten: ein Vogel für das Ballett »Der Feuervogel«, ein Totenkopf für das Bühnenwerk »Die Geschichte vom Soldaten«, ein Elefant für die »Circus Polka«, das Auftragswerk des Ringling Brothers and Barnum & Bailey Circus für ein Elefantenballett.

Das kurioseste Brunnenprojekt stammt wohl von Kaiser Napoleon I.: »Die mit dem Blut und dem Leben unserer Soldaten eroberten feindlichen Kanonen sollen eingeschmolzen werden, um einen Elefanten zu gießen.«

Das Monster sollte 80 Meter hoch sein, auf der Place de la Bastille stehen und aus dem Rüssel sollte Wasser in ein Bassin fließen. Aus Eisen und Gips wurde ein Modell in Originalgröße aufgestellt. Dann häuften sich die technischen Probleme und Napoleon wurde in die Verbannung geschickt.

Während Jahrzehnten verrottete das Monument in einer Ecke des Bastille-Platzes. 1846 verschwand es schließlich über Nacht, um 16 Jahre später in Victor Hugos Roman »Die Elenden« als Schlafstätte des Straßenjungen Gavroche wieder aufzutauchen: »Die Figur des Elefanten trug auf dem Rücken einen Turm, der einem Haus glich. Früher war dieser Turm grün angestrichen gewesen, aber die Zeit und der Regen hatten ihn geschwärzt. Was das Ganze bedeuten sollte, wusste niemand. Ursprünglich war es wohl als Symbol der Volkskraft gedacht. Es sah düster, rätselhaft und ungeheuerlich aus.«

Zeit für Brunnen

Ein Engländer in Paris

Sir Richard Wallace (1818–1890) war ein frankophiler Philantrop. In London geboren und in Paris aufgewachsen, machte er Frankreichs Hauptstadt zu seiner Wahlheimat. Nach den Zerstörungen während der Belagerung der Stadt im Deutsch-Französischen Krieg 1870/71 und des Kommune-Aufstands war das Trinkwasser knapp geworden. Sir Richard entwarf und finanzierte ein Trinkbrunnenmodell, das billig in der Herstellung, aber gleichzeitig robust, pflegeleicht und formschön war. In ganz Paris ließ er auf Avenuen, Plätzen und an Straßenecken über hundert dieser gusseisernen Brunnen aufstellen, in denen sich die Bevölkerung kostenlos mit Wasser versorgen konnte.

Heute besitzt Paris noch 65 mehrheitlich funktionierende »Fontaines Wallace«: 2,7 Meter hoch, grün gestrichen, das Wasserbecken von einer kleinen Kuppel überragt und mit vier allegorischen Figuren verziert, die die Tugenden Güte, Einfachheit, Barmherzigkeit und Mäßigung verkörpern. Die Brunnen werden regelmäßig gewartet und alle zwei Jahre frisch gestrichen. Man findet sie unter anderem auf den Plätzen Saint-Michel, Saint-André-des-Arts, Louis-Lépine, Abbesses und Edith Piaf sowie am östlichen Ende der Champs-Élysées bei den Marly-Pferden. Neben dem grand modèle ließ Richard Wallace auch ein kleines Modell bauen, von dem heute jedoch nur noch der Brunnen an der Ecke Rue Geoffroy-Saint-Hilaire/Rue Cuvier steht.

Die Pariser lieben ihre Wallace-Brunnen und sind überzeugt, dass sie mindestens so typisch für ihre Stadt sind wie der Eiffelturm. Ihre große Popularität zeigt beispielsweise der Film »Die fabelhafte Welt der Amélie Poulain«. Im Haus in der Rue des Trois-Frères, in dem Amélie wohnt, vergießt die Concierge Madeleine Wallace seit Jahren bittere Tränen um ihren verschollenen Gatten. Nomen est omen, denn »Pleurer comme une fontaine Wallace«, Weinen wie ein Wallace-Brunnen, ist eine gängige Redensart.

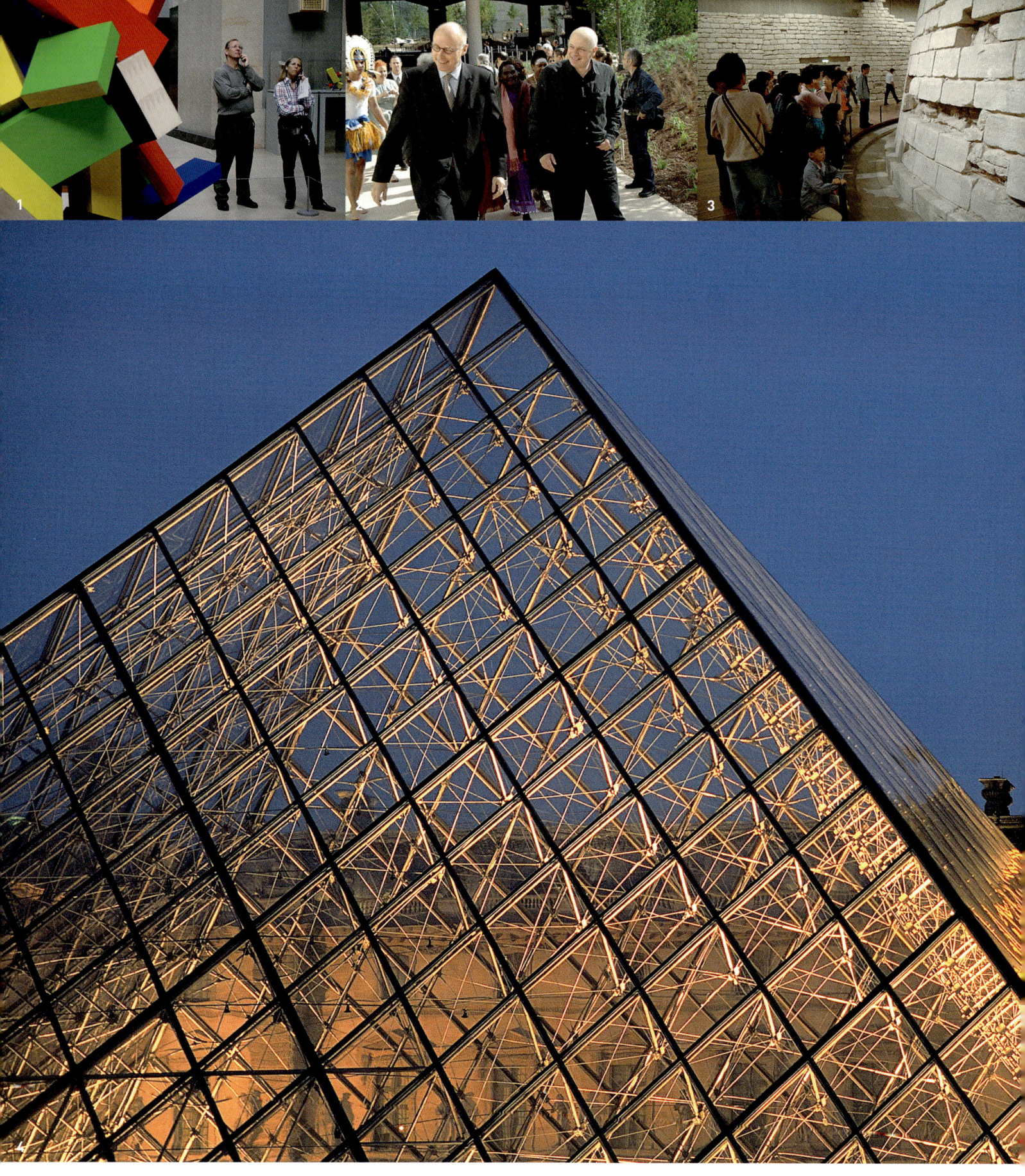

Milliarden für Gloire und Prestige
Wie die »Grands Travaux« Paris verändert haben

Frankreichs Präsidenten sehen sich in der Nachfolge von König Ludwig XIV. und den beiden Napoleonen. Ihre Monumentalbauten sollen nicht nur das Prestige der Nation, sondern auch das des Auftraggebers mehren.

Als Präsident François Mitterrand am 4. März 1988 die Glaspyramide in der Cour Napoléon des Louvre einweihte, erklärte er in einem Fernsehinterview: »Während meiner Studentenzeit spazierte ich viel durch Paris. Und schon damals baute ich in meinem Kopf die Stadt neu. Allerdings dachte ich nicht daran, dass ich einmal dazu Gelegenheit haben würde. Aber als sie sich mir bot, habe ich sie nicht versäumt.« Wie kein anderer gewählter Staatschef vor und nach ihm veränderte Mitterrand mit seinen »Grands Travaux« (Große Arbeiten) das Gesicht der französischen Hauptstadt.

Charles de Gaulle, von 1958 bis 1969 der erste Präsident der Fünften Republik, zeigte wenig Interesse für Kunst und Kultur. Für Frankreichs »Gloire« (Ruhm), »Grandeur« (Größe) und »Prestige« setzte er lieber auf Weltraumfahrt, atomare Aufrüstung und Supersonic-Jets. Das änderte sich mit der Präsidentschaft von Georges Pompidou in den Jahren 1969 bis 1974. Der erklärte Liebhaber moderner Kunst ließ Les Halles abreißen, was er später bereute, und befahl den Bau eines Museums für Gegenwartskunst im Quartier Beaubourg. Sein Konzept: »Ein großzügiges Museum für Malerei und Skulptur, aber auch für Musik und Schallplatte, eventuell auch für Film und Theater.« Den Zuschlag erhielten zwei erst 33-jährige Architekten, der Italiener Renzo Piano und der Engländer Richard Rogers. Ihr Projekt war ein Geniestreich: ein 166 Meter langer, 60 Meter breiter und 42 Meter hoher üppig verglaster Bau mit Luftschächten wie überdimensionierte Elefantenrüssel, von Krupp in Deutschland angefertigten Stahlträgern und einer Rolltreppe, die sich an der Fassade in einem Plexiglastunnel hochschlängelt. Sämtliche Versorgungseinrichtungen liegen außen – grün die Wasserleitungen, gelb die Elektroleitungen, blau die Lüftungswege. Die extravagante Fassade soll einerseits die Schwellenangst vor einem Kulturtempel abbauen, andererseits neugierig auf das Innere machen. Zum architektonischen Konzept gehört auch eine sanft abfallende Piazza, auf der sich Gaukler und Straßenmusikanten produzieren, geflirtet, flaniert und Pizza gegessen

1 Einst ein Bahnhof, jetzt das Musée d'Orsay. **2** Stararchitekt Jean Nouvel (rechts). **3** Reste einer mittelalterlichen Festung mit Graben und Turm im Untergeschoss des Sully-Flügels des Louvre. **4** Ieoh Ming Peis Glaspyramide ist das Wahrzeichen des Louvre.

1/2 Das Restaurant »Georges« im sechsten Stock des Centre Georges-Pompidou. Die Rolltreppe schlängelt sich in einem Plexiglastunnel nach oben. **3** Die Versorgungseinrichtungen liegen außen an der Fassade und sind farbig. **4** Das Museum setzt einen Farbakzent im Häusermeer. **5** Das Musée d'Orsay zeigt Werke von Impressionisten und Postimpressionisten.

wird. Das anfänglich als »Ölraffinerie« beschimpfte Centre Georges-Pompidou war auf Anhieb erfolgreich, heute zählt es jährlich über fünf Millionen Besucher. Zum Erfolg beigetragen haben nicht nur die ausgestellten Werke – Deutschland ist unter anderem mit George Grosz, Otto Dix und Joseph Beuys vertreten –, sondern auch publikumsfreundliche Öffnungszeiten – täglich von 11 bis 21 Uhr, dienstags bis 23 Uhr –, freier Internetzugang auf 50 PCs sowie das »Restaurant Georges« im sechsten Stock mit einem wunderschönen Blick auf Paris.

Pompidous Nachfolger Giscard d'Estaing (1974 – 1981 im Amt) zog der zeitgenössischen Kunst die klassisch-moderne vor und liebte eine Architektur »à la française«. Um die stillgelegte Gare d'Orsay aus dem Jahr 1900 vor dem Abriss zu retten, stellte er den Bahnhof unter Denkmalschutz und ordnete an, hier »ein schönes Museum im traditionellen Sinn« für Impressionisten und Postim-

5

pressionisten einzurichten. Die Eisenstruktur mit dem Glasdach der einstigen Haupthalle – 138 Meter lang, 32 Meter hoch – wurde behutsam renoviert, Zwischengeschosse auf zwei Seiten vergrößerten die Ausstellungsfläche. Vor den Publikumslieblingen des 1986 eröffneten Musée d'Orsay – unter anderem Auguste Renoirs »Le Moulin de la Galette«, Claude Monets »Le Déjeuner sur l'herbe« und Vincent van Goghs »Portrait du docteur Paul Gachet« – bilden sich stets Menschentrauben. Aber Gustave Courbets Frauenakt »L'Origine du monde« (Der Ursprung der Welt) aus dem Jahr 1866 finden heute noch viele anstößig.

Während eines Jahrhunderts standen im Nordosten der Stadt die Pariser Schlachthöfe. In den Sechzigerjahren des letzten Jahrhunderts sollten sie durch moderne Anlagen ersetzt und zum weltgrößten Schlachtbetrieb ausgebaut werden. Das gigantische Projekt geriet jedoch zum Flop und die Arbeiten wurden eingestellt. 1977 befahl Giscard d'Estaing, aus einer monströsen, 250 Meter langen und 70 Meter breiten Bauruine, dreimal größer als das Centre Georges-Pompidou, die Cité des Sciences et de l'Industrie (Stadt der Wissenschaften und der Industrie) zu machen, die heute das weltgrößte technisch-wissenschaftliche Museum ist. Über Brücken gelangt der Besucher in die handballfeldgroße Empfangs-

halle mit dem Charme einer Fabrikhalle, Rolltreppen bringen ihn weiter zu den vier Stockwerken, die auf einer Fläche von 30 000 Quadratmetern Themen wie Universum, Kommunikation, Energie, Ökologie, aber auch Gesundheit und Umwelt präsentieren. Allenthalben gibt es interaktive Videospiele, audiovisuelle Demonstrationen und Modelle in Originalgröße, beispielsweise das französische Forschungs-U-Boot »Nautile«, das in 3800 Metern Tiefe das Wrack der »Titanic« fotografiert und mit seinen Greifarmen Fundstücke eingesammelt hat. Man dreht an Knöpfen, betätigt Schalter, bedient Computer und beginnt zu verstehen, wie Computer funktionieren, Vulkane aktiv werden oder warum ein Mensch, der 90 Kilo wiegt, auf dem Mond nur noch 15 Kilo schwer ist.

Nur drei Jahre später gab Giscard das Institut du Monde Arabe (Institut der arabischen Welt) in Auftrag, ein Projekt, das schon de Gaulle und Pompidou angeregt hatten. Es sollte, finanziert von Frankreich und 22 islamischen Ländern, zu einem Dialog zwischen Europa und der arabisch-islamischen Welt, zwischen Tradition und Moderne einladen.

Am Quai Saint-Bernard, exakt auf halbem Weg zwischen Notre-Dame und der Moschee beim Jardin des Plantes, errichtete der französische Architekt Jean Nouvel eine bestechend schöne Begegnungsstätte. Die leicht gerundete Nordfassade nimmt eine lang gezogene Schleife der Seine auf, die 240 Fenster der Südfassade sind eine moderne Interpretation der hölzernen Fensterläden arabischer Häuser. Wie die Irisblende eines Kameraobjektivs sollen computergestcuerte Metalllamellen das einfallende Licht regulieren. Besucher finden unter anderem ein Museum, eine Bibliothek, eine Mediathek und im Shop arabische Literatur und Musik auf CDs vor. Die Dachterrasse des »Salon de Thé« gewährt einen der attraktivsten Ausblicke auf Paris.

Auf Giscard d'Estaing folgte François Mitterrand als Präsident (1981–1995), dessen Devise »Klotzen, nicht kleckern« lautete. Das Staatsoberhaupt sah sich, in der französischen Verfassung nicht vorgesehen und in anderen Demokratien unbekannt, als oberster Bauherr. Er initiierte einen ganzen Katalog von »Grands Travaux«: extravagante Monumentalbauten, die die persönliche

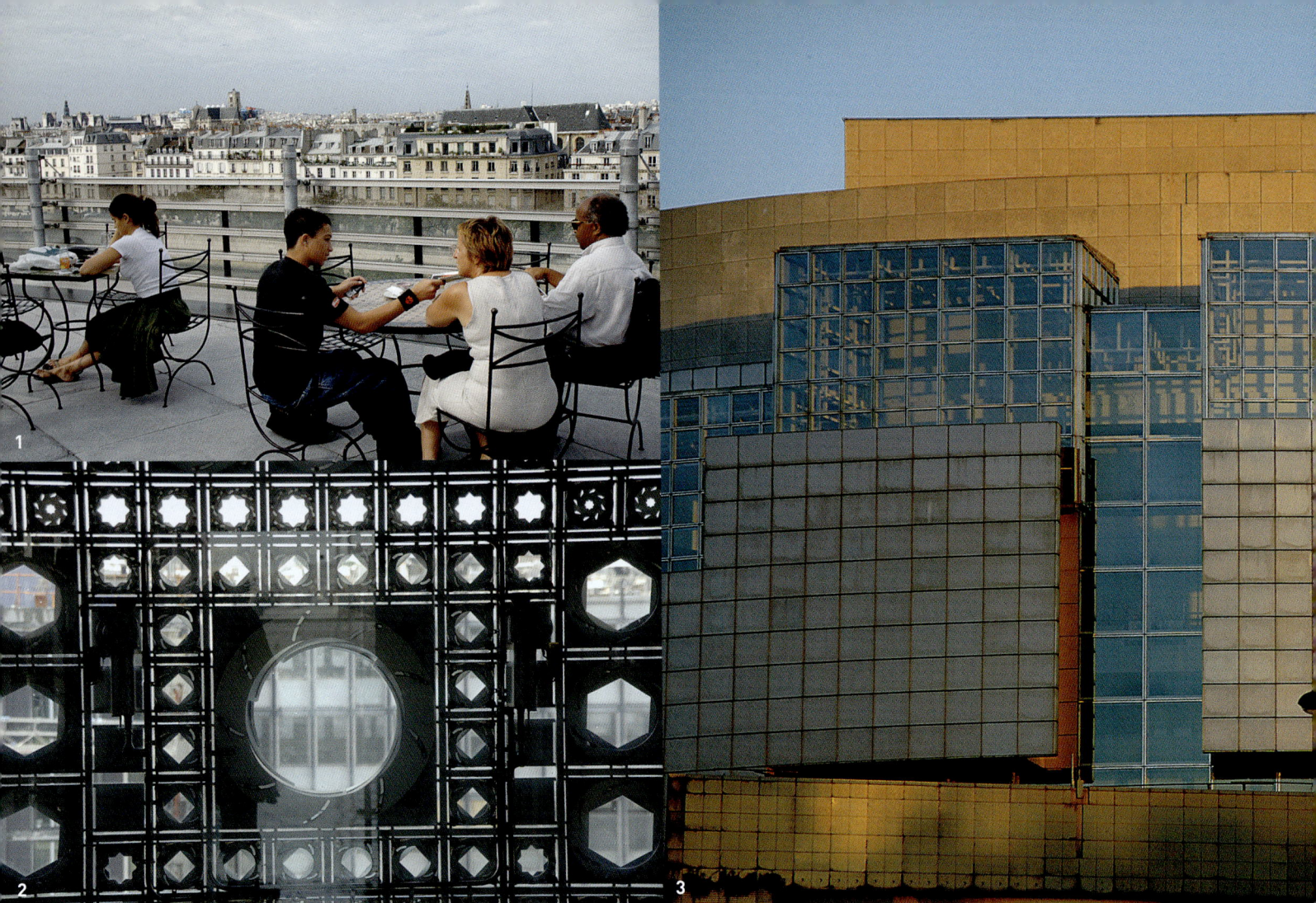

Handschrift des Auftraggebers tragen – einfache geometrische Formen wie Kubus (»Grande Arche«), Kugel (»Géode«-Kino im Parc de la Villette) oder Zylinder (Opéra Bastille). Eine Jury traf eine engere Auswahl unter den von Architekten aus aller Welt eingesandten Projekten, den Sieger zu küren behielt sich Mitterrand jedoch selbst vor. Geld spielte keine Rolle und Budgetüberschreitungen waren die Regel. Mitterrands pharaonische Bauwut kostete Frankreichs Steuerzahler 3,5 Milliarden Euro, nicht eingerechnet die baulichen Nachbesserungen.

Nachdem 1984 der Bastille-Bahnhof am Bastille-Platz abgerissen worden war, stand zwischen Rue de Charenton und Rue de Lyon ein dreieckiges, knapp zwei Hektar großes Areal leer. Hier ließ der Staatschef eine »Volksoper« bauen, die einen Gegenpol zur »elitären« Garnier-Oper bilden und pünktlich zum 200. Jahrestag des Bastille-Sturms eröffnet werden sollte. 757 Architekten beteiligten sich am ausgeschriebenen Wettbewerb, Mitterrand wählte das Projekt des weitgehend unbekannten Kanadiers Carlos Ott aus. Die Opéra Bastille erreichte jedoch nie die vom Auftraggeber angestrebte Popularität, und der Bau wurde heftig kritisiert: Die einen fühlten sich an eine Klinik erinnert, die anderen an das Heck eines Fährschiffs.

Auch die neue Nationalbibliothek im Osten von Paris, von Mitterrand als »Très Grande Bibliothèque« (sehr große Bibliothek), abgekürzt TGB, angekündigt, erregte Missfallen. Das »Figaro Magazine« interpretierte TGB respektlos als »Très Grosse Bêtise«, eine sehr große Dummheit. Mitterrand blieb aber unbeeindruckt. Auf dem Papier war die Idee des Architekten Dominique Perrault bestechend. Um einen viereckigen Innenhof mit Pinien ragen vier gläserne Türme auf, die an aufgeschlagene Bücher für Giganten erinnern. Doch warum sind die Lesesäle unterirdisch, aber die lichtempfindlichen Bücher in den Türmen der Sonne ausgesetzt? Nachträglich eingebaute Lamellenstores sorgen für Abhilfe, schmälern aber die Ästhetik. Die Bibliothèque nationale de France, meist zu »BnF« verkürzt, ist eine Bibliothek der langen Wege, unpraktisch, aber spektakulär und riesig: zehn Millionen Bücher, 900 000 Tondokumente, 250 000 Manuskripte und 100 000 digitalisierte Werke.

Das Projekt des »Grand Louvre« erregte anfänglich ebenfalls einen Sturm der Entrüstung, nicht zuletzt weil sich Mitterrand im Alleingang für den amerikanischen Architekten Ieoh Ming Pei und dessen knapp 22 Meter hohe Glaspyramide entschieden hatte. Heute ist die einst angefeindete Pyramide das Wahrzeichen des Muse-

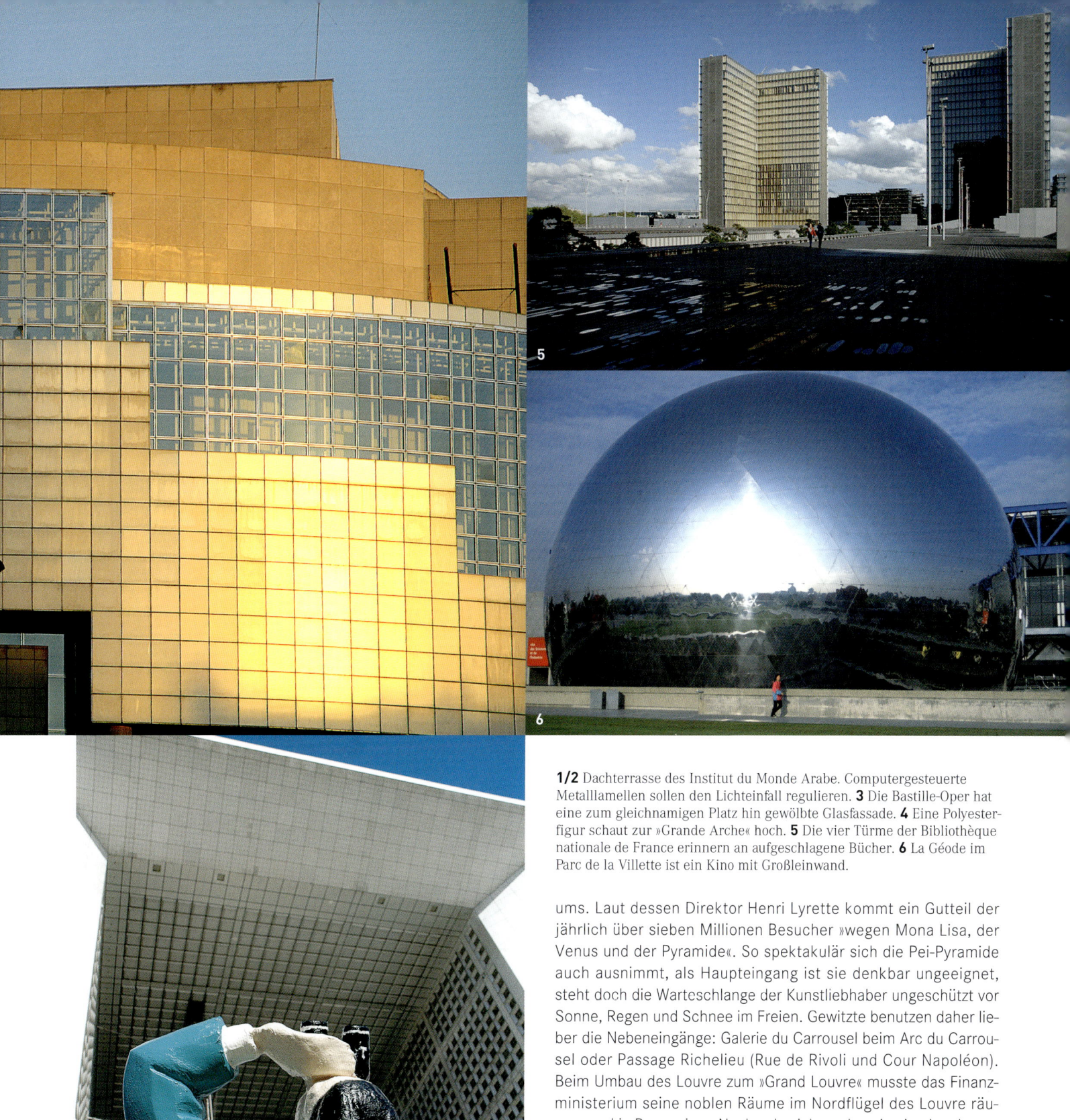

1/2 Dachterrasse des Institut du Monde Arabe. Computergesteuerte Metalllamellen sollen den Lichteinfall regulieren. **3** Die Bastille-Oper hat eine zum gleichnamigen Platz hin gewölbte Glasfassade. **4** Eine Polyesterfigur schaut zur »Grande Arche« hoch. **5** Die vier Türme der Bibliothèque nationale de France erinnern an aufgeschlagene Bücher. **6** La Géode im Parc de la Villette ist ein Kino mit Großleinwand.

ums. Laut dessen Direktor Henri Lyrette kommt ein Gutteil der jährlich über sieben Millionen Besucher »wegen Mona Lisa, der Venus und der Pyramide«. So spektakulär sich die Pei-Pyramide auch ausnimmt, als Haupteingang ist sie denkbar ungeeignet, steht doch die Warteschlange der Kunstliebhaber ungeschützt vor Sonne, Regen und Schnee im Freien. Gewitzte benutzen daher lieber die Nebeneingänge: Galerie du Carrousel beim Arc du Carrousel oder Passage Richelieu (Rue de Rivoli und Cour Napoléon). Beim Umbau des Louvre zum »Grand Louvre« musste das Finanzministerium seine noblen Räume im Nordflügel des Louvre räumen und in Bercy einen Neubau beziehen, der wie eine Landungsbrücke in die Seine ragt. Seither ist Frankreichs Prestigemuseum das weltgrößte Kunstmuseum.

Mit der »Grande Arche« (Großer Bogen), einem auf zwei Seiten offenen Kubus, hat die sieben Kilometer lange »Königsachse« der

1 Das südliche Ende des Finanzministeriums steht auf Pfeilern in der Seine. **2** Einkaufszentrum Forum des Halles. **3** Vor der »Grande Arche« dreht sich ein Karussell mit Vehikeln aus Jules Vernes Romanen. **4** Das Musée du quai Branly. **5** Le Pavillon Suisse in der Cité Internationale Universitaire de Paris stammt von Le Corbusier.

Seine-Stadt ihren vorläufigen Abschluss gefunden. Sie führt schnurgerade vom Arc de Triomphe du Carrousel auf der Place du Carrousel zum Großen Bogen auf dem Hügel des Wolkenkratzer-Viertels La Défense. Die ebenso monumentale wie schlichte »Grande Arche« aus weißem Marmor und grauem Granit ist 107 Meter breit und 111 Meter hoch und damit breiter als die Champs-Élysées und höher als Notre-Dame. Sie bildet einen Kontrast zu den beiden anderen Triumphbögen, die sich Napoleon I. zum Ruhm seiner siegreichen Feldzüge aufstellen ließ. Denn der Kubus soll, so sein dänischer Architekt Johan Otto von Spreckelsen (1929–1987), »ein Fenster zur Welt sein, wie ein provisorischer Orgelpunkt mit Blick auf die Zukunft. Ein moderner Triumphbogen zum Ruhm der Menschlichkeit. Ein Symbol der Hoffnung für die Zukunft.« Zwei konzeptuelle Details sind dabei interessant:

Der Kubus ist wie der Louvre gegenüber der »Königsachse« um sechs Grad versetzt und seine Grundfläche entspricht ziemlich genau der Cour Carrée des Louvre.

Das im Juni 2006 eröffnete Musée du quai Branly, von Mitterrands Nachfolger Jacques Chirac (seit 1995 im Amt) in Auftrag gegeben, ist das neueste Werk der »Großen Arbeiten«. Das extravagante vierteilige Gebäudeensemble des Architekten Jean Nouvel liegt unweit des Eiffelturms in einem Park an der Seine. Chirac liebt außereuropäische Kunst und Kulturen. Daher wollte er Exponate des Musée de l'homme und des Musée national des arts d'Afrique et d'Océanie, ergänzt durch Neuerwerbungen im Wert von 23 Millionen Euro, in einem Museumsneubau untergebracht sehen: »Mit diesem Museum wird Frankreich seine Beziehungen zur nicht-europäischen Welt verbessern.« Wie aber eine Sammlung gestriger und heutiger Kunst aus Afrika, Amerika, Asien, Australien und Ozeanien benennen? Chiracs Vorschlag »Musée des Arts premiers« (Museum der ersten Künste) stieß auf Unverständnis. Schließlich einigte man sich auf den nichtssagenden Namen Musée du quai Branly und ließ damit den Weg offen für eine spätere Umbenennung in Musée Jacques-Chirac.

Zeit für Städtebau

Die Visionen des Architekten Le Corbusier

»Kühnheit ist amerikanisch, Ordnung französisch«

Im 19. Jahrhundert hatte Baron Haussmann mit chirurgischen Eingriffen das mittelalterliche Paris zu einer neuzeitlichen Stadt gemacht. In den Zwanzigerjahren des 20. Jahrhunderts diagnostizierte Charles Edouard Jeanneret, der sich Le Corbusier nannte: »Paris ist krank.« Um die Wohn- und Verkehrsprobleme der inzwischen rasant gewachsenen Metropole zu lösen, präsentierte der Architekt und Städteplaner das Projekt einer gestalteten statt gewachsenen »Ville Lumière«: Die City zwischen Gare de l'Est im Norden und Rue de Rivoli im Süden, Place de la République im Osten und Rond-Point des Champs-Élysées im Westen sollte abgerissen werden, denn: »Der Respekt vor der Vergangenheit ist eine kindliche Einstellung.« Einzig Kirchen, der Louvre und die Place de la Concorde dürfen überleben.

Corbusiers Devise »Kühnheit ist amerikanisch, Ordnung französisch« sollte das zeitgemäße Paris seiner Vorstellung prägen: Inmitten weiter Grünflächen ragen ein Dutzend identische, 175 Meter hohe Wolkenkratzer des Geschäftsviertels hoch, westlich davon sind Ministerien, Theater, Kinos und Hotels angesiedelt. Zwischen beiden Vierteln liegt der zentrale Bahnhof mit einer »Plattform für die Landung der Lufttaxis«. Eine schnurgerade, 40 Meter breite Autobahn auf Pfeilern führt den Durchgangsverkehr durch die Stadt, und die Bevölkerung ist in Gartenstädten rund um die City untergebracht. Das französische Brasilia blieb allerdings Utopie. Corbusiers Konzept der Trennung von Auto- und Fußgängerverkehr wurde jedoch in La Défense verwirklicht.

Nach seinen Plänen entstanden in Paris auch mehrere Häuser, unter anderem die Fondation Le Corbusier auf dem Square du Docteur-Blanche 8–10, Le Pavillon Suisse und La Maison du Brésil in der Cité Universitaire, das Heilsarmee-Heim in der Rue Cantagrel 12 und ein Wohnhaus in der Rue Nungesser-et-Coli 24, in dem der Architekt sein Maleratelier hatte. Letzteres kann jeweils mittwochs von 9 bis 12 Uhr besucht werden.

Paris zum Entdecken

Ehrenhof von Schloss Versailles.

Kosmopolitisches Paris
Die ganze Welt auf hundert Quadratkilometern

Paris ist eine Großstadt, aber keine große Stadt – sie erstreckt sich über 18 Kilometer von Ost nach West und 9,5 Kilometer von Nord nach Süd. Doch auf diesen hundert Quadratkilometern sind alle fünf Kontinente vertreten.

Ein Parisbesucher, der durch die Rue de la Néva und die Rue Pierre-le-Grand (Peter-der-Große-Straße) bummelt, steht unverhofft vor einer russisch-orthodoxen Kirche – mausgraue Türme, vergoldete Kuppeln, das Ganze von Birken umgeben. In der 1861 eingeweihten Kathedrale Alexandre-Newski hat 1921 Pablo Picasso seine erste Frau, die Russin Olga Khoklova, geheiratet. Gegenüber im Restaurant »La Ville de Petrograde«, wo schon Igor Strawinsky und Vladimir Nabokov eingekehrt sind, werden »Menus Russes« serviert und sieben Sorten Wodka ausgeschenkt. Und dies alles im 8. Arrondissement, nur rund 500 Meter vom Arc de Triomphe entfernt.

An der Rue de Courcelles 48, gleich um die Ecke der russischen Kirche, ragt eine sechsstöckige, knallrote Pagode in den Pariser Himmel. Um 1900 kam der junge Chinese Ching Tsai Loo zum Studium nach Paris, begann fernöstliche Antiquitäten zu verkaufen und ließ sich von einem französischen Architekten im chinesischen Stil die »Maison Loo« bauen. Heute leitet sein Urenkel die Kunstgalerie.

Wer in der Rue de Courcelles weitergeht, auf dem Boulevard Haussmann zur Avenue de l'Opéra spaziert und links in die Rue Sainte-Anne einbiegt, befindet sich in Klein-Tokio: Restaurants mit Namen wie »Higuma« oder »Kunitoraya«, Reisebüros, die Billigflüge nach Fernost anbieten, und immer wieder Sushi-Bars. Um die Ecke, am Boulevard des Capucines 25, hat die japanische Warenhauskette Mitsukoshi eine Filiale. Das Angebot unterscheidet sich kaum von den Konsumtempeln Le Printemps oder Galeries Lafayette, aber die Kunden sind ausschließlich Japaner, die von Landsleuten bedient werden. Alles ist japanisch angeschrieben, selbst die Notausgänge und Toiletten.

In der nur wenige Meter entfernten Rue Daunou liegen zwei amerikanische Enklaven. Elvis Presley und die Blues Brothers stehen lebensgroß in Nischen auf der Höhe der ersten Etage des »The American Dream«. Der Vergnügungskomplex mit Bar, Restaurant

1 Auch das gibt es in Paris: ein Schweizer Tal. **2** In der Rue du Faubourg-Saint-Denis sind indische Immigranten zu Hause. **3** Die Rue Sainte-Anne mit ihren Sushi-Bars und japanischen Restaurants ist ein Klein-Tokio. **4** Der Kunstmäzen Albert Khan schuf einen japanischen Garten.

und Showtime wird mehrheitlich von Amerikanern in Paris besucht. Traditionsreicher gibt sich hingegen »Harry's Bar«. Der Name geht auf den schottischen Barkeeper Harry MacElhone zurück, der das Lokal 1911 als »The New York Bar« eröffnete, später den Namen änderte und Cocktails wie Bloody Mary, White Lady und Sidecar kreierte.

Zwischen der Place Charles-de-Gaulle und der Place de l'Opéra liegen bloß 2,5 Kilometer. Doch ein Bummel führt von Russland über China und Japan in die USA. Mit Metro oder Bus lässt sich sogar eine Stippvisite auf allen fünf Kontinenten unternehmen. Denn Paris ist eine kosmopolitische Stadt, in der sich Menschen aus allen Kulturkreisen niedergelassen haben.

Auf der Place du Puits-de-l'Ermite glaubt sich der Besucher nach Nordafrika versetzt, wenn er die große Moschee mit Minarett, Koranschule, Mini-Souk und dem »Café Maure« sieht. Er kann dort im spanisch-maurischen Salon oder unter Bäumen im Vorgarten sitzen, Pfefferminztee trinken, süßliches Gebäck essen und danach im angegliederten Mini-Souk stöbern. Die populäre Restaurantkette »Léon de Bruxelles« pflegt die belgische Küche und Bierkultur. Die neun Brasserien befinden sich unter anderem im Quartier Latin und auf den Champs-Élysées, ihre Spezialität sind

8

7

frische Muscheln. Im »Café Oz« fließt australisches Foster's-Bier. Kängurusteaks stehen auf der Speisenkarte und »Australian Football«-Spiele flimmern über die Fernsehschirme. In der »Bodeguita del Medio«, die dem gleichnamigen Lokal in Havanna nachempfunden ist, weht die kubanische Flagge, spielt ein Quintett Salsa und qualmt Che Guevara auf einem Schwarzweiß-Foto Zigarre. Getrunken wird vorzugsweise Mojito und gegessen Moros y Cristianos (Mauren und Christen), Reis und schwarze Bohnen.

Im Norden von Paris haben sich um die Place du Château-Rouge die Schwarzafrikaner niedergelassen. Die chinesische Gemeinde verteilt sich auf das Triangle Jaune (gelbes Dreieck) im Süden, auf Belleville und die Straßen um die Metro-Station Arts et Métiers. Die Rue Simplon ist fest in serbischer Hand, die Rue des Entrepreneurs eine iranische Exklave. Zwischen der Rue Cadet und der Rue Bleue wohnen Armenier. In der Rue du Faubourg-Saint-Denis, in der jedes zweite Geschäft Saris oder DVDs mit Bollywoodfilmen verkauft, sind Inder zu Hause.

Natürlich ist auch Europa an der Seine gut vertreten: Österreich beispielsweise mit der Avenue Mozart, in der ein »Tabac« und eine Videothek den Namen des Komponisten tragen, und der Place Rhin-et-Danube (Rhein-Donau-Platz) mit der Metro-Station Danube

1 Elvis Presley lebensgroß an der Fassade des »American Dream«. 2 Im »Café Oz« werden Kängurusteaks serviert. 3 Die US-Exklave »Harry's Bar«. 4 Die »Bodeguita del Medio« ist dem gleichnamigen Lokal in Havanna nachempfunden. 5 Der großen Moschee ist ein maurisches Café angegliedert. 6 In der Kathedrale Alexandre-Newski heiratete Picasso seine erste Frau. 7 Um die Place du Château-Rouge liegt Klein-Harlem. 8 Die Galerie der knallroten Maison Loo verkauft fernöstliche Kunst.

und der Brasserie le Danube. An der Avenue de Champaubert gruppieren sich im Schatten des Eiffelturms 150 Antiquitätenläden, die sich Village Suisse, Schweizer Dorf, nennen. Der Name erinnert an die Weltausstellung von 1900, als die Schweiz hier mit Schneebergen, Wasserfall, Chalets und Kühen ein alpines Disneyland aufgebaut hatte. Davon ist nichts übrig geblieben, einzig Innenhöfe, die Place de Lugano oder Place de Zurich heißen, dokumentieren die Vergangenheit.

Am südlichen Ende der Avenue Franklin D. Roosevelt, nur wenige Schritte von den Champs-Élysées entfernt, liegt eine weitere Merkwürdigkeit. Der verwilderte Jardin de la Vallée Suisse ist ein winziger, als Berglandschaft angelegter Park mit einem Wasserlauf, über den eine Brücke führt.

1 Der Jardin de la Vallée Suisse soll ein Schweizer Tal darstellen. **2** Im Village Suisse (Schweizer Dorf) gruppieren sich um Innenhöfe mit Namen wie Place de Zurich oder Place de Lugano 150 Antiquitätengeschäfte. **3** Ein Stück Berliner Mauer bei der RER-Station La Défense. **4** Österreich ist unter anderem mit der Avenue Mozart und einem Tabac »Le Mozart« vertreten. **5–8** Um die Place de l'Europe sind alle Straßen nach europäischen Städten benannt. **9** In der Rue Henri Heine haben deutsche Funk- und Fernsehanstalten ihre Büros.

Zeit für das kosmopolitische Paris

Deutschland an der Seine

Der Square de Berlin liegt einen Steinwurf von der Avenue des Champs-Élysées entfernt unter Bäumen schräg gegenüber der Deutschen Botschaft an der Avenue Franklin D. Roosevelt. Weiße Blumen markieren den Umriss des Berliner Bären, in goldenen Lettern steht auf einem Stück Berliner Mauer zu lesen: »Zur Erinnerung an den Fall der Berliner Mauer am 9. November 1989«. Ein zweites Mauersegment befindet sich – vier Meter lang, von Graffiti verschmiert und hinter Glas – bei der Regionalbahn-Station (RER-Station) La Défense.

Es gibt eine Rue de Lübeck, eine Rue de Magdebourg und eine Rue Henri Heine, in der deutsche Fernseh- und Funkanstalten ihren Pariser Sitz haben. Deutsche Literatur verkaufen der »Buchladen« in der Rue Burq 3 und die »Librairie Infobuch« in der Rue des Blancs-Manteaux 23. In der Cité Internationale Universitaire am Boulevard Jourdan bietet die Maison Henri Heine ein vorzügliches Kulturprogramm an, unter anderem mit einer Stadtwanderung auf den Spuren Heinrich Heines.
Allabendlich geht im »Lido« auf den Champs-Élysées zweimal, 21.30 und 23 Uhr, die neun Millionen Euro teure Show »Bonheur« über die Bühne. Deutsche Revuestars haben hier Tradition. In den 50er-Jahren waren es die Kessler-Zwillinge, in den 60ern war es Marlène Charell, ihr folgte die Kölnerin Sabine Hettlich, von Franzosen »La Ettlisch« genannt. Die vier »Fräuleinwunder« haben eines gemeinsam: Sie sind nicht nur blond und langbeinig, sondern auch mehrsprachig und hochtalentiert.

Essen und Trinken

Higuma, Rue Sainte-Anne 32 bis, Tel.: 01-47033859. Metro: Pyramides.
Kunitoraya, Rue Sainte-Anne 39, Tel.: 01-47033365. Metro: Pyramides.
The American Dream, Rue Daunou 21, Tel.: 01-42609989. Metro: Opéra.
Harry's Bar, Rue Daunou 5, Tel.: 01-42617114. Metro: Opéra.
Café Maure, Rue Geoffroy-Saint-Hilaire, Tel.: 01-43313820. Metro: Place Monge.
Au Pied de Chameau, Rue Quincampoix 20, Tel.: 01-42783500. Metro: Rambuteau.
Café Oz, Rue Saint-Denis 18, Tel.: 01-40390018. Metro: Châtelet.
La Bogeguita del Medio, Rue des Lombards, Tel.: 01-44596690. Metro: Châtelet.

旺興酒家
粿條粥麵 RESTO
串燒燒烤 WONG HENG
歡迎外賣 SOUPES VERMICELLES
BROCHETTES ROTI
PLATS A EMPORTER
TEL 01 45 84 58 07

麦当劳

壮

此家不問香火
請操長明燈
火禾爐

Asien liegt gleich um die Ecke
Supermärkte und Wohnsilos statt fotogener Exotik

Südlich der Place d'Italie leben Asiaten, Nordafrikaner, Kariben und Europäer im bunten Durcheinander. Doch Geschäfte und Restaurants sind fest in fernöstlicher Hand.

Noch vor drei Jahrzehnten verirrte sich kaum ein Paris-Besucher ins 13. Arrondissement, das zwischen Seine und Parc de Montsouris liegt. Denn wer bummelt auch schon durch ein Arbeiter- und Asylantenviertel? Dabei hat der Stadtbezirk durchaus für Schlagzeilen gesorgt. Hier entdeckten 1898 Pierre und Marie Curie das Radium, wofür sie fünf Jahre später den Nobelpreis erhielten, und René Panhard und Emile Levassor begannen 1891 als Erste serienmäßig Autos herzustellen. Damit ist Panhard die älteste Automobilmarke der Welt.

Heute fahren Sightseeingbusse durch das Arrondissement, um Touristen eine in Reiseführern gern als Chinatown, Klein-Asien, Hongkong an der Seine oder Gelbes Dreieck beschriebene Attraktion zu zeigen. Wer fotogene Exotik erwartet, wird allerdings enttäuscht sein, denn statt quirliger Straßenmärkte und pagodenähnlicher Telefonkabinen findet er Wohnsilos und Supermärkte. Das Viertel zwischen Avenue d'Ivry, Avenue de Choisy und Boulevard Masséna ist kein ethnisches Getto, vielmehr ein Nebeneinander von Chinesen, Vietnamesen, Laoten und Kambodschanern, Nordafrikanern, Tahitianern und Kariben, Bretonen und Auvergnaten, die in verschiedenen Wellen eingewandert sind. Anders als New York, San Francisco oder Boston praktiziert das kosmopolitische Paris eher Integration als Abschottung. In der Kirche Saint-Hippolyte wird beispielsweise die sonntägliche Messe auf Chinesisch und Französisch gehalten, Schüler französischer Muttersprache können zwischen Chinesisch und Englisch als erster Fremdsprache wählen.

In den frühen Siebzigerjahren des letzten Jahrhunderts beschlossen die Stadtväter, das heruntergekommene Viertel südlich der Place d'Italie zu sanieren. Ganze Straßenzüge wurden niedergerissen, um Platz zu machen für 30 Stockwerke hohe Wohnsilos mit Tiefgaragen und Fußgängerzonen auf Betonpfeilern. Dem Pilotprojekt »Les Olympiades«, dessen Türme Namen wie Athen, Oslo und Cortina tragen – alles Austragungsorte Olympischer Spiele –, folgten weitere Überbauungen. Doch die Rechnung ging nicht auf, die

1 Im Gelben Dreieck wird das Speisenangebot zweisprachig angepriesen.
2 Schwertkampfdemonstration am chinesischen Neujahrstag.
3 McDonald's auf Chinesisch. 4 In zwei Tempeln stehen Buddhastatuen, duften Räucherstäbchen und klingt Xylofonmusik vom Band.

trostlose Monotonie schreckte potenzielle Mieter ab. In den leer stehenden Wohnungen brachte die Stadt daher Immigranten und Asylanten unter. Damit war Chinatown geboren.

Die Geschäfte und Restaurants des Viertels sind fest in asiatischer Hand, Plakate und Anschläge werben für Kung-Fu-Schulen, Kalligrafie-Kurse und Auftritte asiatischer Pop-Stars. Am frühen Morgen machen sich Dutzende auf dem Square du Choisy beim Schattenboxen fit. Den ganzen Tag über plärren aus offenen Fenstern kantonesische Songs der Hongkonger Hitparade, und am Abend ertönt aus offenen Fenstern das Klicken der Mah-Jong-Steine. In zwei buddhistischen Tempeln – neben dem Restaurant »Asiapalace« in »Les Olympiades« und in der Tiefgarage der Avenue d'Ivry 70 – duften Räucherstäbchen und erklingt Harfen- und Xylofonmusik vom Band.

Auf nur 60 Hektar gibt es hier über 150 asiatische Restaurants mit Namen wie »Mer de Chine«, »Le Bambou«, »Tiem Hian«, »Nocknoî«, »Sala Thai« oder »Bangkok Thailand«. Es ist die größte Dichte an Esslokalen in ganz Paris. Dazwischen befinden sich Massagesalons und Tattoo-Studios oder kleine Läden, zuweilen mit steinernen Löwen als Türhüter, die Ginseng, Aphrodisiaka, Jacky-Chan-Videos oder chinesische Brautroben verkaufen. Reisebüros bieten

im Schaufenster Charterflüge nach Fernost an und Buchhandlungen »Tim und Struppi«-Comics auf Chinesisch.

Am Wochenende bleiben die Geschäfte von früh bis spät geöffnet, dann fährt halb Paris zum Shoppen und Schlemmen nach »Hongkong-sur-Seine«. Denn die Auswahl ist riesig und die Preise sind niedrig, besonders im Supermarché Tang Frères und im Paris Store an der Avenue d'Ivry. Auf den Regalen der Supermärkte mit Aldi-Charme stapeln sich Ananas, Durians, Litschis, Mangos, Papayas und Rambutans, Gewürznelken, Koriander, Curry und Zimt, Krabben und Karpfen, Chinesischer Kohl, hundertjährige Eier und getrocknete Tintenfische, Woks, Reisschalen und Essstäbchen, Tee im Multipack und Reis in 25-Kilo-Säcken, Fächer, Rattanmöbel und Buddhastatuen jeglicher Größe. Dieses ungewöhnliche Angebot lockt immer mehr auch Touristen an.

Nur am Chinesischen Neujahr wird Chinatown seinem Namen wirklich gerecht. Dann duften überall Räucherstäbchen, detonieren Knallkörper und tanzen Löwen. Die Geschäfte bleiben geschlossen und der Verkehr bricht zusammen. Die Bewohner tauschen Geschenke aus und wünschen sich auf Kantonesisch »Gung Heh Fat Tschoi« oder auf Mandarin »Gung Chi Fa Tsai« – Glück und Wohlstand im neuen Jahr.

Zeit für Chinatown

Übernachten

Hôtel Chinagora, Place du confluent France-Chine, 94140 Alfortville Paris Est, Tel.: 01-43535888, Internet: www.chinagora.fr, Metro: Ecole Vétérinaire de Maisons-Alfort.

Der Gebäudekomplex im Osten von Paris, wo die Marne in die Seine mündet, ist eine asiatische Exklave. Direkt am Wasser steht das 3-Sterne-Hotel Chinagora mit 187 Zimmern unter pagodenartigen Dächern. Es wurde 1992 von chinesischen Investoren finanziert, von einem kantonesischen Architekten im traditionellen Stil geplant und steht unter Leitung von in Paris lebenden Chinesen. Der Gast fühlt sich denn auch, weit stärker als im 13. Arrondissement, in den Fernen Osten versetzt. Im Restaurant werden Gerichte der kantonesischen und nordchinesischen Küche serviert, im Supermarché chinesische Produkte angeboten. Es gibt mehrere Bars, elf Karaoke-Lokalitäten und einen »Jardin des neuf Dragons« (Garten der neun Drachen). Die Linie 8 der Metro fährt direkt in die sechs Kilometer entfernte City.

Hôtel Rotary, Rue de Vintimille 4 (9. Arrondissement), Tel.: 01-48742639, Internet: www.hotel-rotary.fr, Metro: Clichy.

In der Nachbarschaft von Place Pigalle und Moulin Rouge, nur drei Gehminuten von der Metro-Station Clichy entfernt, befindet sich das exzentrische Hôtel Rotary. Die 16 Zimmer auf sechs Stockwerken sind alle unterschiedlich dekoriert: mal chinesisch (Nummer 5), mal holzgetäfelt wie ein Schweizer Chalet (Nummer 16) oder mit einer Nymphenstatue vor einer Spiegelwand (Nummer 16). Das mag kitschig sein, aber vielen gefällt es, nicht zuletzt wegen der günstigen Übernachtungspreise ab 42 Euro. Allerdings gibt es keinen Lift, Kreditkarten werden nicht akzeptiert und die Toiletten befinden sich im Korridor.

Sehenswertes

Musée national des Arts asiatiques-Guimet, Place d'Iéna 6, Tel.: 01-56525300, Internet: www.museeguimet.fr, Metro: Iéna.

Wer sich für Chinas Kultur und Kunst interessiert, sollte unbedingt das Musée national des Arts asiatiques-Guimet besuchen. Mit 45 000 Objekten ist es die größte Sammlung asiatischer Kunst außerhalb Asiens.

1 Zum Chinesischen Neujahrsfest knallen Kracher, tanzen Drachen und Löwen. 2 Statt fotogener Exotik 30 Stockwerke hohe Wohntürme. 3 In den Regalen der Supermärkte stapeln sich fernöstliche Spezialitäten. 4 Morgendliches Schattenboxen. 5 »Chinesisches« Zimmer im Hôtel Rotary.

Von Schleuse zu Schleuse
Eine Kreuzfahrt auf dem Canal Saint-Martin

Links und rechts des Canal Saint-Martin präsentiert sich Paris teilweise heute noch wie auf Fotos von Robert Doisneau oder in Chansons von Yves Montand.

Rotlicht flackert, Glocken klingeln. Zwei rot-weiße Schranken gehen nieder, dahinter stauen sich auf der Rue de la Grange-aux-Belles Autokolonnen. Langsam dreht sich die Brücke über den Canal Saint-Martin, um einen Frachtkahn vorbeituckern zu lassen. Und dies mitten in Paris, im volkstümlichen 10. Arrondissement zwischen Gare du Nord und Place de la République. Hier findet der Besucher ein Stück Paris, das an vergangene Zeiten erinnert – besonders an einem Sonntagnachmittag, wenn die Quais autofrei sind und das ganze Viertel entlang der Wasserstraße flaniert. Dennoch ist der 4,5 Kilometer lange und bis 27 Meter breite Kanal des heiligen Martin bei Paris-Besuchern weitgehend unbekannt.
Gesäumt von Platanen, Pappeln und Kastanienbäumen beginnt der Kanal bei der Cité des Sciences et de l'Industrie von La Villette, fließt in Form eines lang gezogenen »S« in südliche Richtung, um dann nach neun Schleusen, zwei Tunneln, einer Hebebrücke und zwei Drehbrücken unweit der Bastille-Oper in die Seine zu münden. An seinem Ufer halten Fischer die Angel ins Wasser, sitzen Liebespärchen, spielen Kinder, traben Jogger oder lesen Rentner die Stadtteilzeitung »La Gazette du Canal«. Vor den Bistros und Brasserien genießen Männer in Arbeitskleidung ihren Pastis oder »un p'tit bock«, ein kleines Bier – das ist die beschauliche Welt des Canal Saint-Martin.
Der vom Ersten Konsul Napoleon Bonaparte geplante, aber erst 1825 von König Karl X. eingeweihte Kanal sollte ursprünglich zwei Aufgaben erfüllen: einerseits die Frachtkähne aus dem Stadtzentrum verbannen und andererseits die Wasserversorgung der Hauptstadt sicherstellen. Pikant ist die Finanzierung des Bauwerks: Um der Bevölkerung sauberes Wasser zu garantieren, wurde eine Weinsteuer erhoben. Baron Haussmann, der drei Jahrzehnte später Paris ein neues Gesicht gab, betrachtete den Kanal jedoch als strategisches Hindernis im Fall eines Aufstands der Arbeiterschaft im Osten der Stadt. Daher ließ er ihn auf einer Länge von knapp zwei Kilometern unterirdisch verlegen, um Schussfeld für Kanonen und Aufmarschrouten für die Kavallerie zu

1 Binnenkreuzfahrt auf dem Canal Saint-Martin im Pariser Osten.
2/3 Am Ufer sitzen Fischer und Pärchen. **4** Der 4,5 Kilometer lange, bis 27 Meter breite Kanal des heiligen Martin fließt als lang gezogenes »S« von der Place de la Bataille-de-Stalingrad in die Seine.

schaffen. So entstand der Boulevard Richard-Lenoir mit Spring-brunnen und Grünanlagen, in dem Boule-Spieler vergnüglich ihre Kugeln werfen.

Bis in die Mitte des 20. Jahrhunderts blieb der Canal Saint-Martin eine viel befahrene Wasserstraße. Die Kähne, die einen ganzen Tag brauchten, um mit handbetriebenen Schleusen die 26 Meter Höhenunterschied zu überwinden, transportierten aus dem Süden Wein, Salz und Zucker, aus dem Norden Kohle, Baumaterial und Getreide sowie aus beiden Richtungen Vieh für die Schlachthöfe von La Villette. Am Ufer siedelten sich Fabriken und Kleingewerbe an. Es wurden Lagerhallen gebaut, und Hausfrauen wuschen ihre Wäsche im Kanalwasser. Es war eine verrufene, von anständigen Bürgern gemiedene Gegend, die aber Schriftsteller inspirierte. Léo Malet schrieb in seinem Krimi »Wie steht mir Tod?« von 1956: »Ich kenne keine günstigere Stelle in Paris für eine böse Überraschung. Man muss sich nur wundern, warum hier nicht öfter was passiert. Ein kleiner Schubs, und der, den man loswerden will, fällt in die Brühe.« Und Georges Simenon in »Maigret und die kopflose Lei-che« (1955): »Aber es geschah auch, dass ein alter Clochard, der zu viel getrunken hatte, in den Kanal fiel.« Manchmal war es auch ein alkoholisierter Autofahrer.

Nachdem sich der Transport auf Schiene und Straße verlagert hatte, schienen die Tage des Kanals gezählt; 1964 beschloss der Pariser Stadtrat einstimmig, dass er einer achtspurigen Autobahn weichen müsse. Proteststürme brachen daraufhin los. Vier Jahre danach hoben die städtischen Abgeordneten ihren Beschluss ohne Gegenstimme wieder auf. Heute verkehrt täglich nur noch eine Handvoll Kähne auf dem Kanal, dafür fahren immer mehr Hausboote, Privatjachten und Ausflugsschiffe von Schleuse zu Schleuse durch Frankreichs Hauptstadt. Gleichzeitig machen sich am Ufer trendige Boutiquen, Restaurants und Kunstgalerien breit, und die Lofts in den ehemaligen Lagerhäusern sind begehrt.

Im Bassin de la Villette, dem einst betriebsamen Binnenhafen, wo die Kanäle Saint-Denis und de l'Ourcq zusammenfließen, liegt »Le Canotier« an der Pier. Das Ausflugsschiff, das täglich Mini-Kreuz-fahrten auf dem Canal Saint-Martin unternimmt, legt ab, gleitet kanalabwärts, manövriert in eine erste Schleuse und fährt unter der Place de Stalingrad durch. Der Reiseleiter greift zum Mikrofon, erzählt, dass einst Trotzki und Deng Xiaoping im Viertel vorüber-gehend Unterschlupf fanden. Dass der Kanal alle sieben bis acht Jahre entwässert und gesäubert wird, wobei die seltsamsten Dinge ans Tageslicht kommen: Bettgestelle, Fernseher, Fahrräder und

1 Mit neun Schleusen überwindet der Kanal einen Höhenunterschied von 26 Metern. **2** Alle paar Hundert Meter führt ein Übergang über die von Platanen und Pappeln gesäumte künstliche Wasserstraße. **3** An der Rue de la Grange-aux-Belles ermöglicht eine Drehbrücke den Schiffen die Durchfahrt. **4/5** Wenn am Sonntagnachmittag die Uferstraßen autofrei sind, wird gebummelt, geradelt und gezecht.

1970 auch Geldscheine im Wert von drei Millionen Francs, die sich jedoch als Fälschungen erwiesen. Die Passagiere, denen über Bordlautsprecher »vier Kilometer reine Poesie« versprochen wurden, sind anfänglich frustriert, wenn sie links und rechts verlotterte Fabriken und gesichtslose Neubauten sehen. Die Szenerie ändert sich aber bei der nächsten Doppelschleuse, der Ecluses des morts, die ihren Namen von der Straße hat, die einst zum nahen protestantischen Friedhof führte. Jetzt säumen Häuser aus der Jahrhundertwende mit Innenhöfen und Durchgängen, Lagerhallen und Handwerksbetrieben sowohl den westlichen Quai de Valmy als auch den östlichen Quai Jemmapes. Alle paar Hundert Meter führen Fußgängerbrücken über den Kanal, sogar der einstige Treidlerpfad, auf welchem einst die Schiffe von Hand gezogen wurden, besteht noch.

1 Auch Motorjachten passieren den Kanal. **2** Zweimal führt die Bootsfahrt durch einen Tunnel. **3/4** Das Hôtel du Nord aus dem gleichnamigen Kinoklassiker ist heute ein Wohnhaus mit Restaurant. **5** Vor dem Hôtel du Nord sagt Arletty zu Louis Jouvet die berühmtesten Worte der französischen Filmgeschichte: »Atmosphère, Atmosphère!«

Das Haus an der Ecke Rue de l'Hôpital Saint-Louis / Quai de Jemmapes ist sogar in die Kriminalgeschichte eingegangen. Zwei Jahre lang fahndete die Polizei nach dem Dieb, der 1911 im Louvre-Museum Leonardo da Vincis weltberühmte »Mona Lisa« gestohlen hatte. Ein Hinweis des Konservators eines italienischen Museums, dem das Meisterwerk zum Kauf angeboten wurde, brachte die Polizei dann auf die richtige Fährte. Im Dezember 1913 wurde es in der Wohnung von Vincenzo Peruggia am linken Ufer des Canal Saint-Martin gefunden, die Zeitungen schrieben damals vom Kunstraub des Jahrhunderts (mehr darüber auf Seite 139: »Der Canal Saint Martin«).

500 Meter weiter kommt nach einer weiten Linkskurve die Ecluse des récollets, die romantischste und daher auch meistfotografierte Schleuse, in Sicht. Während das Wasser aus der geschlossenen Kammer rauscht und das Boot Zentimeter um Zentimeter absinkt, zeigt der Reiseleiter auf ein unscheinbares, nur drei Fenster breites Gebäude: »Und hier das berühmte »Hôtel du Nord«. Der gleichnamige Roman von Eugène Dabit aus dem Jahr 1929 war ein Bestseller, die Verfilmung genießt in Frankreich Kultstatus.
Das Schleusentor öffnet sich, »Le Canotier« fährt an der Drehbrücke vorbei, passiert die nächste Doppelschleuse und verschwindet im Tunnel, der unter dem Boulevard Richard-Lenoir, der Place de la Bastille und dem Fundament der Juli-Säule durchführt. Gebündeltes Licht, das durch runde Öffnungen in der Decke eindringt, erhellt alle 50 Meter die Tunneldüsternis. Eine letzte Schleuse, dann fließt der Canal Saint-Martin in die Seine. Über die Fahrt schreibt Eugène Dabit: »Ich bin ein alter Pariser. Aber sehen Sie, diese Ecke hier habe ich nicht gekannt.«

Zeit für den Canal Saint-Martin

Das Hôtel du Nord

Der Roman »Hôtel du Nord«, 1929 von Eugène Dabit, dem Sohn des Hotelbesitzers, verfasst und noch im gleichen Jahr mit einem Literaturpreis ausgezeichnet, erzählt nicht nur von Liebesfreud und Liebesleid seiner Gäste, sondern porträtiert auch *les petites gens*, die Fabrikarbeiter, Zimmerleute, Maurer, Handlanger, Taxifahrer und Schleusenwärter, die am Canal Saint-Martin wohnten. Der gleichnamige melodramatische Film, den Marcel Carné 1938 drehte und der längst ein Klassiker ist, setzte die Atmosphäre der Hotelchronik in poetische Schwarzweißbilder um. Auf der Fußgängerbrücke, unmittelbar vor dem Hoteleingang stehend, stritten sich die Hauptdarsteller Louis Jouvet und Arletty, sprach Letztere die berühmtesten zwei Worte der französischen Filmgeschichte: »Atmosphère, Atmosphère!« (Atmosphäre, Atmosphäre) – eine Replik, die zum geflügelten Wort wurde. Nicht nur unter Cineasten ist das Hôtel du Nord berühmter als Pariser Nobelherbergen wie »Ritz« oder »Crillon«.

5

Dabei vergessen sie ganz, dass der Film mit Ausnahme einiger weniger Einstellungen nicht vor Ort, sondern auf dem Studiogelände von Billancourt gedreht wurde. Der geniale Filmarchitekt Alexandre Tauner, der später auch für Billy Wilders »Irma la Douce« ein Stück Paris im Atelier schuf, ließ einen Teil des Kanals mit Schleusen, Fußgängerbrücken, Häusern und Bäumen detailgetreu nachbauen. Es ist der wohl einmalige Fall, dass eine belanglose Fassade unter Denkmalschutz steht, nur weil sie an einen Leinwandklassiker erinnert, der woanders gedreht wurde.

Doch das Hotel ist längst kein Hotel mehr. Statt Gästen, die für ihre schäbigen Zimmer in der Woche fünf Francs bezahlten, bewohnen jetzt betuchte Mieter teure Luxusappartements. James Arch, ein Gastwirt, der zur Fangemeinde des Kultstreifens gehört, fand dies pietätlos. Er rekonstruierte die Bar im Erdgeschoss und schuf ein Restaurant im Retro-Stil, in das sich gelegentlich auch Touristen auf der Suche nach Film-Nostalgie verirren.

Bootsfahrten

Kanalfahrten führen Paris Canal (Tel.: 01-42409697, Internet: www.pariscanal.com) und Canauxrama (Tel.: 01-42391506, Internet: www.canauxrama.com) durch. Die Schiffe verkehren zwischen Musée d'Orsay beziehungsweise Port de l'Arsénal und dem Bassin de la Villette.

Retro-Chic an der Seine
Shoppen in Passagen unter gläsernen Kuppeln

Im Paris des 19. Jahrhunderts waren *passages couverts* (gedeckte Passagen) der letzte Schrei. Von den Warenhäusern verdrängt, gerieten sie jedoch in Vergessenheit und sind jetzt wieder in Mode gekommen.

Die gedeckten mehrstöckigen Passagen mit Glasdach sind eine Pariser Erfindung des ausgehenden 18. Jahrhunderts. Es sind von Läden gesäumte Fußgängerzonen, die – im Sommer kühl, im Winter warm, bei Regen Schutz bietend und abends beleuchtet – zwei Straßen miteinander verbinden. Zwischen der Französischen Revolution und dem Zweiten Kaiserreich (1852–1870) entstanden über 150 dieser Shopping-Malls des vorletzten Jahrhunderts, deren obere Etagen teilweise bewohnt waren. »In ihrer Ausstattung tritt die Kunst in den Dienst des Kaufmanns. Die Zeitgenossen werden nicht müde, sie zu bewundern«, schrieb der deutsche Autor und Philosoph Walter Benjamin in seinem unvollendet gebliebenen »Passagen-Werk«, an dem er seit 1927 arbeitete.

Mit ihren Spiegeln, Marmorböden, Stuckverzierungen und verglasten Kuppeln galten die Passagen als Nonplusultra des Luxus. Hier flanierten Aristokraten, Bürger, Dandys, Filous, junge Mädchen und Kokotten, wurde debattiert und intrigiert, gefeilscht und geflirtet. »Tout Paris« traf sich in den Cafés und Restaurants, kaufte in den Läden und Boutiquen ein, besuchte Spiel- und Lesesalons oder amüsierte sich in Theatern und Tanzlokalen. Die Pariser frequentierten auch gern die öffentlichen Toiletten, damals eine Novität, und die öffentlichen Bäder – noch unter Kaiser Napoleon III. standen in den Wohnungen der Millionenstadt Paris nur ganze 600 Badewannen. Europa war von den gedeckten Passagen begeistert und baute sie nach: in Berlin die später im Zweiten Weltkrieg zerstörte Kaiserpassage, in Mailand die Galleria Vittoria Emanuele II, in Brüssel die Passage du Nord, in Moskau das Kaufhaus GUM und in London unter anderem die Burlington Arcade.

Nach 1860 liefen in Paris Warenhäuser wie »Au Bon Marché« und »La Belle Jardinière« den gedeckten Passagen den Rang ab. Sie verfielen, wurden geschlossen und als Garagen zweckentfremdet oder abgerissen. Emile Zola pries 1883 in »Das Paradies der Damen« den Glamour der neuen Konsumtempel: »Je höher die

1 Reich dekorierte Wände und formschöne Lampen prägen die Galerie Vivienne. **2** In der Passage Jouffroy ist die Galerie 34 auf ausgefallene Spazierstöcke spezialisiert. **3** Die Passage du Caire verkauft Perücken und Schaufensterpuppen an Wiederverkäufer. **4** Die Galerie Véro-Dodat hat sich seit ihrer Eröffnung 1826 kaum verändert.

Stockwerke emporstiegen, umso leuchtendere Farben glühten auf. Der Fries des Erdgeschosses, der sich endlos rings um den ganzen Koloss hinzog, zeigte Mosaiken, ein Gewinde roter und blauer Blumen, in regelmäßigen Abständen von Marmorplatten unterbrochen. (...) Vor allem bestaunten die Neugierigen den Haupteingang, der, hoch wie ein Triumphbogen, ebenfalls verschwenderisch mit Mosaiken, Fayencen, Terrakotten verziert war und von einer allegorischen Figur überragt wurde.«

Erst vor drei Jahrzehnten begann schließlich Paris den Retro-Chic der *passages couverts* neu zu entdecken. Eine Handvoll wurde renoviert und erhielt den einstigen Glanz zurück. Fast gleichzeitig entstanden in Hamburg und Stuttgart nach alten Vorbildern neue Passagen als »Alternative zur Fußgängerstraße in der verkehrsdurchfluteten Stadt«, so der Architekturkritiker Manfred Sack.

Am Boulevard Montmartre liegen sich gleich drei Passagen gegenüber. In seinem 1880 erschienenen Roman »Nana« beschrieb Emile Zola 1880 das »bunte Farbengemisch der Auslagen, das Gold der Juweliere, die Kristallsachen der Konditoreien, die hellen Seiden der Putzmacherinnen« in der 1799 eröffneten Passage des Panoramas. Die Luxusläden von einst sind allerdings längst verschwunden. Sie wurden verdrängt von Geschäften für Antiquitätenliebhaber und Briefmarkensammler, von Kneipen und dem Restaurant »Victoria Station«, wo die Gäste in einem Eisenbahnwagen Jahrgang 1900 des Luxuszuges Paris–Nizza Platz nehmen. Geblieben ist der Graveur Stern, der seit 1830 in einem holzgetäfelten Kontor Visitenkarten, Briefköpfe und Geburtsanzeigen druckt. Zu seinen Kunden gehörten gekrönte Häupter und Staatschefs von Lenin bis General de Gaulle. Geblieben ist auch der Bühneneingang des »Théâtre des Variétés«, dessen Besitzer einst Jacques Offenbach war und das heute dem Filmschauspieler Jean-Paul Belmondo gehört.

Auf der anderen Straßenseite beginnt die Passage Jouffroy. Hier hat Gioacchino Rossini 1829 die Oper »Wilhelm Tell« komponiert, verkauft »La boîte à Joujoux« Blechspielzeuge und Puppenstuben und die »Galerie 34« ausgefallene Spazierstöcke. Mal ist der Handgriff ein geschnitzter Frauenakt, mal ein Indianerkopf oder eine Hühnerkralle, einige Exemplare haben sogar ein Geheimfach für Tabak, Alkohol oder Kleingeld. In der Buchhandlung »Cinédoc« finden Kinofreaks von Drehbüchern über Standfotos bis zu Plakaten so ziemlich alles, was das Herz begehrt. Ein Nebeneingang führt

1 Emile Zola hat die Passage des Panoramas in seinem Roman »Nana« beschrieben. **2** Die Buchhandlung in der Passage Jouffroy lädt zum Schmökern ein. **3** Die Passage du Cerf wurde aufwendig renoviert. **4** Die Passage des Panoramas besteht seit 1799. **5** Der Name Passage du Caire soll an Napoleons Ägyptenfeldzug erinnern. **6** Eingang zur Passage Véro-Dodat. **7** Warten auf Kunden in der Passage Véro-Dodat.

ins angrenzende Wachsfigurenkabinett des Musée Grévin. Überquert man eine Gasse, gelangt man in die ruhige Passage Verdeau. Während die einen dort vorgestrige Plattenkameras bestaunen, schmökern andere in antiquarischen Büchern.

In der Passage Brady zwischen Rue du Faubourg Saint-Denis und Boulevard Sébastopol duftet es nach Curry und es liegen Zeitungen aus Delhi und Karatschi aus. Poster indischer Filmstars sind zu sehen und die Restaurants heißen »Shalimar« oder »La Rose du Kashmir« – eine indisch-pakistanische Exklave mitten in Paris.

Vier Straßen entfernt beginnt die Passage du Caire (Kairo-Passage). Wer einen arabischen Souk auf französischem Boden erwartet, wird enttäuscht sein. Die 1798 eröffnete und damit älteste noch bestehende Passage präsentiert sich schmucklos. In

1 Das Restaurant »Le Grand Colbert« in der Galerie Colbert steht unter Denkmalschutz. 2 Die Galerie Colbert prunkt mit Marmor und Säulen. 3 Nachmittagstee in der Galerie Vivienne. 4 Die Weinhandlung Legrand verkauft in der Galerie Vivienne önologische Raritäten. 5 Hôtel Chopin in der Passage Jouffroy. 6 Zimmer im Hôtel Chopin.

den engen Gängen stehen teils bekleidete, teils nackte Schaufensterpuppen. In den Schaufenstern hängen, stehen oder liegen lieblos angeordnete Perücken, Pullover, Gürtel, Hüte und Reizwäsche. Das Angebot richtet sich ausschließlich an Wiederverkäufer, andere Besucher sind eher selten.

Kurios ist die Fassade an der Place du Caire mit einem pseudo-ägyptischen Bilderfries und drei Büsten der altägyptischen Göttin Hathor. Sie erinnern wie der Name Passage du Caire an Napoleons Ägyptenfeldzug und den Einmarsch der französischen Armee in Kairo Ende des 18. Jahrhunderts.

Im Umkreis des Palais-Royal befinden sich gleich vier gedeckte Passagen. Die populäre Passage Choiseul beherbergt Bars, Schnellimbisse und Prêt-à-porter-Läden. Jacques Offenbach hat hier auf der Bühne des »Théâtre des Bouffes-Parisiens« mit der Operette »Orpheus in der Unterwelt« das Zweite Kaiserreich durch den Kakao gezogen und die Olympier Cancan tanzen lassen. Hier wuchs Louis-Ferdinand Destouches (1894–1961) auf, der sich als Schriftsteller »Céline« nannte. Seine Romane »Tod auf Kredit« und »Reise ans Ende Nacht« porträtieren die Passage Choiseul, allerdings unter einem anderen Namen: »In der Passage des Beresinas kannte sich alles von Laden zu Laden wie in einer richtigen kleinen Provinzstadt, war man doch seit Jahren zwischen zwei Pariser Straßen zusammengepfercht.«

Die Zwillingsgalerien Vivienne und Galerie Colbert – in den Zwanzigerjahren des 19. Jahrhunderts wurde das Wort »Passage« durch »Galerie« ersetzt – prunken mit Marmor, Säulen und Kuppeln. Aufwendig renoviert, sind sie heute die schönsten und elegantesten Pariser Passagen. In der Galerie Vivienne verkauft der Modeschöpfer Jean-Paul Gaultier seine exzentrischen Kreationen und die 1880 gegründete Weinhandlung Legrand önologische Raritäten.

Es gibt einen Salon de thé, ein Bistro und ein Restaurant. In der Galerie Colbert serviert die Brasserie »Le Grand Colbert« seit 1830 Bier vom Fass. Wie einst bestaunt man die Opulenz der Galerie Colbert, verbleibt aber danach doch lieber in der belebten Galerie Vivienne. Die benachbarte, von zwei Fleischern finanzierte Galerie Véro-Dodat hat sich seit der Eröffnung im Jahr 1826 kaum verändert: eine luxuriöse Schaufensterstraße mit einem Café und einem Restaurant, überreich geschmückt mit Spiegeln, Fresken, Medaillons und Täfelungen aus Akazienholz. Die Galerie wirkt etwas düster, besitzt jedoch nostalgisches Flair.

Wer durch die Passagen flaniert, entdeckt ein Stück Paris von einst. Doch das pralle Leben, das in früherer Zeit Emile Zola, Honoré de Balzac, Louis-Ferdinand Céline oder Walter Benjamin inspiriert hat, sucht er heute vergebens.

Zeit für die Passagen

Unterkunft

Hôtel Vivienne, Rue Vivienne 40 (2. Arrondissement),
Tel.: 01- 42331326, Internet: www.hotel-vivienne.com,
Metro: Grands Boulevards.
Das 2-Sterne-Hotel Vivienne befindet sich in der Rue Vivienne,
einer Seitenstraße des Boulevard Montmartre, und ist für Passagen-
Bummler ideal gelegen: Die Passage des Panoramas und die Passage
Jouffroy sind wenige Meter entfernt, die Galerien Vivienne und Col-
bert befinden sich in derselben Straße. Das Hotel hat 44 Zimmer,
darunter auch Nichtraucherzimmer, und im sechsten Stock drei
Mansardenzimmer mit Balkon.

Hôtel Chopin, Boulevard Montmartre 10 (2. Arrondissement),
Tel.: 01-47705810, Internet: www.hotelchopin.fr,
Metro: Grands Boulevards.

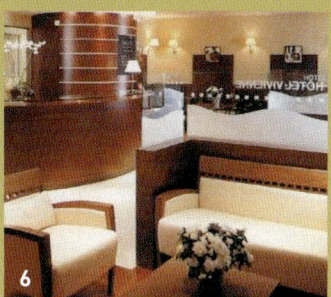

Das 2-Sterne-Hotel mit dem
Namen des polnischen Kom-
ponisten und Pianisten liegt
in der Passage Jouffroy. Da die
Passage nachts geschlossen
bleibt und keines der 36 Zimmer zum betriebsamen Boulevard Montmartre hinausgeht,
ist ein ruhiger Schlaf garantiert. Besonders beliebt sind
die Zimmer mit Blick auf das
Glasdach der Passage.

Die schönsten »passages couverts« am Boulevard Montmartre:

Passage des Panoramas: Boulevard Montmartre 11,
Rue Saint-Marc 10, Metro: Richelieu-Drouot;
Passage Jouffroy: Boulevard Montmartre 10,
Rue de la Grange-Batelière 9, Metro: Richelieu-Drouot;
Passage Verdeau: Rue du Faubourg-Montmartre 31bis,
Rue de la Grange-Batelière 6, Metro: Richelieu-Drouot;

um das Palais-Royal:

Passage Choiseul: Rue des Petits-Champs 44,
Rue Saint-Augustin 23, Rue de la Banque 5,
Metro: Quatre-Septembre.
Galerie Vivienne: Rue des Petits-Champs 4,
Rue de la Banque 5, Rue Vivienne 6, Metro: Bourse.
Galerie Colbert: Rue des Petits-Champs 6, Rue Vivienne 4,
Metro: Bourse;
Galerie Véro-Dodat: Rue Jean-Jacques-Rousseau 19,
Rue du Bouloi 2, Metro: Louvre;

bei Rue Saint-Denis/Rue du Faubourg-Saint-Denis:

Passage Brady: Rue du Faubourg-Saint-Denis 46,
Boulevard Sébastopol 33, Rue du Faubourg-Saint-Martin 43,
Metro: Château-d'Eau;
Passage du Caire: Place du Caire 2, Rue d'Alexandrie 33,
Rue du Caire 44, Rue Saint-Denis 273, Metro: Sentier.

Grüne Inseln im Häusermeer
Paris besitzt 400 Parks, Gärten und Grünanlagen

Frankreichs Kapitale ist nicht nur die Stadt der Museen und Monumente, der Palais und Plätze. Sie hat auch über 400 Parks, Gärten und Grünanlagen, die eine Gesamtfläche von 30 Quadratkilometern bedecken.

Keine Pariser Sehenswürdigkeit liegt weiter als 500 Meter von einer Metro-Station entfernt. Und kaum jemand muss mehr als 500 Meter von seiner Wohnung bis zur nächsten Grünanlage zurücklegen. Die städtische Direktion der *Parcs, Jardins et Espaces verts* (Parks, Gärten und Grünanlagen) beschäftigt denn auch Hunderte von Gärtnern, die sich unter anderem auch um drei Friedhöfe kümmern. Paris nennt sich daher gern *une capitale verte*, eine grüne Hauptstadt.

Parks haben in Frankreichs Metropole eine jahrhundertealte Tradition. Vor der Revolution waren geometrisch strukturierte Anlagen »à la française« mit schnurgeraden Alleen und Wasserläufen, zurechtgestutzten Hecken und plätschernden Springbrunnen in Mode. Im Park von Schloss Versailles und im Tuileriengarten amüsierten sich König und Adelige. Es wurden rauschende Feste mit Musik, Feuerwerk und Wasserspielen gefeiert. Der 1564 angelegte Jardin des Tuileries ist nicht nur der älteste, sondern auch der geschichtsträchtigste Pariser Park. Hier wurde 1792 die Schweizergarde von König Ludwig XVI. niedergemetzelt, 1794 ein Monument für den Atheismus aufgestellt – und 1898 fand Frankreichs erster Autosalon statt. Der Gartenarchitekt André Le Nôtre, dessen Büste beim achteckigen Bassin steht, hat den Park entworfen: eine streng symmetrische Anlage beiderseits einer zentralen Allee, die dem Besucher mit den Champs-Élysées als Verlängerung einen herrlichen Blick bietet. Zahlreiche Statuen – teils Originale, teils Kopien – von Künstlern wie Auguste Rodin, Alberto Giacometti und Henry Moore machen den Jardin des Tuileries zu einem Freilichtmuseum.

Im Sommer gibt sich der einst königliche Park für zwei Monate ganz volkstümlich. Dann ist Jahrmarkt mit Karussells, Riesenrad, Kletterwand, Geisterbahn und Würstchenbuden.

Im Jardin du Luxembourg trifft sich am Wochenende das halbe Quartier Latin. Man flaniert, sonnt sich, spielt Schach, wirft Boulekugeln oder spielt Tennis. Auf den weiten Rasenflächen flirten

1 Hochzeitsparty im Jardin du Luxembourg. **2** Relaxen im Parc Monceau. **3** Der Dichter Rainer Maria Rilke hat dem Karussell im Jardin du Luxembourg ein Gedicht gewidmet. **4** Blick von der Tour Montparnasse auf den Jardin du Luxembourg.

Pärchen und feiern Hochzeitsgesellschaften. Kinder reiten auf Ponys, lassen im großen Bassin kleine Boote segeln oder fahren Karussell auf dem Rücken von Kamelen, Giraffen und Hirschen. Charles Garnier (1825–1898), der Architekt der Opéra Garnier, hat es entworfen und Rainer Maria Rilke 1906 in seinem Gedicht »Das Karussell« beschrieben. Die berühmte Zeile »Und dann und wann ein weißer Elefant« bedarf heute allerdings einer Korrektur – der Elefant ist grau.

Im Zweiten Kaiserreich (1852–1870) ließ Kaiser Napoleon III. »zur Entspannung und Erholung aller Familien, ob reich oder arm« zahlreiche Parks, Gärten und »Squares« (Grünanlagen) anlegen. Seither sind die einst königlichen Jagdgebiete Bois de Boulogne im Westen und Bois de Vincennes im Osten, beide einst außerhalb der Stadtmauern gelegen, beliebte Ziele für Sonntagsausflüge der Pariser Bevölkerung. In nur 15 Jahren wurden unter Napoleon 36 Grünzonen umgestaltet oder neu angelegt. Zu den schönsten gehören der Parc Monceau und der Parc des Buttes-Chaumont. Es sind Landschaftsgärten »à l'anglaise«, die die Natur nicht vergewaltigten, sondern durch gestalterische Eingriffe idealisieren. Hier steht kein Hügel, kein Baum, kein Strauch zufällig, vielmehr ist alles effektvoll zu einer Kunstlandschaft arrangiert.

Der auf drei Seiten von herrschaftlichen Häusern umgebene Parc Monceau gehörte zu Kurt Tucholskys (1890–1935) Favoriten: »Hier ist es hübsch/Hier kann ich ruhig träumen/Hier bin ich Mensch/Und nicht nur Zivilist.« Er liegt zentral im noblen 8. Arrondissement und befand sich einst im Privatbesitz der Herzöge von Chartres. Man betritt ihn durch vier mächtige eiserne Eingangsportale. Geschwungene Wege führen an einer ägyptischen Pyramide und künstlichen Ruinen, weiten Rasenflächen und bunten Blumenbeeten vorbei. Hundertjährige Bäume ragen bis 35 Meter in den Himmel, Statuen stellen Chopin, Gounod und Maupassant dar. Unter der Woche ist der Park ein Ort der Ruhe, an Wochenenden ist er aber überfüllt. Doch das Treiben bleibt überraschend gesittet. Wie bei allen städtischen Grünanlagen schreibt ein vom Bürgermeister unterschriebenes, gut sichtbares Reglement dem Parkbesucher vor: »dezente Kleidung«, »Radio nur mit Kopfhörer«, »Alkohol erlaubt, wenn vor Ort gekauft«.

In Louis Aragons »Der Bauer in Paris« aus dem Jahr 1926 überschreibt der französische Schriftsteller ein Kapitel mit »Das Naturgefühl auf den Buttes-Chaumont«, schwärmt von einem »legendären Paradies« und liefert eine Beschreibung, die sich wie ein Reiseführer liest. In der zweiten Hälfte des 19. Jahrhunderts

1 Ein Sonntag im Jardin du Luxembourg. **2** Frühling im Parc Monceau. **3/4** Der Parc des Buttes-Chaumont ist ein Landschaftsgarten mit Liegewiesen und gewundenen Wegen, einem eigens angelegten See und einem 50 Meter hohen künstlichen Berg mit einem Aussichtspavillon. **5** Der Square du Vert-Galant liegt auf der Westspitze der Île de la Cité.

schufteten im Osten von Paris rund tausend Arbeiter während drei Jahren, um aus einer längst aufgegebenen Kalkgrube einen Landschaftsgarten zu machen. Sie zündeten Tonnen von Dynamit und transportierten auf eigens verlegten Gleisen 200 000 Kubikmeter Erde herbei. 1867 war aus den Buttes-Chaumont (kahle Hügel) die Gebirgslandschaft des Parc des Buttes-Chaumont geworden mit Wasserfall und Grotte, sanft abfallenden Liegewiesen und verschlungenen Wegen, die auf und ab führen. Auf der Insel im eigens angelegten See ragt, über eine Brücke zu erreichen, ein 50 Meter hoher künstlicher Berg hoch, auf dessen Gipfel ein Belvedere steht. Das Schönste am Parc Buttes-Chaumont bleibt jedoch der Blick auf das Häusermeer der französischen Hauptstadt, die sich wie auf einer dreidimensionalen Postkarte präsentiert.

Die »Squares« waren anfänglich eine Notlösung. Als Baron Haussmann im 19. Jahrhundert seine Schneisen durch das alte Paris

1 Triumph des rechten Winkels im Parc de Bercy. 2 Der Square des Batignolles ist verträumt. 3 Im von Wohnblöcken umgebenen Parc Georges-Brassens treffen sich die Einheimischen. 4 Im Süden des Parc de Bercy liegt ein kreisrunder See. 5 Die Promenade plantée führt über Brücken und durch Tunnel einer stillgelegten Vorortbahn.

schlug, kreuzten sich nicht selten zwei Straßen in einem spitzen Winkel. Die dadurch entstandene dreieckige Fläche ließ sich nicht bebauen. »Die Lösung war, hier einen Garten anzulegen«, schrieb Haussmann in seinen Memoiren. In Paris gibt es heute Dutzende dieser Grünflächen, die teils lediglich 92 Quadratmeter klein sind wie der Jardin Pihet-Beslay an der Rue Pihet, teils 16 615 Quadratmeter groß wie der Square des Batignolles. Batignolles war ein Weiler mit ein paar Dutzend Häusern, die sich um die Pfarrkirche scharten, als es 1860 von Paris eingemeindet wurde und Baron Haussmann auf einem Stück Ödland den Square des Batignolles anlegen ließ. Das Viertel hat sich bis heute eine gewisse Ländlichkeit bewahrt, sein Square gilt als wohl schönstes Beispiel einer kleinen Grünanlage »à l'anglaise« der Haussmann-Epoche. Ein Bach fließt hier über verschiedene Mini-Katarakte und mündet in einen See, in dem Goldfische, Karpfen und Enten schwimmen. Bänke säumen die verschlungenen Wege. Weiden, Platanen, Eschen, Ulmen und Kirschbäume, teilweise aus Amerika, Japan und Sibirien importiert, sorgen für Schatten. Ohne die Eisenbahnzüge, die nur wenige Meter entfernt im Minutentakt vorbeidonnern, wäre das Idyll perfekt.

Die in den letzten Jahrzehnten entstandenen Grünzonen liegen vorwiegend außerhalb der *beaux quartiers* (schöne Viertel) mit ihren repräsentativen Bauten in den Arrondissements, wo die kleinen Leute gesichtslose Betonsilos bewohnen. Hierher verirren sich nur wenige Besucher. Schade, denn wer an einem sonnigen Wochenende die City verlässt und mit der Metro zu einem der neuen Parks fährt, lernt ein weitgehend unbekanntes Paris kennen. Zum Beispiel im Parc Georges-Brassens. Wo noch 1975 ein

Schlachthof stand, erstreckt sich heute, rundum von Wohnblöcken umgeben, ein Park mit Bäumen, Wiesen und Blumenbeeten, künstlich angelegten Hügeln, Teichen und Wasserläufen sowie einem kleinen Weinberg. Väter lesen Zeitung oder spielen mit ihren Söhnen Fußball. Kinder spielen im Sandkasten, fahren Karussell, reiten auf Ponys oder sitzen vor dem Kasperletheater. Familien picknicken unter Bäumen, Jogger keuchen über die Wege, Verliebte turteln auf Bänken – Letzteres ganz so, wie es der Poet und Komponist Georges Brassens (1921–1981) in seinem Lied »Les amoureux des bancs publics« besingt: »Auf den öffentlichen Bänken knutschen die Verliebten und sagen sich pathetisch ›Ich liebe dich‹.« Brassens wohnte in der nahen Rue Santos-Dumont 42, seine Büste steht im Park, der seinen Namen trägt.

Bis Ende der Siebzigerjahre des letzten Jahrhunderts befand sich in Bercy am rechten Seine-Ufer Frankreichs größter Umschlagplatz für Wein. 1997 wurde hier gegenüber den vier Glastürmen der Bibliothèque nationale de France der Parc de Bercy eingeweiht. Auch dort finden sich Bäume, Wiesen und Teiche mit Entenfamilien, ein Rosengarten mit Rosen, die Shakespeare, Caroline de

Monaco oder Leverkusen heißen, und ein Weinberg, der jährlich 200 Liter Wein liefert. Ein kleines Weinmuseum informiert über weitere Weinberge in Paris, unter anderem im Hof der Feuerwehrkaserne an der Rue Blanche im 9. Arrondissement, wo zehn Rebstöcke alljährlich 60 Flaschen Pinot Noir liefern.

Von der Place de la Bastille verkehrte einst eine Vorortbahn, seit 1998 ist die stillgelegte Strecke als »Promenade plantée« (bepflanzte Promenade) ein ausgefallener Park. Er besteht aus der 4,5 Kilometer langen Schienentrasse, führt über Viadukte und durch Tunnel, vorbei an alten Bahnhöfen und neuen Mietskasernen zum Bois de Vincennes.

Moderne Landschaftsgärten, zuweilen auch Hightech-Gärten genannt, wollen anders als ihre Vorgänger weder repräsentieren noch ein Naturidyll vorgaukeln. Sie weisen vielmehr wie die umliegenden »Wohnmaschinen«, ein vom Architekten Le Corbusier geprägter Begriff, klare, einfache Formen auf und bevorzugen zeitgemäße Baumaterialien wie Beton. In diesem Umfeld haben die Anwohner dann endlich Platz für soziale Kontakte, für aktive und passive Erholung.

1 Die Promenade plantée führt durch einen Wohnblock. 2 Fußball im Parc de la Villette. 3 Der Parc André-Citroën liegt auf dem Areal einer früheren Autofabrik. 4 Für Kids ein Riesenspaß: 120 Wasserfontänen. 5 Skaten im Parc Monceau.

Der Parc de la Villette, mit 55 Hektar der größte auf dem Stadtgebiet und auf dem Areal der einstigen Schlachthöfe errichtet, war 1991 der Prototyp eines Parks für das 21. Jahrhundert: eine Symbiose von Natur und Kultur, Sport, Spektakel und Kultur. Hier wird flaniert, Fahrrad gefahren und Fußball gespielt. Unter freiem Himmel finden Konzerte und Filmvorführungen statt, und es gibt drei Kinos, Säle für Klassik, Jazz und Rock, ein Theater, das städtische Konservatorium, eine Ausstellungshalle, ein Musikmuseum und ein wissenschaftliches Museum, die Cité des Sciences et de l'Industrie. Wahrzeichen des Parks sind die 25 »Folies«, feuerwehrrote, nahezu identische Kuben aus Beton und Stahl, die als Café, Restaurant, Musikkiosk oder Spielstube für Kinder dienen.

Der Parc André-Citroën liegt unmittelbar an der Seine auf dem Areal einer abgerissenen Autofabrik. Hier triumphiert der rechte Winkel. Die Gewächshäuser sind gläserne Quader, im Zentrum befindet sich eine riesige Rasenfläche. Auf einem mit Granitplatten belegten Platz spritzen 120 Fontänen das Wasser vier Meter hoch und am Fluss entlang erstreckt sich ein 450 Meter langer aufgeschütteter Sandstrand, auf welchem im Sommer Sonnenschirme und Liegestühle stehen. Die raffinierte Künstlichkeit des Parc André-Citroën schlägt einen Bogen zurück zum Altmeister Le Nôtre, allerdings mit sprödem Charme und konzipiert für eine »Fit and Fun«-Generation.

Sogar auf dem Dach des Bahnhofs Montparnasse liegt, 18 Meter über den Gleisen, seit 1994 eine drei Hektar große Grünanlage, der Jardin Atlantique (Atlantischer Garten). Um eine zentrale Rasenfläche gruppieren sich dort Blumenbeete, Sträucher, Pavillons und Tennisplätze.

»Heute gehört Paris«, schwärmt Bürgermeister Bertrand Delanoë, »zu den grünsten Metropolen Europas.« 30 Quadratkilometer der Seine-Stadt sind begrünt. Für Monsieur le Maire haben die Gärten und Parks eine vierfache Aufgabe zu erfüllen: Sie sollen als »grüne Lungen« dienen, Frankreichs Tradition der Gartenbaukunst fortsetzen, die Lebensqualität der Einwohner erhöhen und sie für die Natur sensibilisieren.

Zeit für Grünanlagen

Parks und Gärten »à la française«

Jardin des Tuileries (1. Arrondissement), Metro: Tuileries, Concorde, Palais-Royal. Eingänge: Place de la Concorde, Place du Carrousel, Rue de Rivoli, Quai des Tuileries.
Jardin du Luxembourg (6. Arrondissement), Metro: Notre-Dame-des-Champs. Eingänge: Boulevard Saint-Michel, Rue de Vaugirard, Rue Guynemer, Rue Auguste-Comte, Rue de Médicis. Der Garten ist teils »à la française«, teils »à l'anglaise« angelegt.

Parks und Gärten »à l'anglaise«

Parc Monceau (8. Arrondissement), Metro: Monceau. Eingänge: Boulevard de Courcelles, Avenue Vélasquez, Avenue Van-Dyck, Avenue Ruysdaël.
Buttes-Chaumont (19. Arrondissement), Metro: Buttes-Chaumont, Botzaris.
Eingänge: Rue Manin, Rue Botzaris.
»Squares«
Square des Batignolles (17. Arrondissement), Metro: Brochant. Eingänge: Place Charles-Fillion, Rue Cardinet.

Moderne Parks

Parc de Belleville (20. Arrondissement), Metro: Couronnes, Belleville. Eingänge: Rue des Couronnes, Rue Piat.
Parc Georges-Brassens (15. Arrondissement), Metro: Convention, Porte-de-Vanves. Eingänge: Rue des Morillons, Rue des Périchaux, Rue Brancion.
Parc de Bercy (12. Arrondissement), Metro: Bercy, Cour Saint-Émilion. Eingänge: Rue Paul-Belmondo, Rue Joseph-Kessel, Rue de l'Ambroisie, Rue François-Truffaut, Quai, Boulevard et Rue de Bercy, Rue de Cognac, Rue de Pommard.
Promenade plantée (12. Arrondissement), Metro: Bastille. Eingänge: von der Avenue Daumesnil zum Bois de Vincennes in regelmäßigen Abständen über Treppen oder mit Liften.

Hightech-Parks

Parc de la Villette (19. Arrondissement), Metro: Porte-de-Pantin, Porte-de-la-Villette. Eingänge: Avenue Jean-Jaurès.
Jardin Atlantique (15. Arrondissement), Metro: Montparnasse-Bienvenüe, Gaîté. Eingänge: Pont des Cinq-Martyrs-du-Lycée-Buffon, Place Raoul-Dautry, Rue du Commandant-Mouchotte, Boulevard de Vaugirard.
Parc André-Citroën (15. Arrondissement), Metro: Lourmel, Balard. Eingänge: Quai André-Citroën, Rue Leblanc, Rue Saint-Charles, Rue de la Montagne-de-l'Espérou.

Ein Fest für Augen und Nase
Straßenmärkte – das besondere Lokalkolorit

Jedes der 20 Arrondissements hat seine Straßenmärkte, die das besondere Lokalkolorit widerspiegeln. Alle Waren sind frisch und meist liebevoll präsentiert, Angebot und Andrang sind groß.

Boulevard Raspail im Quartier Saint-Germain-des-Prés um sechs Uhr früh: Last- und Kühlwagen rollen heran und parken Kühler an Stoßstange beiderseits des baumbestandenen, für Fußgänger reservierten Mittelstreifens. Bereits am Vorabend haben Bauern, Gärtner und Händler in langen Reihen Stände aufgestellt und gestreifte Markisen entrollt. Jetzt entladen sie die Fahrzeuge und legen ihre Ware aus. Die einen ordnen sie nach Farben – links rote Erdbeeren, Kirschen und Radieschen, in der Mitte grüne Erbsen und Gurken, rechts gelbe Zitronen, Bananen und Melonen. Die anderen errichten mit knackigen Salaten, Obst und frisch gebackenem Brot kunstvolle Pyramiden. Es duftet nach Käse, Fisch, Knoblauch und ofenfrischen Backwaren.

Um sieben Uhr kommen die ersten Kunden mit Taschen und Einkaufswägelchen, sie schlendern von Stand zu Stand, stehen geduldig an und kaufen hier Käse aus der Normandie oder dort Fische aus der Charente-Maritime. Man nimmt sich Zeit, kostet einen Avocadoschnitz, knabbert an einer roten Rübe, lässt sich vom Verkäufer Tipps geben, wie Miesmuscheln am besten zubereitet werden sollten, oder tratscht mit Nachbarn. Sonntags ist auf dem Marché Raspail alles »bio« – ob Honig, Früchte, Gemüse, Fleisch oder Konfitüre. Um drei Uhr nachmittags geht der Markt zu Ende. Dann werden die Stände abgebaut und das Nichtverkaufte verladen. Die städtische Putzequipe rückt an und beseitigt den Abfall.

Der Marché d'Aligre auf der Place d'Aligre im 12. Arrondissement besteht seit 1643 und ist damit der älteste Pariser Markt. Eigentlich sind es sogar drei Märkte: einer unter freiem Himmel, einer in einer gedeckten Halle und ein Flohmarkt. Die Atmosphäre ist volkstümlicher als auf dem Marché Raspail und die Preise sind günstiger – ein Euro für ein Kilo Zwiebeln oder zwei Kilo Bananen. Als einziger Markt findet er von Dienstag bis Sonntag täglich statt, am Montag bleibt Paris traditionell marktfrei.

Exotisch, quirlig und supergünstig gibt sich der Marché Barbès, der unter einem Metro-Viadukt der Linie 2 abgehalten wird. Auch hier türmen sich Auberginen, Oliven, Rüben, Schalotten und

1 Kunst und Kitsch auf dem Marché aux Puces de Saint-Ouen. **2** Austern aus der Charente auf dem Marché d'Aligre. **3** Monsieur Même verkauft Produkte aus deutschen Landen. **4** Seite eh und je gehen Pariserinnen auf den Markt, um Frisches einzukaufen.

Zucchini. Dazwischen stapeln sich Fladenbrot und Gries für Cous-cous- und Amaranthgerichte, denn in diesem Viertel leben zahlreiche Nord- und Westafrikaner. Die Verkäufer parlieren daher Französisch und Arabisch. Was bei Marktschluss nicht verkauft ist, geht zu Schnäppchenpreisen weg.

Vor einem Jahrhundert gab es in Paris 50 Straßenmärkte, heute sind es über 80. Immer wieder kommen neue hinzu, beispielsweise Nachmittagsmärkte für Langschläfer, die vom Mittagessen bis zur Dämmerung geöffnet haben. Sie finden bei jedem Wetter statt und beschäftigen 5500 Marktfahrer. Ein Bummel durch die Märkte ist sowohl ein Fest für Augen und Nase als auch ein Stadtrundgang der etwas anderen Art. Einerseits lernt man die kulinarischen Gewohnheiten der Franzosen, andererseits die unterschiedliche Atmosphäre der verschiedenen Arrondissements kennen. Der Marché Auteuil hat einen eher ländlichen Charme, auf dem Marché Président Wilson im vornehmen 16. Arrondissement kaufen dagegen modisch gekleidete Frauen und Geschäftsleute ein. Im Marché Belleville, der sich zwischen den Metro-Stationen Belleville und Ménilmontant über einen Kilometer hinzieht, drängen sich Afrikaner und Asiaten.

Neben den Märkten unter freiem Himmel hat die Seine-Stadt auch ein Dutzend Markthallen. Der Marché couvert Saint-Quentin bei der Gare de l'Est ist der älteste (Baujahr 1865) und größte (82 500

Quadratmeter). Der Marché couvert Saint-Martin wartet mit einer Kuriosität auf. La Boutique de Tante Emma (Tante Emma-Laden) versteht sich als »ein Stück Heimat zum Anbeißen«. Auf engem Raum türmen sich vom Boden bis zur Decke Produkte aus deutschen Landen: in Dosen Hamburger Labskaus, Königsberger Klopse und Westfälischer Erbseneintopf, in Flaschen Berliner Weiße, Fürstenberger Pilsener und Reißdorf Kölsch, Wein aus Baden, Franken und Sachsen, von Rhein, Mosel und Ahr. Es sind rund 1500 Produkte, die der Franzose Philippe Même, verheiratet mit einer Deutschen, importiert. Doch wer sind seine Kunden? »Mehrheitlich Deutsche, die hier leben, gelegentlich japanische Touristen und immer mehr auch Pariser.« Seit der Film »Good bye Lenin« erfolgreich in Frankreich lief, haben diese Geschmack an Spreewald-Gurken gefunden.

Der Marché aux Puces de Saint-Ouen ist der älteste, größte und bekannteste Pariser Flohmarkt. Auf einer Fläche von sieben Hektar haben sich 2500 Antiquare und Trödler niedergelassen, die teils unter freiem Himmel, teils in Hallen so ziemlich alles verkaufen: Kunst und Kitsch, Raritäten und Ramsch, Echtes und Gefälschtes. Jedes Wochenende strömen über hunderttausend Sammler, Schnäppchenjäger und neugierige Touristen herbei. Spätestens um elf Uhr ist in den 30 Bistros des Marktes kein Stuhl mehr frei.

Zeit für Straßenmärkte

Marché Raspail (6. Arrondissement), Boulevard Raspail zwischen Rue du Cherche-Midi und Rue de Rennes, Dienstag und Freitag von 7 bis 15 Uhr, Metro: Rennes.

Marché d'Aligre (12. Arrondissement), Place d'Aligre und Rue d'Aligre zwischen Rue de Charenton und Rue Crozatier, täglich außer Montag von 7.30 bis 13.30 Uhr, Metro: Ledru-Rollin.

Marché Belleville, Boulevard de Belleville (20. Arrondissement), Dienstag und Freitag von 7 bis 14.30 Uhr, Metro: Belleville.

Marché Bastille (11. Arrondissement), Boulevard Richard Lenoir zwischen Rue Amelot und Rue Saint-Sabin, Donnerstag von 7 bis 14.30 Uhr, Sonntag von 7 bis 15 Uhr, Metro: Bastille.

Marché Auguste-Blanqui (13. Arrondissement), Boulevard Blanqui zwischen Place d'Italie und Rue Barrault, Dienstag und Freitag von 7 bis 14.30 Uhr, Sonntag von 7 bis 15 Uhr, Metro: Corvisart, Place d'Italie.

Marché Auteuil (16. Arrondissement), Place Jean Lorrain, Mittwoch von 7 bis 14.30 Uhr, Samstag von 7 bis 15 Uhr, Metro: Michel-Ange-Auteuil.

Marché Président Wilson (16. Arrondissement), Avenue du Président Wilson zwischen Rue Debrousse und Place d'Iéna, Mittwoch von 7 bis 14.30 Uhr, Samstag von 7 bis 15 Uhr, Metro: Alma-Marceau, Iéna.

Marché Barbès (18. Arrondissement), Boulevard de la Chapelle, Mittwoch 7 bis 14.30 Uhr und Samstag von 7 bis 15 Uhr, Metro: Barbès-Rochechouart.

Nachmittagsmärkte

Marché Bourse (2. Arrondissement), Place de la Bourse, Dienstag und Freitag von 12.30 bis 20 Uhr, Metro: Bourse.

Marché Bercy (12. Arrondissement), Place Lachambeaudie, Mittwoch von 15 bis 20 Uhr, Sonntag von 7 bis 15 Uhr, Metro: Dugommier.

Gedeckte Märkte

Marché couvert Saint-Quentin (10. Arrondissement), Boulevard de Magenta 58bis, Dienstag bis Samstag von 8.30 bis 13 Uhr und von 16 bis 19.30 Uhr, Sonntag von 8.30 bis 13 Uhr. Metro: Gare de l'Est.

Marché couvert Saint-Martin (10. Arrondissement), Rue du Château d'Eau 31/33, Dienstag bis Samstag von 8.30 bis 13 und von 19 bis 19.30 Uhr, Sonntag von 9 bis 13 Uhr, Metro: Château d'Eau.

Marché couvert Batignolles (17. Arrondissement), Rue Lemercier 96bis, Dienstag bis Samstag von 8.30 bis 13 Uhr und von 16 bis 19.30 Uhr, Sonntag 8 bis 13 Uhr, Metro: Brochant.

Flohmärkte

Marchés aux Puces de Saint-Ouen, Samstag von 9 bis 18 Uhr, Sonntag von 10 bis 18 Uhr, Montag von 11 bis 17 Uhr, Metro: Porte de Clignancourt, Garibaldi.

Informationen

Im Internet www.paris.fr und »Marchés« eingeben. Gedeckte Märkte: www.marchescouvertsparis.com. Marché aux Puces de Saint-Ouen: www.parispuces.com.

1 Markt auf der Place Monge. **2** Markthalle auf der Place d'Aligre. **3** Auch in der Avenue du President Wilson findet regelmäßig ein Wochenmarkt statt. **4** Marché de Belleville.

Pariser Kuriositäten
Mini-Museen überraschen mit bunter Vielfalt

Lassen Sie doch einmal den Grand Louvre und das Musée d'Orsay links liegen und besuchen Sie stattdessen die zahlreichen kleinen, aber weitgehend unbekannten »Musées insolites«.

Ob Brillen, Puppen oder Phonographen – kein Thema ist zu ausgefallen, als dass sich ihm in Paris nicht ein kleines Museum widmen würde. Die gut hundert »Musées insolites« (ausgefallene Museen) liegen über alle Arrondissements verstreut mal in einer Privatwohnung, mal in einem Stadtpalais. Ausgerechnet in der Rue des Eaux (Wasserstraße) befindet sich das Musée du Vin (Weinmuseum). Im stimmigen Ambiente eines Weinkellers aus dem 15. Jahrhundert informiert es über die Arbeit von Winzern, Küfern und Kellermeistern. Regelmäßig finden temporäre Ausstellungen (»Der Wein im alten Alten Ägypten«), Degustationen (»Welche Weine passen zu Schokolade?«) sowie önologische Seminare statt. Verabschiedet werden die Besucher mit einem Glas Wein.

Das Musée de l'Erotisme (Erotikmuseum) liegt am Boulevard de Clichy zwischen Place Blanche und Place Pigalle. Auf sieben Stockwerken sind über 2000 Exponate aus aller Welt zu sehen: Fruchtbarkeitsstatuetten, Kamasutra-Darstellungen, Bordell-Zeichnungen von Edgar Degas und Pornos aus der Stummfilmzeit. Im Gästebuch ist Begeistertes (»Ist ja der absolute Wahnsinn!«) neben Kritischem (»Und wo sind die nackten Männer?«) zu lesen.

Garantiert jugendfrei ist das Musée de la Poupée (Puppenmuseum). Bei einem Rundgang durch die drei Räume mit 500 Puppen aus Filz, Pappmaschee, Zelluloid und Porzellan aus den Jahren 1800 bis 2000 schlagen Mädchenherzen höher. Zum Museum gehören eine Puppenklinik sowie eine Werkstatt für Puppenkleider. Im Shop sind unter anderem Puppen wie »Frau Holle« und »Vogelfänger« der deutschen Künstlerin Christine Böhm zu kaufen.

Im Musée de la Contrefaçon (Museum der Fälschungen) findet der Besucher 250 scheinbar willkürlich ausgewählte Exponate stets zweifach: Nike-Schuhe, Barbie-Puppen, Louis-Vuitton-Taschen, japanische Game-Boys und Schweizer Offiziersmesser. Für ein ungeübtes Auge sind die Pärchen identisch, doch farbige Täfelchen klären auf: Grün bedeutet echt, rot gefälscht. Die Unterschiede fallen erst beim genauen Hinsehen auf. Das Museum hat es sich zur Aufgabe gemacht, über die Produktpiraten zu informie-

1 Chopin-Statue im Musée de la Vie Romantique. **2** Das Musée du Vin führt auch Degustationen durch. **3** Im Musée de la Contrefaçon sind nebeneinander Original und Raubkopie zu sehen. **4** Eine geschwungene Treppe führt im Musée Nissim de Camondo ins Obergeschoss.

1

ren, die mit ihren Falsifikaten den Markt überschwemmen. Bestürzt erfährt man, dass zehn von elf verkauften Rolex-Uhren und jede dritte CD Fälschungen sind. 2009 wurden in der EU über hundert Millionen Raubkopien beschlagnahmt. Der Standort des Museums kann nicht Zufall sein. Es liegt in der Rue de la Faisanderie, und *faisan*, das französische Wort für Fasan, bezeichnet im Pariser Slang eine Person, die zwielichtige Geschäfte betreibt.

Im Quartier Latin ist in einem Haus Baujahr 1608 das Musée des Lettres et Manuscrits untergebracht, Europas erstes Museum der Briefe und Manuskripte. Die Sammlung umfasst über 2000 Dokumente, von welchen 250 in Vitrinen ausgestellt sind: Manuskripte von Goethe, Tolstoi und Zola, Partituren von Beethoven oder Chopin, Briefe von Marie Antoinette, Otto von Bismarck und aus deutschen Konzentrationslagern. Präsident John F. Kennedys Entwurf zu einer Rede findet sich dort ebenso wie Albert Einsteins Berechnungen zur Relativitätstheorie und General Eisenhowers Ende-Feuer-Befehl vom 7. Mai 1945.

Auf dem Gelände des Tenniszentrums Roland-Garros an der Porte d'Auteuil, wo seit 1891 die French-Open-Turniere stattfinden, steht das »Tenniseum«. Das Museum dokumentiert die Geschichte des Spiels mittels Sportmode, Trophäen, Tennisschlägern und der ersten automatischen Ballwurfmaschine aus dem Jahr 1928. Der Besucher kann in Datenbanken stöbern, Filme von 1891 bis heute abrufen und danach eine geführte Tour durch den Spielerbereich

mit Aufenthaltsräumen und Garderoben machen. Dort findet er in der Siegergalerie das Bild der sechsfachen Grand-Slam-Gewinnerin Steffi Graf und kann sich erklären lassen, warum es in der Frauengarderobe kein Kästchen Nummer 19 gibt: Die Nummer 19 war für Steffi reserviert und soll es auch bleiben.

Graf Moïse de Camondo (1860–1935) war ein Bankier und Kunstsammler, dessen Vorliebe dem 18. Jahrhundert galt. Vor dem Ersten Weltkrieg ließ er sich auf einem Grundstück am südlichen Rand des Parc de Monceau eine prunkvolle Residenz nach dem Vorbild des Petit Trianon in Versailles bauen, die seiner Sammlung von Gemälden, Büsten und Gobelins den passenden Rahmen bot. Vor seinem Tod vermachte Moïse seinen Besitz dem französischen Staat, allerdings unter zwei Bedingungen: Er sollte als Museum der Öffentlichkeit zugänglich sein und den Namen seines Sohnes Nissim tragen, der im Ersten Weltkrieg als Jagdflieger abgeschossen wurde. Wer heute durch Salon, Bibliothek, Ess- und Schlafzimmer schlendert, fühlt sich in die Vergangenheit zurückversetzt. Alles präsentiert sich, wie wenn die Bewohner eben mal kurz das Haus verlassen hätten. Bei aller Liebe für das 18. Jahrhundert wollte Moïse dennoch nicht auf moderne Errungenschaften verzichten. In der von einem mächtigen Kochherd dominierten Küche stehen und hängen kupferne Pfannen und Backformen, sorgen Rauchabzüge für saubere Luft und brachte ein Aufzug die Gerichte in das darüberliegende Esszimmer.

Zeit für Mini-Museen

Musée du Vin, Rue des Eaux/Square Dickens 5, Metro: Passy, Internet: www.museeduvinparis.com. Öffnungszeiten: Dienstag bis Sonntag von 10 bis 18 Uhr. Eintritt: 11,90 Euro.

Musée de l'Erotisme, Boulevard de Clichy 72, Metro: Blanche, Internet: www.eroticmuseum.net. Öffnungszeiten: täglich von 10 bis 2 Uhr. Eintritt: 11 Euro.

Musée de la Poupée, Impasse Berthaud (Bei der Rue Rambuteau 22), Metro: Rambuteau, Internet: www.museedelapoupeeparis.com. Öffnungszeiten: Dienstag bis Sonntag von 10 bis 18 Uhr. Eintritt: 8 Euro.

Musée des lettres et manuscrits, Boulevard Saint-Germain 222, Metro: Odéon, Internet: www. aidac-academie.fr Öffnungszeiten: Dienstag bis Sonntag 10 bis 18 Uhr, Donnerstag bis 20 Uhr,. Eintritt: 7 Euro.

Musée de la Contrefaçon, Rue de la Faisanderie 16, Metro: Porte-Dauphine, Internet: www.museedelacontrefacon.com Öffnungszeiten: Dienstag bis Sonntag 14 bis 17.30 Uhr. Eintritt: 4 Euro.

Tenniseum, Stade Roland-Garros, Porte des Mousquetaires, Avenue Gordon-Bennett 2, Metro: Porte d'Auteuil, Internet: www.rolandgarros.com. Öffnungszeiten: Dienstag bis Sonntag von 10 bis 18 Uhr. Eintritt: 7.50 Euro, mit geführter Tour durch das Tenniszentrum und den Spielerbereich 15 Euro (keine Führungen im Mai/Juni während des French Open).

Musée Nissim de Camondo, Rue de Monceau 63, Metro: Villiers. Öffnungszeiten: Mittwoch bis Sonntag von 10 bis 17 Uhr. Eintritt: 7 Euro.

Musée Jacquemart-André, Boulevard Haussmann 158, Metro: Miromesnil, Internet: www.musee-jacquemart-andre.com Öffnungszeiten: täglich von 10 bis 18 Uhr. Eintritt: 11 Euro.

Musée d'histoire de la médecine, Université René-Descartes (zweiter Stock), Rue de l'École-de-Médicine 12, Metro: Odéon. Öffnungszeiten: Montag bis Freitag von 14 bis 17.30 Uhr (Sommer), 14 bis 17.30 Uhr außer Donnerstag, Sonntag und Feiertage (Winter). Eintritt: 3,50 Euro.

Musée de la Vie Romantique, Rue Chaptal 16, Metro: Blanche, Pigalle, Saint-Georges. Öffnungszeiten: täglich außer Montag und Feiertage von 10 bis18 Uhr. Eintritt: gratis.

Musée de l'Eventail, Boulevard de Strasbourg 2, Metro: Strasbourg-Saint-Denis. Öffnungszeiten: Montag, Dienstag und Mittwoch von 14 bis 18 Uhr. Eintritt: 6 Euro.

1 Kamasutra-Szenen im Musée de l'Erotisme. **2** Europas erstes Museum für Briefe und Manuskripte. **3** Das »Tenniseum« ist ein Tennismuseum. **4** Die Küche einer groß-bürgerlichen Residenz um 1900 im Musée Nissim de Camondo. **5** Das Musée de la Poupée besitzt 500 Puppen.

Dörfliche Atmosphäre in der Großstadt
Paris und seine »Villages«

In den Vierteln Butte-aux-Cailles, Mouzaïa und Charonne glaubt sich der Besucher weit weg vom Trubel der Metropole. Die erst 1860 eingemeindeten einstigen »Villages« (Dörfer) haben sich kaum verändert.

Montmartre ist touristisch, Belleville volkstümlich, Butte-aux-Cailles dörflich. Zwar ist *cailles* das französische Wort für Wachteln, doch das lediglich einen Quadratkilometer große Viertel ist nicht nach den Vögeln benannt, sondern trägt den Namen eines gewissen Pierre Cailles, der hier im 16. Jahrhundert einen Weinberg angelegt haben soll. Die einst vorwiegend von Handwerkern und Arbeitern bewohnte *butte* (Hügel) liegt im Westen des 13. Arrondissements zwischen dem Boulevard Auguste-Blanqui und der Rue de Tolbiac: Man findet hier kein Hochhaus, keinen Supermarkt, kaum Autos. Die meist zwei- oder dreistöckigen Häuser sind farbenfroh und blumengeschmückt, die engen Straßen kopfsteingepflastert und einspurig.

Bistros, Cafés und Tante-Emma-Läden säumen die Rue de la Butte-aux-Cailles. Auf der Place Paul-Verlaine wird unter Platanen Boule gespielt und Quartierbewohner füllen aus einem Brunnen mineralhaltiges Wasser in Plastikflaschen ab. In der Rue Daviel 10 reihen sich um einen Hof mit Blumen und Bäumen 40 zweistöckige Fachwerkhäuser wie im Elsass aneinander. Die kurz vor dem Ersten Weltkrieg entstandene Anlage heißt denn auch »La Petite Alsace« und gilt als frühes Beispiel des sozialen Wohnungsbaus, als Alternative zu tristen Mietskasernen. Die Adresse ist beliebt, doch die Warteliste ist lang. Eine Bronzetafel auf der Place Verlaine und der Jardin de la Montgolfière erinnern an den ersten bemannten Flug: Am 21. November 1783 stiegen vor dem Château de la Muette beim Bois de Boulogne Pilâtre de Rozier und der Marquis d'Arlandes mit einem Heißluftballon (Montgolfière) zum Himmel auf. Erst trieb der Wind die beiden Aeronauten über die Seine zum Invalidendom, danach über das Quartier Latin zur Butte-aux-Cailles, wo sie nach einer halben Stunde landeten.

1871 kommandierte ein polnischer General während der Pariser Kommune auf der »Butte« eine Artilleriestellung der Aufständischen. Regierungstruppen überrannten die Kommunarden und richteten ein Blutbad an, das im Viertel unvergessen bleibt. Es gibt

1–3 Kleinstadtatmosphäre in der Großstadt Paris. **4** Im Quartier Mouzaïa im Osten von Paris reihen sich putzige Reihenhäuschen und gepflegte Vorgärten entlang meist kurzer Sträßchen aneinander. Heute gilt die einstige Arbeitersiedlung als schicke und teure Adresse.

1 Auf einem Hügel im Osten der Stadt gruppiert sich das Viertel Charonne um die frühere Dorfkirche. 2 Im Quartier Butte-aux-Cailles im Pariser Süden sind die Häuser farbenfroh und blumengeschmückt. 3 Sträßchen in Mouzaïa. 4 In der Rue Daviel stehen Fachwerkhäuser wie im Elsass. 5 Die Bewohner von Butte-aux-Cailles füllen aus einem artesischen Brunnen mineralhaltiges Wasser in Flaschen ab.

eine Place de la Commune-de-Paris und in der Rue des Cinq-Diamants das Lokal der Vereinigung »Les Amis de la Commune de Paris« (Die Freunde der Pariser Kommune). Sie wurde 1871 gegründet und ist damit Frankreichs älteste Vereinigung. Sie hat es sich zur Aufgabe gemacht, mit Publikationen, Ausstellungen und Veranstaltungen dieses tragische Kapitel der Pariser Geschichte zu dokumentieren: In 72 Tagen fanden bei Kämpfen und Massenexekutionen um die 30 000 Menschen den Tod.

Im deutschen Sprachgebrauch bezeichnet »Villa« ein vornehmes Einzelhaus. Im Französischen hat das Wort zwei weitere Bedeutungen: ein bescheiden dimensioniertes Wohnhaus und eine von Villen gesäumte Privatstraße. Zwischen den Parks Buttes-Chaumont und Chapeau-Rouge im Pariser Osten besteht das Viertel Mouzaïa fast ausschließlich aus 250 Villen. Sie heißen Villa Rimbaud, Villa Claude Monet, Villa Amalia oder Villa des Lilas und stammen aus

dem letzten Jahrzehnt des 19. Jahrhunderts. Immer sind es aneinander gebaute putzige Häuschen mit pastellfarbenen Fassaden und einem Vorgarten links und rechts eines kurzen Sträßchens mit alten Laternen.

Stadtwanderer erleben Mouzaïa als eine grüne Insel am Rand der Großstadt und können ihren Durst auf der Terrasse des Bistros auf der Place de Rhin et Danube (Rhein- und Donau-Platz) löschen. Die Metro-Station Danube befindet sich in Sichtweite, die Untergrundbahn bringt den Spaziergänger mit Umsteigen in der Station Place des Fêtes in wenigen Minuten in die City zurück. Das städtebaulich homogene Ensemble im Schatten der Wohntürme auf der Place-des-Fêtes ist nach einer Schlucht in Algerien benannt, in der sich 1839 und 1840 französische Kolonialtruppen und Aufständische zwei Schlachten lieferten. Was einst eine Arbeitersiedlung war, gilt heute als schicke und entsprechend teure Adresse – ein 40 Quadratmeter großes Appartement kann über 250 000 Euro kosten. Auch im zwischen Seine und Bois de Boulogne gelegenen Viertel Auteuil wurden südlich der Rue d'Auteuil zahlreiche Villen gebaut. Leider sind sie meist hinter hohen Mauern versteckt, bleibt das Eingangstor geschlossen oder es schreckt ein »Eintritt verboten« ab.

Touristen, die in der Metro-Station Gambetta aussteigen, müssen sich entscheiden: Der Hauptstrom überquert die Straße, um einen Rundgang im Friedhof Père-Lachaise zu machen. Fans von Edith Piaf folgen der Rue Belgrand, gehen am Tenon-Spital vorbei, in dem der »Spatz von Paris« geboren wurde, und erreichen nach wenigen Hundert Metern die Place Edith-Piaf. Kaum einer geht durch die Rue des Pyrénées und ihre Fortsetzung Rue Stendhal, die zur Place Saint-Blaise und Eglise Saint-Germain-de-Charonne führt. Sie steht leicht erhöht, ist von einem alten Friedhof umgeben und hat einen Turm, der aus dem 13. Jahrhundert stammt. Hier war einst das Zentrum des Dorfes Charonne mit seinen Äckern, Gemüsefeldern, Obstgärten und Weinbergen und pflegte Jean-Jacques Rousseau spazieren zu gehen. Seine Empfindungen sind in den Büchern »Erkenntnisse« und »Träumereien eines einsamen Spaziergängers« nachzulesen.

Wer durch die Rue Saint-Blaise oder Rue Vitruve wandert, findet noch ansatzweise die einstige ländliche Atmosphäre. Das »Flèche d'Or« an der Rue de Bagnolet, Charonnes Hauptstraße, ist ein flippiges und preisgünstiges Szenerestaurant, in dem allabendlich Rock- oder Reggaebands zum Tanz spielen. Durch große Fenster geht der Blick auf zwei Bahngleise, die unter dem Lokal hindurch-

führen und in einem Tunnel verschwinden. Das »Flèche d'Or« war ein Bahnhof der »Petite Ceinture«, einer 35 Kilometer langen Eisenbahnlinie, die rund um Paris lief.

Im zentralistischen Frankreich führen nicht alle Wege nach Rom, sondern nach Paris. Bahnreisende, die von Norden nach Süden, von Osten nach Westen fahren, müssen unweigerlich in einem der sechs Kopfbahnhöfe aussteigen, die Stadt durchqueren und in einem anderen Bahnhof ihre Reise fortsetzen. Im 19. Jahrhundert bedingte dies eine zeitraubende Pferdekutschenfahrt. Die 1869 fertiggestellte »Petite Ceinture« (wörtlich: kleiner Gürtel) schaffte dafür Abhilfe, indem sie alle Pariser Bahnhöfe miteinander verband. Nach dem Bau der Metro verlor sie jedoch an Bedeutung. 1934 wurde dann der Personenverkehr eingestellt und 1993 der Gütertransport. Geblieben ist die Trasse mit zahlreichen Brücken und Tunneln. Die Schienenstränge führen unter dem Friedhof Père-Lachaise hindurch, tauchen in Belleville und im Parc des Buttes-Chaumont kurz auf, überqueren den Canal de l'Ourcq und verlaufen mal in der Höhe des zweiten Stockwerks, mal in Geländeeinschnitten. Längst ist die Trasse ein Biotop mit Wildwuchs und Blumen, Eidechsen und brütenden Vögeln, aber auch ein Entsorgungsort für ausgediente Betten, Schränke und Fernseher. Obwohl das Betreten offiziell verboten ist, spielen hier Kinder Räuber und Gendarm, feiern Jugendliche Partys, übernachten

Clochards und sind Spaziergänger unterwegs – die einen von Schwelle zu Schwelle schreitend, andere auf den Schienen balancierend. Über die Zukunft der »Petite Ceinture« wird im Rathaus seit Jahren debattiert: Kinderspielplätze? Touristische Nostalgiezüge? Eine High-Tech-Straßenbahn? Ein Wanderweg? Eine Fahrradpiste? Die Lösung liegt in weiter Ferne.

Zeit für Stadtrundgänge

Eiffelturm statt GPS

Paris macht es dem Besucher leicht, die Stadt abseits populärer Sehenswürdigkeiten zu erkunden. Die Fédération Française de la Randonnée Pédestre (Französische Vereinigung der Wanderwege) hat verschiedene ausgeschilderte Routen angelegt. Zwei sind Stadtdurchwanderungen, die in Westoststrichtung vom Bois de Boulogne zum Bois de Vincennes, in Nordsüdrichtung von der Porte de la Villette zum Parc Montsouris führen. Eine dritte Route steht unter dem Motto »Pariser Hügel und Dörfer«, eine vierte besucht »Pariser Gärten und Parks«. Dazu gibt es handliche Führer mit Karten, eingezeichneter Route, Hinweisen und Erklärungen über Bekanntes und Unbekanntes unterwegs. Stadtwanderer können sich auch ohne GPS-Navigation kaum verlaufen, der Eiffelturm dient als Kompass und Wegweiser. Weitere Informationen im Internet unter www.ffrandonnee.fr sowie im Büro der Vereinigung: Rue Riquet 14, Tel.: 01-44899393, Metro: Riquet.

Kommentierte Stadtrundgänge – mal zu Themen wie Architektur, Geschichte oder Passagen, mal zu geografischen wie Belleville, Marais oder Quartier Latin – werden auf Französisch und Englisch angeboten. Eine Übersicht gibt die Website des Office du Tourisme et des Congrès de Paris: www.parisinfo.com

Mit dem Fahrrad unterwegs

Wer statt auf Schusters Rappen lieber auf dem Drahtesel unterwegs ist, findet in Paris mehrere Verleihfirmen, 200 Kilometer Radwege sowie 70 Kilometer Busspuren, die von Radfahrern benützt werden dürfen. Verschiedene Veranstalter haben geführte Touren im Programm.

An Sonn- und Feiertagen sind Abschnitte am Ufer der Seine, entlang des Canal Saint-Martin, um die Rue Mouffetard und einige Straßen in Montmartre für Fußgänger, Radler und Skater reserviert.

Weitere Infos sowie eine Karte der Radwege zum Herunterladen finden sich im Internet unter www.parisinfo.com

1/2 Begrünte Fassaden und kopfsteingepflasterte Gassen in Butte-aux-Cailles. **3** Kein Hochhaus, kein Supermarkt und kaum Autos stören im Quartier Butte-aux-Cailles die dörflich anmutende Atmosphäre. **4/5** Hauptplatz und begrüntes Haus in Butte-aux-Cailles. **6** Über die Zukunft der stillgelegten Ringbahn wird noch gerätselt. **7** Gestern Bahnhof, heute Szenelokal. **8** Zu Fuß und mit dem Stadtplan in der Hand lernt der Besucher unbekannte Seiten der Stadt kennen.

Auf Schritt und Tritt Überraschungen
Ausgefallenes und Kurioses in der Seine-Stadt

Auch wer Paris schon wiederholt besucht hat und zu kennen glaubt, entdeckt immer wieder Neues – vorausgesetzt, er flaniert mit offenen Augen durch die Stadt.

New York hat eine Freiheitsstatue, Paris mindestens fünf. Am westlichen Ende der Île aux Cygnes (Schwaneninsel), einer künstlichen Insel in der Seine beim Pont de Grenelle, steht eine elf Meter hohe Kopie des 46,5 Meter großen Originals. Die 1886 enthüllte Statue of Liberty war ein Geschenk der Franzosen an die Amerikaner. Drei Jahre später finanzierten Amerikaner in Paris als Dankeschön die Statue de la Liberté auf der Schwaneninsel. Das Werk des französischen Bildhauers Frédéric-Auguste Bartholdi ist die größte Statue in Paris.

In der nordwestlichen Ecke des Jardin du Luxembourg hält seit 1906 eine zweite, mit 2,7 Metern wesentlich kleinere Freiheitsstatue ihre Fackel hoch. Eine Tafel informiert: »Anlässlich der Weltausstellung im Jahr 1900 schenkte der Bildhauer Auguste Bartholdi dem Musée du Luxembourg das Bronzemodell, das ihm zur Realisierung der Freiheitsstatue in New York diente.« Eine dritte Statue schmückt den Bug eines Frachtkahns am rechten Seine-Ufer unweit des Eiffelturms, eine vierte befindet sich über dem Eingang zum Restaurant »The American Dream« in der Rue Daunou 21, einer Nebenstraße des Boulevard des Capucines. Im Erdgeschoss des Musée des Arts et Métiers ist nicht nur eine weitere Freiheitsstatue zu sehen, sondern auch der 3,8 Meter lange und 90 Kilo schwere Zeigefinger der kupfernen Lady sowie in zwei Glaskästen Szenen von der Herstellung des New Yorker Originals.

Auf der Place de l'Alma am rechten Ufer der Seine brennt die »Flamme der Freiheit«, die Bartholdis Statue in der Rechten hoch hält, in Originalgröße. Sie wurde 1987 aufgestellt, gesponsert von Firmen wie Apple, Louis Vuitton und Heidseck Champagne, zum hundertjährigen Jubiläum der in Paris erscheinenden Tageszeitung »International Herald Tribune« und symbolisiert die französisch-amerikanische Freundschaft. Während eines Jahrzehnts blieb die vergoldete Flamme am westlichen Ausgang des Alma-Tunnels nahezu unbeachtet. Dann zerschellte am 31. August 1997 das Auto mit Lady Diana an einem Betonpfeiler des Tunnels. Seither gilt die Flamme als inoffizielles Diana-Denkmal, zu dem täglich

1 Auszug der Händler aus der Markthalle vor ihrer Schließung. **2** Inoffizielle Lady-Diana-Gedenkstätte am Westausgang des Alma-Straßentunnels. **3** 135 Bronzemedaillons markieren den Nullmeridian, der einst durch Paris führte. **4** Freiheitsstatue im Jardin du Luxembourg.

1 Paris hat mindestens fünf Freiheitsstatuen. 2 Modell der Freiheits-statue im Musée des Arts et Métiers. 3 »Flamme der Freiheit« auf der Place de l'Alma. 4 Mittagskanone im Garten des Palais-Royal. 5 Vor dem Hauptportal von Notre-Dame markiert eine Messingplatte den Punkt, vom dem aus Frankreichs Straßennetz vermessen wird.

Hunderte Touristen aus aller Welt wallfahren. Sie legen Blumen und Briefe nieder, hinterlassen Graffiti in den verschiedensten Sprachen: »We love you Diana«, »Diana, on t'aime«, »In unseren Herzen hast du für immer einen Platz«.

Wer von der Avenue Porte-de-Montmartre im Norden zum Parc Montsouris im Süden spaziert und dabei einen Weg wählt, der exakt in nordsüdlicher Richtung führt, findet 135 im Boden einge-lassene Bronzemedaillons. Sie sind bierdeckelgroß, mit »Arago«, »N« und »S« beschriftet und markieren den Nullmeridian, der von 1667 bis 1884 mitten durch Paris ging. »N« steht für Norden, »S« für Süden, François Arago war Astronom und Direktor des Pariser Observatoriums. Die Idee der Meridian-Markierung stammt vom niederländischen Konzeptkünstler Jan Dibbets, dessen Werke unter anderem auf der Kasseler »Documenta« ausgestellt waren. Ein Meridian-Spaziergang gerät allerdings schnell zur Schnitzel-

jagd, denn die Markierungen auf Straßen und Boulevards, in Parks und im Louvre werden leicht übersehen. Genaue Ortsangaben liefert die Website der niederländischen Botschaft in Paris: www.amb-pays-bas.fr/fr/ambassade/pcz/arago/htm

In der ersten Hälfte des 19. Jahrhunderts gab es drei Null-Meridiane, unsichtbare Linien, die vom Nordpol zum Südpol führen und die Erdkugel in eine westliche und östliche Hälfte teilen: Für Franzosen ging er durch Paris, für Amerikaner durch Washington, für Engländer durch Greenwich. 1884 fand in Washington eine von 25 Staaten beschickte internationale Meridian-Konferenz statt, die endlich Ordnung in das Durcheinander bringen sollte. Die Mehrheit entschied sich für Greenwich, Frankreich schmollte und verlangte als Gegenleistung, dass England das metrische System übernehmen müsse. Seither liegt Paris auf 2 Grad 20 Minuten östlicher Länge und Frankreichs Uhren gehen gegenüber Greenwich Mean Time 9 Minuten 22 Sekunden vor.

In den einst vom Nullmeridian durchquerten Jardins du Palais-Royal steht auf einem steinernen Sockel eine kleine Kanone, »Le canon du Palais-Royal«. Von 1786 bis 1914 zündeten Punkt zwölf Uhr mittags durch eine Lupe gebündelte Sonnenstrahlen das Schießpulver und lösten einen Schuss aus. So konnte jedermann die Genauigkeit seiner Uhr kontrollieren. Ein Nachbau ersetzt heute das 1998 gestohlene Original. Doch geschossen wird nicht mehr.

Noch im 18. Jahrhundert gab es nicht nur in Frankreich, sondern in ganz Europa unzählige Maßeinheiten, die zuweilen von Stadt zu Stadt unterschiedlich waren und für Verwirrung sorgten. 1792 beschloss daher die Nationalversammlung die Einführung eines neuen Maßsystems, des Meters, den sie als Zehnmillionstel der Entfernung zwischen Nordpol und Äquator definierte. Um die Pariser mit der Neuerung vertraut zu machen, wurden an 16 Hauswänden marmorne Eichmeter eingemauert. Zwei haben überlebt, ein einziger befindet sich noch an seinem ursprünglichen Ort unter den Arkaden der Rue de Vaugirard 36. Fast alle Länder übernahmen nach und nach die Maßeinheit, Deutschland erst 1871 mit der Gründung des Deutschen Kaiserreichs.

»Warum hat es in Paris so viele Kirchen? Damit Fußgänger ein Gebet machen können, bevor sie die Straße überqueren.« Mit dieser Erklärung versuchen Reiseleiter bei Stadtrundfahrten gern die Stimmung zu lockern. Die meisten Touristen begnügen sich allerdings mit einem Besuch von Notre-Dame, Sacré-Cœur und Sainte-Chapelle und lassen die anderen Gotteshäuser links liegen. In der Rue Saint-Julien-le-Pauvre am linken Seine-Ufer steht eine

der ältesten Pariser Kirchen, die Église Saint-Julien-le-Pauvre, in welcher einst Dante und Erasmus gebetet haben sollen. Im 9. Jahrhundert wurde sie wiederholt von Wikingern zerstört, im 13. Jahrhundert neu aufgebaut und während der Französischen Revolution als Salzlager missbraucht. Die Fassade erinnert an eine bescheidene Provinzkirche, innen dokumentiert die Ikonostase, dass hier seit 1889 Gottesdienste im griechisch-melchitisch-katholischen Ritus stattfinden. Ein Anschlag an der Eingangstür bittet originell formuliert, das Handy auszuschalten: »Einzig das Gebet erlaubt es, mit Gott zu kommunizieren. Hier ist das Handy nutzlos.«

Auch die Kirche Saint-Eustache an der Rue Coquillère liegt abseits touristischer Pfade, obgleich sich das viel besuchte Einkaufszentrum Forum des Halles gleich um die Ecke befindet. Sie stammt aus dem 17. Jahrhundert und hat nahezu den gleichen Grundriss und die gleiche Größe wie Notre-Dame. Hier wurden Molière, Richelieu und die spätere Marquise de Pompadour getauft sowie die Totenmessen für den Fabeldichter La Fontaine und Mozarts in Paris verstorbene Mutter gelesen. Auf der linken Seite findet sich in einer Nische eine Figurengruppe mit dem Titel »Le départ des fruits et légumes du cœur de Paris le 28 février 1969« (Die Abreise von Früchten und Gemüse aus dem Herzen von Paris am 28. Feb-

ruar 1969). Die knallbunten Skulpturen tragen und karren Artischocken, Kohl und Salatköpfe weg – Erinnerungen an den legendären, längst abgerissenen Großmarkt Les Halles, dessen Hauskirche Saint-Eustache war.

Auf der Rückseite der Opéra Garnier leben, 35 Meter über den Straßen und von der Terrasse des Warenhauses Galeries Lafayette gut zu sehen, sieben Bienenvölker. Sie liefern alljährlich bis zu 450 Kilogramm Honig, der in der Oper-Boutique und im Delikatessengeschäft »Chez Fauchon« auf der Place de la Madeleine verkauft wird. 125 Gramm kosten 11,50 Euro. Bienenstöcke stehen auch auf den Dächern der Opéra Bastille und des Centre Pompidou, im Jardin du Luxembourg, in den Parks Montsouris, Georges-Brassens und La Villette.

Nur wenige Schritte von der Place des Abbesses in Montmartre entfernt liegt der Square Jehan-Rictus: eine verwilderte Grünanlage mit alten Bäumen und einer blau gekachelten, zehn Meter langen und vier Meter hohen Mauer. Es ist die vom Franzosen Frédéric Baron gestaltete »Mur des je t'aime«, auf der seit 1998 in 311 Sprachen »Ich liebe dich« steht. Die Liebeserklärungen sind nicht nur in allen gängigen Sprachen zu lesen, sondern auch auf Estnisch (Ma armastan sind), Katalanisch (T'estimo), Swahili (Minakupenda) und Maori (Ka aroha ahau ki a koe).

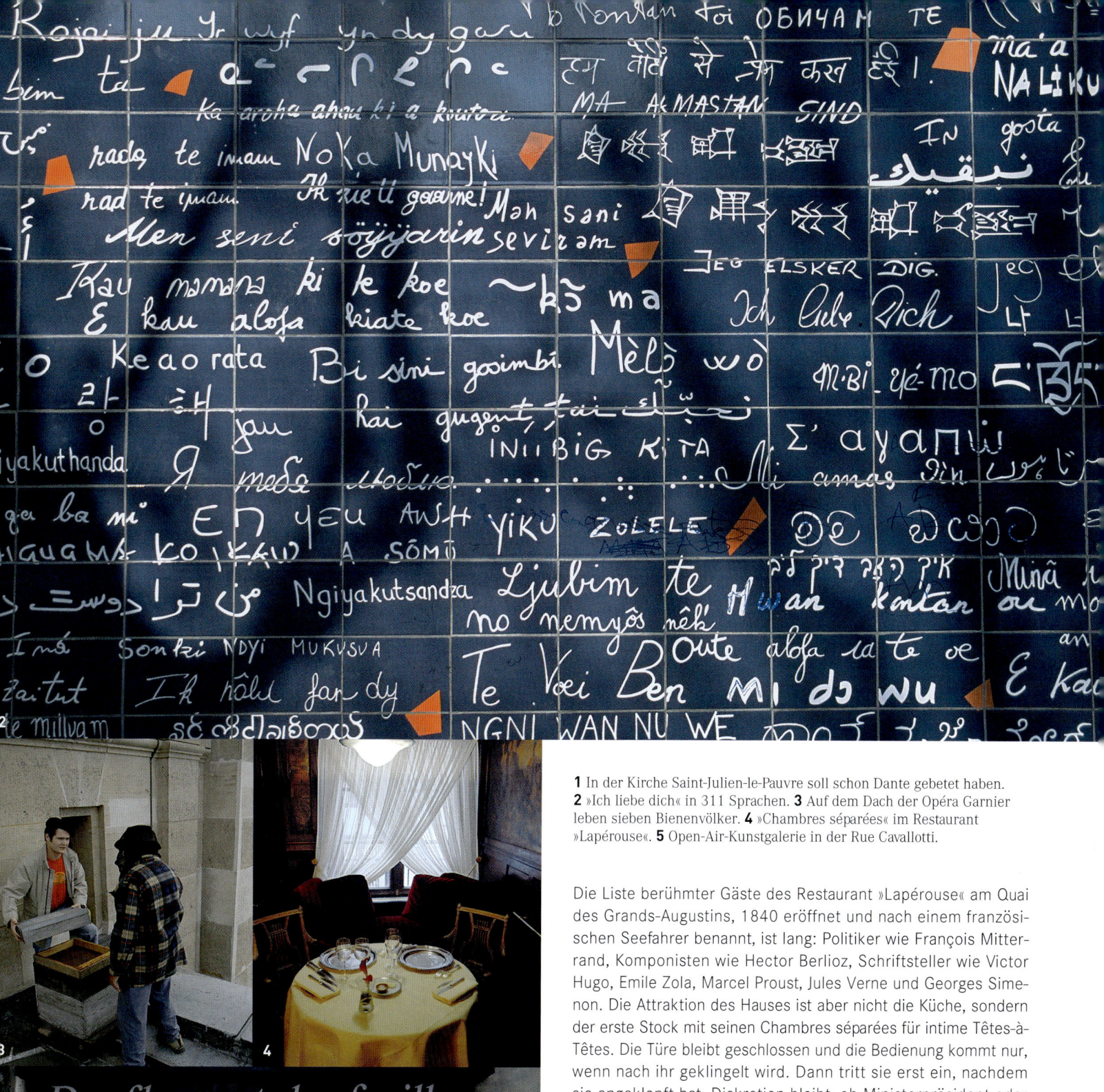

1 In der Kirche Saint-Julien-le-Pauvre soll schon Dante gebetet haben. **2** »Ich liebe dich« in 311 Sprachen. **3** Auf dem Dach der Opéra Garnier leben sieben Bienenvölker. **4** »Chambres séparées« im Restaurant »Lapérouse«. **5** Open-Air-Kunstgalerie in der Rue Cavallotti.

Die Liste berühmter Gäste des Restaurant »Lapérouse« am Quai des Grands-Augustins, 1840 eröffnet und nach einem französischen Seefahrer benannt, ist lang: Politiker wie François Mitterrand, Komponisten wie Hector Berlioz, Schriftsteller wie Victor Hugo, Emile Zola, Marcel Proust, Jules Verne und Georges Simenon. Die Attraktion des Hauses ist aber nicht die Küche, sondern der erste Stock mit seinen Chambres séparées für intime Têtes-à-Têtes. Die Türe bleibt geschlossen und die Bedienung kommt nur, wenn nach ihr geklingelt wird. Dann tritt sie erst ein, nachdem sie angeklopft hat. Diskretion bleibt, ob Ministerpräsident oder Literat in weiblicher Begleitung, garantiert.

In einem herrschaftlichen Haus aus dem 18. Jahrhundert mit denkmalgeschützter Fassade in der Rue de l'Arbre-Sec 52, einer Seitenstraße der Rue de Rivoli, versteckt sich »La Galcante – Boutique du musée de la presse«. Das Pressemuseum befindet sich erst im Aufbau, doch »La Galcante« – ein Kunstwort, zusammengesetzt aus »Galerie« und »Brocante« (Trödelladen) – ist ein knapp

1 Das Pressemuseum verkauft alte Zeitungen, Publikationen und Stadtpläne. **2** Friseursalon aus dem Jahr 1832. **3** Die Rue des Degrés ist die kürzeste Straße (5,75 Meter) von Paris. **4** Das älteste Haus stammt aus dem Jahr 1407. **5** Die Rue du Chat-qui-pêche ist nur 2,5 Meter breit. **6** Zimmer im Cécil-Hôtel. **7** Hôtel Raphael: Frühstück mit Ausblick.

hundert Quadratmeter großer Laden, in dem sich auf Tischen und in Regalen Pappschachteln stapeln. Sie enthalten Zeitungen, Zeitschriften, Broschüren, Publikationen und Stadtpläne von 1895 bis heute. Man findet alte Ausgaben von »Playboy«, »Punch«, »Vogue« und »Simplicissimus«. In mit »Verkehr«, »Jazz«, »Sartre« oder »Bardot« beschrifteten Kisten lagern thematisch geordnete Zeitungsartikel. In einer Ecke liegt leicht abgegriffen »Die deutsche Reichswehr. 24 farbige Tafeln mit 220 Abbildungen von Uniformen und Abzeichen in originalgetreuer Ausführung«. Christian Bailly, ehemaliger Journalist und Gründer von »La Galcante«, schätzt, dass seine Sammlung sieben Millionen Titel umfasst – ein Paradies für Schmöker auf der Suche nach Informationen und Kuriositäten. Nicht weniger ausgefallen ist der Laden »Produits des Monastères« in der Rue des Barres 10. Er verkauft Produkte französischer Klöster, unter anderem Kekse, hergestellt nach einem Rezept der heiligen Hildegard aus dem zwölften Jahrhundert, leckere Heidelbeerkonfitüre mit Sauvignon-Wein des Klosters Jassoneix und CDs mit Kirchengesängen, aufgenommen in der Basilika von Vézelay.

Doch damit nicht genug der Entdeckungen. Die Rue Cavallotti, in die sich kaum Touristen verirren, präsentiert sich als Open-Air-Galerie. Vor einigen Jahren haben Kunststudenten die eisernen Stores der Geschäfte à la Vermeer, Modigliani, Rousseau, Toulouse-Lautrec und Warhol bemalt. Nur wenige Schritte vor dem mittleren Portal der Notre-Dame markiert eine runde Messingplatte den »Point Zéro« (Nullpunkt). Von hier werden die Straßenentfernungen zwischen Paris und allen Orten Frankreichs gemessen. Im knallgelben einstöckigen Haus in der Rue de Rivoli 21bis, dem ältesten Friseursalon der Stadt, werden seit 1832 die Haare geschnitten. Die Rue des Degrés ist mit 5,75 Metern die kürzeste Straße, die schmalsten sind Rue de Venise (2 Meter) und Rue du Chat-qui-pêche (2,5 Meter). Das gerade fünf Metern hohe und 120 Zentimeter breite Haus in der Rue du Château d'Eau 39 soll das kleinste, das Haus Nummer 51 in der Rue de Montmorency das älteste Haus von Paris sein. Es stammt aus dem Jahr 1407, steht entsprechend windschief und ist heute die »Auberge Nicolas Flamel«.

Zeit für Überraschungen

Übernachten

Cécil-Hôtel, Rue Beaunier 47 (14. Arrondissement), Tel.: 01-45409353, Internet: www.cecilhotel.net, Metro: Porte d'Orléans.

6.

Das 2-Sterne-Hotel liegt gut zwei Kilometer von der Gare Montparnasse entfernt außerhalb des touristischen Paris. Jedes der 25 Nichtraucherzimmer ist anders eingerichtet – mal dient Marrakesch, mal Schanghai als Vorbild –, jedes blickt auf das Biotop der ehemaligen Ringbahn. Die Metro-Station Porte d'Orléans befindet sich nur zwei Straßen entfernt, die Linie vier führt direkt in die City.

Hôtel Lorette Opéra, Rue Notre-Dame-de-Lorette 36 (9. Arrondissement), Tel. 01-42851881, Internet: www.loretteopera.com/index.french.html, Metro: Saint-Georges, Notre-Dame-de-Lorette.
Dem 3-Sterne-Hotel südlich von Montmartre gelingt die Symbiose von Alt und Neu. Ein betagtes Wohnhaus in der Rue Lorette wurde vollständig umgebaut und mit Möbeln des Designers Philippe Starck eingerichtet. Große Fenster und helle Farben schaffen ein freundliches Ambiente, eine Wendeltreppe führt zum Frühstückszimmer im Untergeschoss mit unverputzten Kellermauern. Drei der 84 Zimmer sind rollstuhlgängig. Und die nächste Metro-Station liegt exakt 43 Meter entfernt.

Hôtel Raphael, Avenue Kléber 17 (16. Arrondissement), Tel.: 01-53643216, Internet: www.raphael-hotel.com, Metro: Kléber. Das 4-Sterne-Hotel bei der Place Charles-de-Gaulle gehört zu den besten Adressen in Paris und ist wie das Adlon Kempinski in Berlin und The Dorchester in London Mitglied der Leading Hotels of the World. Mit lediglich 90 Zimmern und Suiten hat das Raphael den Charme eines Boutique-Hotels, weshalb hier gern VIPs aus Showbusiness und Politik absteigen, wenn sie privat in Paris weilen. In den riesigen Zimmern dominieren Stilmöbel, auf der Speisekarte des Restaurants, das sich unprätentiös »La Salle à manger« (Esszimmer) nennt, stehen leichte französische Gerichte. Die begrünte Dachterrasse, auf der Drinks serviert und zweimal täglich Büffets aufgebaut werden, bietet einen der schönsten Blicke auf Paris und den Eiffelturm. Ernst Jünger, der im Zweiten Weltkrieg als Hauptmann in Paris stationiert war, wohnte im Raphael. In seinem »Zweiten Pariser Tagebuch« schildert er nicht nur Begegnungen mit Jean Cocteau, Georges Braque und Pablo Picasso, sondern auch alliierte Bombenangriffe:

7.

»Ich eilte auf das Dach. Dort eröffnete sich den Augen ein zugleich furchtbares und großartiges Bild.«

Seitensprünge in die Umgebung
Es muss nicht immer Versailles sein

Schloss Versailles und Disneyland Paris bilden die größten Sehenswürdigkeiten außerhalb der ehemaligen Stadtmauern. In ihrem Schatten stehen ein anderes Schloss und ein zweiter Themenpark, die nicht weniger interessant sind.

Nicolas Fouquet, Vicomte de Melun et de Vaux, Marquis de Belle-Isle, war ein vielseitiger Mann: Finanzminister, Kunstsammler, Mäzen, Gourmet und Frauenheld. Mitte des 17. Jahrhunderts beschloss er, südlich von Paris unweit der Ortschaft Melun eine Residenz zu bauen, die seiner Macht und seinem Reichtum würdig sein sollte. Dazu verpflichtete der Vicomte Frankreichs beste Künstler – den Architekten Louis Le Vau, den Maler Charles Le Brun und den Landschaftsarchitekten André Le Nôtre.
Le Vau entwarf ein Barockschloss mit einer zentralen Kuppel und symmetrisch angeordneten Räumen. Le Brun dekorierte Türen, Wände und Decken überreich mit Stuckaturen, Ornamenten und allegorischen Darstellungen. Le Nôtre legte den ersten und zugleich perfektesten Garten im französischen Stil an. Beiderseits einer zentralen Mittelachse, die sich am Horizont verliert, befinden sich symmetrische Rasenflächen, Wasserbassins, Springbrunnen und Statuen, geometrisch zurechtgeschnittene Hecken und verschlungene Rankenornamente aus Buchs. Dichte Wälder bilden auf drei Seiten einen Rahmen für die ganze Anlage.
Der Gartenkünstler, der die Natur rigoros stilisierte, war auch ein Meister der optischen Täuschung. Wer auf der Freitreppe stehend den Garten betrachtet, glaubt drei gleich große runde Bassins zu sehen. Erst bei einem Spaziergang auf den schnurgeraden Wegen entdeckt er seinen Irrtum: Das Bassin, das näher beim Schloss liegt, ist kleiner als die entfernteren. Um dem Betrachter ein möglichst harmonisches Bild zu bieten, übertölpelte Le Nôtre das menschliche Auge, indem er die perspektivische Verzerrung korrigierte, die Objekte in zunehmender Entfernung immer kleiner erscheinen lässt. In einem riesigen quadratischen Bassin spiegelt sich das 500 Meter entfernte Schloss in Originalgröße. Ein verblüffender Effekt, den nahezu unmerkliche Terrassierungen der Anlage ermöglichen: Wenn der Einfallswinkel des Objekts auf die Wasserfläche dem Ausfallswinkel entspricht, dann entsteht ein entsprechendes Spiegelbild.

1 Mary Poppins bei der Parade in den Walt Disney Studios. **2** Mickymaus als Luftballon. **3** Asterix und Obelix begrüßen die Besucher des Parc Astérix. **4** Das Château Vaux-le-Vicomte spiegelt sich in Originalgröße in einem Wasserbassin, das 500 Meter entfernt liegt.

Die Bauarbeiten am Schloss dauerten fünf Jahre. Dörfer wurden niedergerissen, Sümpfe trocken gelegt, Wälder gerodet und Kanäle angelegt. War Fouquet zu stark mit seinem Prestigebau beschäftigt, um den Stimmungsumschwung am Königshof wahrzunehmen? Dort wurde so lange gegen ihn intrigiert, bis der erst 22-jährige Ludwig XIV. überzeugt war, dass sein Finanzminister die Macht missbrauche und sich schamlos bereichere. Am 17. August 1661 organisierte Nicolas Fouquet ein rauschendes Fest im Château Vaux-le-Vicomte. Auf der Einladungsliste standen über tausend Namen, angeführt vom König, der um sechs Uhr abends in einer von sechs Schimmeln gezogenen Kutsche eintraf. Auf dem Rundgang durch sämtliche Räume wurde ihm die Diskrepanz zwischen seinem bescheidenen Jagdschlösschen Versailles und dem prunkvollen Schloss des Gastgebers bewusst. Den weiteren Ablauf des Tages schilderte der ebenfalls eingeladene Fabeldichter Jean de la Fontaine in einem Brief: »Man machte einen Spaziergang durch den Garten. Der ganze Hof war entzückt von den Wasserspielen. (…) Danach ging man zum Abendessen. Köstlichkeit und Seltenheit der Gerichte waren groß. (…) Nach dem Essen kam die Komödie im Theater bei der Tannenallee an die Reihe.« Eigens

für den Abend hatte Molière eine Komödie mit Ballett geschrieben, in der er selbst mitspielte. Nach einem Feuerwerk reiste der König um zwei Uhr nachts ab.

Das Fest war der Tropfen, der das Fass zum Überlaufen brachte. Es durfte nicht sein, dass ein Vicomte den »Sonnenkönig« in den Schatten stellte. Auf Befehl Seiner Majestät verhaftete d'Artagnan, Hauptmann der Musketiere und später als Haudegen in Alexandre Dumas' »Die drei Musketiere« berühmt geworden, den Finanzminister, um ihn erst in die Bastille und nach einem Schauprozess in ein südfranzösisches Fort zu bringen. Hier verbrachte Nicolas Fouquet die nächsten 16 Jahre bis zu seinem Tod in einer Einzelzelle. Kaum hatte der Monarch den Mann, der seinen Neid erregt hatte, aus dem Verkehr gezogen, beauftragte er das kreative Team von Schloss Vaux-le-Vicomte mit dem Bau von Schloss Versailles und einem Garten mit Le Nôtres innovativen Ideen. Heute befindet sich Fouquets Château im Besitz der Familie de Vogüé und ist für die Öffentlichkeit zugänglich. Die Besucher besichtigen das Schloss und spazieren durch den Garten, werfen einen Blick in die Küche und klettern in die Kuppel hoch, von wo sie einen traumhaften Blick auf den genial konzipierten Park haben.

1/2 Blick von der Kuppel des Château Vaux-le-Vicomte auf die Wirtschaftsgebäude. Die streng geometrische Anlage des Landschaftsarchitekten Le Nôtre gehört zu den schönsten Gärten »à la française«. **3** Le Nôtre schuf auch den Park von Schloss Versailles. **4** Kronleuchter im Schloss Vaux-le-Vicomte. **5** Reiterstatue des »Sonnenkönigs« im Ehrenhof von Schloss Versailles. **6** Die Versailler Spiegelgalerie.

Während jährlich 250 000 das Château Vaux-le Vicomte besuchen, drängen sich in Versailles drei Millionen durch Kapelle, königliche Gemächer und Spiegelgalerie, die 25 Meter kürzer ist als der Nachbau des Bayernkönigs Ludwig II. im Schloss Herrenchiemsee. Danach flanieren oder fahren sie durch den Park, sind fasziniert von den Alleen, Bassins, Skulpturen, Wasserspielen und Zierbeeten. Beim Lustschlösschen Petit Trianon in der nordwestlichen Ecke reibt sich jeder ungläubig die Augen: An einem künstlichen See steht ein normannisches Dorf mit Bauernhof, Mühle, Taubenhaus und zwei Molkereien. Hier hatte sich die Königin Marie-Antoinette eine Traumwelt geschaffen, in die sie vor der Hofetikette floh, um Bäuerin zu spielen. Ende 1999 wurde das ländliche Idyll durch einen Orkan schwer beschädigt.

1 Im Asterix-Park führt die »Via Antica« zu einem künstlichen Hügel, auf dem ein sieben Meter großer Asterix sitzt. 2 Gruppenbild mit Idefix und Menhir. 3 Alle Wege führen bekanntlich nach Rom. 4 Wikingerschiffe gleiten um das Gallierdorf herum. 5 Auch im Asterix-Park sorgen Looping-bahnen für Nervenkitzel. 6 Kinderfreund Obelix.

Inzwischen sind die Renovierungsarbeiten erfreulicherweise abgeschlossen und die »Domaine Marie-Antoinette« hat wieder ihren bukolischen Charme.

Das Retortendorf der französischen Königin versetzt den Besucher ins 18. Jahrhundert, der Parc Astérix ins Jahr 50 vor der Zeitrechnung zurück. Beim Eingang zeigt ein Wegweiser links nach Frankreich, rechts nach Gallien zu Asterix (»Die spinnen, die Römer!«) und Obelix (»Ich bin nicht dick, nur etwas kräftig gebaut!«). Die Via Antica – links ein Chalet aus »Asterix bei den Schweizern«, rechts das windschiefe Haus des Architekten Numerobis aus »Asterix und Kleopatra« – führt zu einem künstlichen Hügel, von dem ein sieben Meter großer Asterix auf sein Reich hinabschaut. Obelix darf seinen Lieblingsbeschäftigungen nachgehen – Plastikwildschweine mampfen und Römer verprügeln. Wenn das ungleiche Paar »live« daherspaziert, wird es umringt, fotografiert und um Autogramme gebeten. Wikingerschiffe gleiten um das Gallierdorf, vorbei an Figuren, die der Asterix-Fan-Gemeinde aus 34 Comics-Alben und zehn Filmen vertraut sind.

Im 1989 eröffneten gallischen Themenpark mit zahlreichen Wasserflächen und jährlich 1,8 Millionen Besuchern sorgen Mimen, Musiker und Stuntmen für Animation und führen Delfine ihre Kunststücke vor. Es gibt 31 Attraktionen, die »Menhir-Express«, »Römische Galeere«, »Flug des Ikarus« oder »Wald des Druiden« heißen und Achterbahnen, Riesenschaukeln, Karussells oder Wildwasserbahnen sind. Neun Attraktionen sind eigens für Kinder konzipiert. Das ist alles sehr vergnüglich, doch taucht der Wort- und Bildwitz, mit dem die Comics-Autoren René Goscinny (Text) und Albert Uderzo (Zeichnungen) brillierten, nur gelegentlich auf. Beispielsweise in einer römischen Tankstelle, wo Pferdekutschen die Wahl zwischen »normalem« und »bleifreiem« Heu haben. Oder bei einem der »Bocca della Verità« in Rom nachempfundenen Abfall-

eimer, der erst »Ich bin so hungrig« stöhnt, dann vergnüglich Speisereste und Pappteller mampft, ungeniert rülpst und schließlich schwärmt: »Hat köstlich geschmeckt!«

Als im Frühling 1992 Euro Disney, das heute Disneyland Paris heißt, knapp 60 Kilometer vom Park Asterix entfernt seine Pforten öffnete, war ein Kampf um die Gunst des Publikums unvermeidlich. Gegen Know-how und Dollarmillionen der Disney Corporation schienen die Gallier chancenlos zu sein. Weit gefehlt! Der Druide braute seinen Zaubertrank extra stark, Asterix und Obelix knurrten: »Die spinnen, die Amerikaner!« Dieses eine Mal widersetzten sie sich nicht tapsigen Römern, sondern dem bewährten Team von Micky, Donald und Pluto. Die Schlacht ging unentschieden aus – finanziell haben die Gallier die Nase vorn, bei den Besucherzahlen die Amerikaner.

Mit jährlich über zwölf Millionen Besuchern, das sind annähernd so viele wie Eiffelturm und Louvre-Museum zusammen aufweisen, ist Disneyland Paris Europas Touristenattraktion Nummer eins. Lange konnte sich die Walt Disney Corporation nicht entscheiden, ob sie ihren Park in Barcelona oder in Paris bauen sollten. Beide Städte buhlten um den Standort, der Tausende von Arbeitsplätzen und satte Einnahmen aus dem Tourismus versprach. Schließlich siegte Paris, das dem amerikanischen Unterhaltungskonzern nebst Finanzierungshilfen, Steuererleichterungen und billigem Bauland auch eine RER-Linie und einen TGV-Bahnhof garantierte. Als Gegenleistung verlangte die Stadt, dass im Park nationale und europäische Elemente vertreten sein müssen. Kaum war der Vertrag unterschrieben, kam es zum Eklat. Nach Kaugummi, Jazz, Elvis Presley und jetzt auch noch Mickymaus! Frankreichs Kulturminister Jack Lang sprach von »Kultur auf dem kleinsten gemeinsamen Nenner«, die renommierte Regisseurin Ariane Mnouchkine von einem »kulturellen Tschernobyl«. Disneys PR-Abteilung konterte jedoch geschickt. Sie erinnerte daran, dass Walt Disneys Vorfahren einst aus dem französischen Dorf Isigny-sur-Mer nach Amerika ausgewandert waren, sich Disney für die Fun-Parks vom Tivoli in Kopenhagen inspirieren ließ und viele seiner Filme auf europäischen Vorlagen beruhen: »Schneewittchen und die sieben Zwerge«, »Peter Pan«, »Pinocchio«, »Schweizer Robinson«, »Das Dschungelbuch«. Kurz: Wozu eigentlich die Aufregung, denn Disney kehre nur dorthin zurück, wo er seine Ideen geholt habe.

Disneyland Paris übernahm das Konzept der amerikanischen Parks, ist jedoch keine Kopie. Es gibt eine Main Street, vier thematische Sektionen, Evergreens wie die »Piraten der Karibik« und das

1 Disneyland Paris ist Europas meistbesuchte Touristenattraktion.
2 Wahrzeichen Dornröschenschloss. 3/4 Autogrammstunde mit Minni Maus und Donald Duck. 5 Die Attraktion Space Mountain ist ein Tribut an Jules Vernes »Von der Erde zum Mond«. 6 Mississippi-Fahrt unter französischem Himmel. 7 Stunt-Show in den Walt-Disney-Studios. 8 Das familienfreundliche Hôtel des trois Hiboux.

unvermeidliche Dornröschenschloss als Wahrzeichen. Im kalifornischen Ur-Disneyland war Neuschwanstein als Vorbild unübersehbar, in Frankreich orientierten sich die Architekten am Mont Saint-Michel sowie an den Loire-Schlössern und Abbildungen im Stundenbuch »Les Très Riches Heures« aus dem 15. Jahrhundert. Gleich zwei Attraktionen zollen Jules Verne ihren Tribut. In einer künstlichen Lagune schwimmt das Unterseeboot »Nautilus« aus »20 000 Meilen unter den Meeren«. Über eine Wendeltreppe und einen düsteren Korridor gelangt man ins Innere, macht einen Rundgang und findet den Salon genau so, wie ihn Verne 1870 beschrieben hat: »Von der arabeskenverzierten Decke fiel weiches, reines Licht auf all die Wunderwerke der Natur und der Kunst, die der Kapitän Nemo in diesem Privatmuseum versammelt hatte.« Hinter einem überdimensionierten Bullauge taucht ein riesiger Tintenfisch auf, an der Stirnseite steht die Orgel, die bereits

in der Verfilmung des Romans durch Walt Disney zu sehen war. Unmittelbar neben dem U-Boot steht der »Space Mountain«, ragt ein gigantisches, reich verziertes Kanonenrohr, auf dessen Sockel »Columbiad« steht, in den Himmel. Man nimmt Platz in einem der sechs offenen Schienenfahrzeuge, fährt ins Kanonenrohr, wird mit viel Lärm und Rauch in den Weltall-Berg katapultiert, rast mit 70 Stundenkilometern an Meteoriten und Kometen vorbei und kehrt kurz vor der Mondlandung wieder zurück.

Die Idee einer Kanone des Typs Columbiad, im 19. Jahrhundert das mächtigste Geschütz der amerikanischen Armee, und einer Bahnfahrt zum Mond stammt aus Vernes Roman »Von der Erde zum Mond« aus dem Jahr 1865: »Ich glaube, nicht zu weit zu gehen, wenn ich behaupte, man werde bald Projektilzüge einrichten, um bequem die Reise zum Mond zu machen. Ehe 20 Jahre verflossen sind, wird die Hälfte der Erdbewohner einen Besuch auf dem Mond gemacht haben.«

Trotz dieser Verbeugungen vor der französischen Kultur stellen Franzosen in Disneyland Paris nur 40 Prozent der Besucher, im Parc Astérix jedoch 85 Prozent. Kein Wunder, ist doch der pfiffige Asterix im nationalen Kollektivgefühl genauso verankert wie das Fussballidol Zinédine Zidane.

Zeit für die Umgebung

Château Vaux-le-Vicomte
Anreise: mit der Eisenbahn von der Gare de Lyon oder mit Linie D der RER in 30 Minuten nach Melun. Von hier mit Taxi oder Bus (Samstag, Sonntag und Feiertage) zum sechs Kilometer entfernten Schloss. Internet: www.vaux-le-vicomte.com

Château de Versailles
Anreise: mit der Eisenbahn von der Gare Saint-Lazare oder mit Linie C der RER nach Versailles. Internet: www.chateauversailles.fr

Parc Astérix
Anreise: mit Linie 3 B der RER zum Flughafen Roissy CDG 2, weiter mit dem Pendelbus auf Quai A 3 des Busbahnhofs zum Parkeingang. Der Park bleibt von Oktober bis April geschlossen. Internet: www.parcasterix.fr

8

Das zum Park gehörende, 1999 eröffnete rustikale Hôtel des trois Hiboux liegt inmitten eines Wäldchens. Die hundert Nichtraucherzimmer sind extrem groß (30 Quadratmeter) und ausgesprochen familienfreundlich (bis fünf Betten). Im Erdgeschoss haben sie eine Terrasse, im ersten Stock einen Balkon. Das überwiegend aus Holz gebaute 3-Sterne-Hotel verfügt unter anderem über ein Kinderzimmer, eine Bibliothek, eine Bar und drei Restaurants. Alle 20 Minuten verkehrt ein Pendelbus zum Parkeingang, Tel.: 03-44623434, Internet: hoteldestroishiboux.abcsalles.com

Disneyland Paris
Anreise: mit Linie A der RER zur Endstation Marne la Vallée, die sich unmittelbar beim Parkeingang befindet.
Internet: www.disneylandparis.com.
Der 1943 Hektar große Freizeitkomplex Disneyland Resort Paris besteht aus den Themenparks Disneyland Paris und Walt Disney Studios, dem Vergnügungszentrum Disney Village sowie mehreren Hotels der Kategorien zwei bis vier Sterne mit 5700 Zimmern und Suiten. Alle Hotels sind thematisch konzipiert: Im *Hotel Cheyenne* fühlt man sich im Wilden Westen, im *Hotel New York* in einem Art-déco-Wolkenkratzer. Die von Sequoiabäumen umgebene *Sequoia Lodge* ist den »Prairie Houses« des amerikanischen Architekten Frank Lloyd Wright nachempfunden. Das *Disneyland Hotel* hat das Hotel Del Corinado in San Diego zum Vorbild, das Kinogänger aus Billy Wilders Film »Manche mögen's heiß« mit Marilyn Monroe kennen.

Aus dem Rahmen fällt die *Davy Crockett Ranch* mit 498 Bungalows, die über eine Küche verfügen. Die Entfernung zu den Parks beträgt wenige Meter (Disneyland Hotel) oder ein paar Gehminuten.

5

6

7

»Le Train Bleu« in der Gare de Lyon.

Praktische Informationen für Parisbesucher

Vor der Abreise

In Deutschland: Französisches Fremdenverkehrsamt Maison de la France, Postfach 100128, 60001 Frankfurt am Main, Tel.: 09001-570025, E-Mail: info.de@franceguide.com, Internet: www.franceguide.com.
In Österreich: Maison de la France, Lugeck 1/1/7, 1010 Wien, Tel.: 0900-250015, E-Mail: info.at@franceguide.com, Internet: www.franceguide.com.
In der Schweiz: Französisches Verkehrsbüro Maison de la France, Rennweg 42, Postfach 7226, 8023 Zürich, Tel.: 044-217-4600, E-Mail: info.ch@franceguide.com, Internet: www.franceguide.com.

Weitere Informationen im Internet

www.parisinfo.de: exzellente deutsche Website mit vielen praktischen Tipps, einer Hotelliste und einem Metro-Plan zum Herunterladen.
www.paris.fr: Website der Stadt Paris mit Hinweisen auf Ausstellungen und Veranstaltungen.
www.parisvoice.com: Online-Ausgabe des gleichnamigen Stadtmagazins (Englisch).
www.parisgratuit.com: ein Veranstaltungskalender und viele Links.
www.restoaparis.com: Restaurants nach Arrondissement geordnet und mit Kriterien wie »Nichtraucher« oder »bis in die frühen Morgenstunden geöffnet«.

Beste Reisezeit

Am schönsten präsentiert sich die Stadt im Frühling und Herbst. Wenn von Mitte Juli bis Ende August ganz Frankreich Urlaub macht, bleiben Touristen in Paris unter sich, haben teilweise Bistros, Brasserien und Restaurants, Museen und Theater geschlossen. Dafür gibt es freie Parkplätze. Für Theaterbesuche empfehlen sich November und Dezember, wenn Premieren auf dem Programm stehen.

Telefon

Aus dem Ausland nach Paris: 0033 für Frankreich, 1 für Paris (Festnetz) beziehungsweise 6 (Handy) und eine achtstellige Nummer. Lokalgespräche: 01 und eine achtstellige Nummer. Von Paris ins Ausland: 0049 für Deutschland, 0043 für Österreich, 0041 für die Schweiz.

Anreise

Mit dem Flugzeug: Paris hat zwei internationale Flughäfen: Roissy-Charles de Gaulle und Orly. Auf Ersterem landen die meisten ausländischen Gesellschaften: aus Deutschland Lufthansa, Air France, easyJet und Germanwings, aus der Schweiz Swiss und Air France, aus Österreich Austrian Airlines und Air France.
Drei öffentliche Verkehrsmittel verbinden den Flughafen Roissy-Charles de Gaulle mit dem 23 Kilometer entfernten Stadtzentrum:
Cars Air France: alle 15 Minuten mit Linie 2 zur Porte Maillot und Place Charles-de-Gaulle. Alle 30 Minuten mit Linie 4 zur Gare Montparnasse und Gare de Lyon. Fahrkarten (12 Euro) sind an den Schaltern von Air France oder beim Busfahrer erhältlich.
Roissybus: alle 15 Minuten zur Opéra Garnier, Rue Scribe. Fahrkarten (ca. 8,40 Euro) beim Busfahrer.
RER (Réseau Express Régional): Die Linie B fährt alle vier bis 15 Minuten zu den Stationen Gare du Nord, Châtelet-Les Halles, Saint-Michel, Luxembourg, Port Royal, Denfert-Rochereau und Cité Universitaire. Fahrkarten (8,40 Euro) an den Schaltern und Automaten der RER-Stationen.
Mit der Eisenbahn: Seit Juni 2007 ist das ICE-Netz der Deutschen Bahn an Frankreichs TGV-Netz angebunden. Die bis 320 Stundenkilometer schnellen Züge verkürzen die Reisezeit nach Paris (Gare de l'Est) um ein Drittel: Mit ICE in drei Stunden 50 Minuten von Frankfurt über Stuttgart in die französische Hauptstadt, mit TGV von München in sechs Stunden 15 Minuten, von Zürich über Basel in vier Stunden 35 Minuten. Von London (Waterloo Station) nach Paris (Gare du Nord) dauert die Fahrt mit dem Eurostar zwei Stunden 35 Minuten.
Mit dem Auto: Frankreichs Autobahnen sind mautpflichtig. In Paris sind Einbahnstraßen häufig, freie Parkplätze rar, Parkhäuser teuer, Tankstellen schwer zu finden und Staus an der Tagesordnung. Lassen Sie daher das Auto zu Hause, mit der Metro kommen Sie in der Stadt schneller ans Ziel.

Übernachtungen

Paris hat über 1500 Hotels für jeden Geschmack und jeden Geldbeutel. Die offizielle Klassifizierung umfasst fünf Kategorien, von einem bis vier Sterne Luxus, was in Frankreich einem 5-Sterne-Hotel entspricht. Als Richtpreise für eine Übernachtung gibt das Office du Tourisme et des Congrès de Paris an:

*	mittlerer Standard	–
**	guter Standard	81 Euro
***	hoher Standard	107 Euro
****	sehr hoher Standard	211 Euro
****L	Luxus	211 Euro

In der Nebensaison (1. November bis 31. März) sind die Preise niedriger als in der Hauptsaison (1. April bis 31. Oktober). Während Großveranstaltungen, Messen und Modewochen kommt es zu Engpässen. Daher sollte ein Zimmer schon Monate im Voraus reserviert werden. Wer Paris kennenlernen will und daher viel unterwegs ist, bucht am besten ein Hotel in der Nähe einer Metro-Station. Eine gute Übersicht über das Hotelangebot gibt das Office du Tourisme et des Congrès de Paris auf der Website www.de
parisunfo.com/paris_hotels_de: erst Kategorie, danach Stadtviertel anklicken, das Angebot prüfen und online reservieren. Weitere Online-Reservationen auf www.hotel.de und www.expedia.de

Parlez-vous français?

Grundkenntnisse der französischen Sprache sind von Vorteil. Allerdings ist das Französisch der Franzosen nicht identisch mit dem Schulfranzösisch. Es wimmelt beispielsweise von Abkürzungen: resto für Restaurant, foot für Football (Fußball), sympa für sympathisch. Anglizismen sind zwar offiziell verpönt, setzen sich aber immer mehr durch: Ein Flirt ist un flirt, ein Muss un must, ein Job un job. Wer im Internet surft, ist ein Internaute und verschickt Mails. Doch ein Computer ist ein ordinateur, ein Handy ein portable. Parterre hört sich französisch an, doch Franzosen sagen zu Erdgeschoss rez-de-chaussée. Wer zu viel Alkohol getrunken hat, ist nicht blau, sondern noir, schwarz.

Transportmittel

Metro: Die Metro-Züge folgen sich in dichten Abständen, kaum eine Sehenswürdigkeit liegt mehr als 500 Meter von einer Station entfernt. Eine Fahrt kostet 1,70 Euro, le carnet mit zehn Tickets 10,50 Euro. Sie gelten auch für Bus, RER (Réseau Express Régional) auf städtischem Gebiet und die Montmartre-Standseilbahn. Die Tickets erlauben ein beliebiges Umsteigen, sofern das Bahnareal nicht verlassen wird. Bei jeder mit einem großen »M« gekennzeichneten Metro-Station befindet sich ein Streckenplan. Kostenlose Pläne sind am Ticketschalter und im Office du Tourisme et des Congrès de Paris erhältlich.
Das Orientierungssystem in der Pariser Metro ist nahezu narrensicher. Man merkt sich die Nummer und die Endstation der Linie, an der sich die gewünschte Station befindet, folgt der Ausschilderung und gelangt zum Bahnsteig. In der Zielstation zeigt die Tafel »Sortie« den Weg zum Ausgang, die Tafel »Correspondance« mit den Nummern der Linien zum Bahnsteig für die Weiterfahrt. In den Verkehrsknotenpunkten Châtelet-Les Halles und Montparnasse kann dies allerdings ein längerer Fußmarsch durch verwinkelte Gänge sein, treppauf und treppab, über Rollbänder und Rolltreppen. Vorsicht vor Taschendieben in den Rushhours und in der von Touristen stark frequentierten Linie 1. Weitere Informationen im Internet: www.ratp.fr.
RER: Die fünf Linien der S-Bahn sind mit den Buchstaben A bis D bezeichnet. Auf städtischem Gebiet sind die Metro-Tickets gültig, die jedoch, anders als in der Untergrundbahn, am Ende der Fahrt in die Ausgangssperre gesteckt werden müssen. Außerhalb der Stadt ist ein Fahrausweis nötig, dessen Preis vom Zielort abhängt. Internet: www.ratp.fr.

Bus: Bustickets sind identisch mit Metrotickets. Sie erlauben kein Umsteigen, dafür bieten Busfahrten die Möglichkeit zu preisgünstigen Sightseeing-Touren. Internet: www.ratp.fr.
Schifffahrt: siehe Seite 19 (Infospalte Seine) und 139.
Taxi: In Paris verkehren 15 300 konzessionierte Taxis, die ein Taxameter und auf dem Dach ein Leuchtschild mit »Taxi Parisien« haben. Im Stadtgebiet gelten drei Tarife: Tarif A von 10 bis 17 Uhr, Tarif B von 17 bis 10 Uhr sowie an Sonn- und Feiertagen von 7 bis 24 Uhr. Tarif C von Mitternacht bis 7 Uhr. Internet: www.taxi-paris.net

Stadtrundfahrten

Mit dem Bus: Die Cars Rouges, rote Doppeldeckerbusse mit offenem Oberdeck, unternehmen zweistündige Stadtrundfahrten. Bei jedem der neun Stopps – unter anderem Eiffelturm, Louvre-Museum, Garnier-Oper und Trocadéro – kann aus- und eingestiegen werden. Erklärungen erfolgen über Kopfhörer auch auf Deutsch und Englisch. Eine Tageskarte, erhältlich beim Fahrer oder im Office du Tourisme et des Congrès de Paris, kostet 22 Euro. Internet: www.carsrouges.com
Auch die gelben Doppeldecker von L'Open Tour machen Rundfahrten nach dem Hop-off-hop-on-Konzept, allerdings mit 50 Stopps auf vier unterschiedlichen Routen: Grand Tour, Bastille-Bercy, Montmartre-Grands Boulevards und Montparnasse-Saint-Germain-des-Prés. Ein Tag kostet 25 Euro, zwei aufeinanderfolgende Tage 28 Euro. Tickets sind beim Fahrer oder im Office du Tourisme et des Congrès de Paris erhältlich. Internet: www.paris-opentour.com

1 Lassen Sie das Auto zu Hause! Der Verkehr ist chaotisch und Parkplätze sind rar. **2** Seit Juni 2007 ist Paris mit TGV und ICE schneller zu erreichen. **3** Es muss nicht das feudale Hotel Ritz sein. Paris verfügt über Übernachtungsmöglichkeiten für jeden Geschmack und jeden Geldbeutel. **4** »Oben ohne«-Stadtrundfahrten nach dem Hop-off-hop-on-Konzept.

Mit einer »Ente« durch Paris: »4 roues sous 1 parapluie«, vier Räder unter einem Regenschirm, nennt sich ein von Studenten gegründetes Unternehmen, das Stadtrundfahrten mit dem legendären Oldie 2 CV (Deux Chevaux), liebevoll »Ente« genannt, durchführt. Der Regenschirm im Firmennamen weist darauf hin, dass mit offenem Verdeck gefahren wird. Auf dem Programm stehen thematisierte Touren wie »Paris für Frühaufsteher«, »Historisches Paris« oder »Shopping in Paris«. Anderthalb Stunden kosten bei drei Passagieren 54 Euro pro Person. Treffpunkt ist die Garnier-Oper oder ein Hotel. Tel.: 06-67322668, Internet:www.4roues-sous-1parapluie.com

Moto-Taxi: Die Staus auf den Pariser Straßen sind gefürchtet. Manager verpassen Konferenzen und Reisende ihr Flugzeug. Oft läuft gar nichts mehr, nur Scooters schlängeln sich noch durch den stehenden Verkehr. Damit war die Idee von Moto-Taxis geboren: Firmen wie Citybird mit einer Flotte von 15 Suzuki-Scootern transportieren termingeplagte Businessmen, eilige Shopper und Touristen, die in kurzer Zeit viel sehen wollen. 15 Minuten kosten 20 Euro. Telefon: 01-70753737, Internet: www.city-bird.com

Weitere Anbieter: u. a. www.moto-jet.com, www.scoot-express.com, www.libertytrans.fr.

Mit dem Fahrrad: Geführte Fahrradtouren mit Themen wie »Unbekanntes Paris« oder »Das Herz von Paris« bietet unter anderen »Paris à vélo, c'est sympa« (Paris mit dem Rad ist sympathisch) an. Der Preis von 34 Euro schließt Fahrradmiete, mehrsprachiger Begleiter und Versicherung ein. Treffpunkt: Rue Alphonse-Baudin 22, Metro-Station: Richard-Lenoir. Es können auch Räder für individuelle Touren gemietet werden. Tel.: 01-48876001, Internet: www.parisvelossympa.com. Fahrradtouren für Englisch Sprechende: www.frenchconnectiontours.com und www.fattirebiketoursparis.com

Inlineskater: Für eine gesellige Fahrt durch Paris treffen sich Anfänger sonntags um 14 Uhr auf dem Boulevard Bourdon an der Bastille-Oper (Metro-Station: Bastille), Fortgeschrittene freitagabends um 22 Uhr auf der Place Raoul-Dautry in Montparnasse (Metro-Station: Montparnasse).

Guten Appetit!

Die Pariser gehen in der Regel erst nach acht Uhr zum Abendessen. Nicht wenige bestellen statt Wein oder Mineralwasser »une carafe d'eau«, eine Karaffe Wasser, die gratis ist. Oft stehen auf einer Schiefertafel mit Kreide die Tagesspezialitäten angeschrieben. »Formule« oder »Menu touristique« bezeichnen ein preisgünstiges, meist zweigängiges Menü. Getrennte Rechnungen sind beim Bezahlen nicht üblich, norma-

lerweise erhält derjenige, der den Wein bestellt hat, die Rechnung für alle.

Bar: An der Theke stehend oder an einem Tisch sitzend bestellt der Gast ein Getränk oder eine Kleinigkeit zu essen.

Café: im Sprachgebrauch identisch mit Bar.

Bar à vin: Weinbar mit großer Auswahl an Weinen und kleiner Speisenkarte.

Bistro: kleines Restaurant mit familiärer Atmosphäre.

Brasserie: großes Restaurant mit einer reichen Auswahl an Bieren und einfachen Gerichten. Brasserie ist auch das französische Wort für eine Bierbrauerei.

Restaurant: Bezeichnung für ein Esslokal ohne Berücksichtigung seines Standards. Die Palette reicht von Hausmannskost bis zur »Haute Cuisine«.

Salon de thé: Ein Lokal, das vorwiegend nachmittags für Tee, Kuchen und Gebäck aufgesucht wird.

Restaurant-Tipps

Das »Bistrot des Dames« liegt versteckt in einer Gasse am Fuß des Montmartre-Hügels. Ein schmaler Gang führt in einen kleinen Garten, wo unter Bäumen eine Handvoll Tische steht – ein ländliches Ambiente in der Großstadt. Die Küche ist mediterran, die Preise sind moderat. Keine Vorbestellungen!
Bistrot des Dames, Rue des Dames 18, Metro-Station: Place de Clichy, Tel.: 01-45221342. Geöffnet von 12 bis 15 Uhr, von 19 bis 2 Uhr nachts.

»Chartier«, 1896 von den Brüdern Camille und Edouard Chartier eröffnet, ist eine Pariser Institution mit nostalgischem Charme: Die Wände sind holzgetäfelt, die Gerichte bodenständig, die Preise moderat. Nach beendeter Mahlzeit setzt sich der Kellner – schwarze Weste, lange weiße Schürze – ungeniert an den Tisch, notiert das Konsumierte auf die Papiertischdecke und zählt zusammen: »Voilà l'addition!«
Chartier, Rue du Faubourg-Montmartre 7, Metro-Station: Grands Boulevards, Tel.: 01-47708629. Täglich von 11.30 bis 15 Uhr und von 18 bis 22 Uhr geöffnet.

Das »Georges« im sechsten Stock des Centre Pompidou besticht durch leichte Küche, cooles Ambiente und einen besonders abends fantastischen Panoramablick auf Paris. Bei schönem Wetter wird auch auf der Terrasse serviert.
Georges, Centre Pompidou, Metro-Station: Rambuteau, Tel.: 01-44784799. Dienstag geschlossen.

Das an der Seine gelegene »Bel Canto« bietet »Italianità« für Gaumen und Ohr. Die Kellner, alles Studenten des Konservatoriums, produzieren sich jede Viertelstunde mit Opernarien von Puccini und Verdi und neapolitanischen »Canzoni«. Nichtraucherrestaurant, Vorbestellung empfohlen.
Bel Canto, Quai de l'Hôtel-de-Ville 72. Metro-Station: Hôtel de Ville, Tel.: 01-42783018. Von Dienstag bis Samstag ab 20 Uhr geöffnet.

Auf der Esplanade zwischen den beiden Flügeln des Palais de Tokyo, die Museen für moderne Kunst sind, befindet sich das »Tokyo Self«, ein

1 Es gibt nicht nur ausgeschilderte Radwege, sondern auch geführte Zweiradtouren. **2** Im populären Restaurant »Chartier« setzt sich der Kellner ungeniert an den Tisch, um das Verzehrte auf dem Papiertischtuch zu addieren. **3** Bercy Village garantiert lockere Atmosphäre. **4** Seit über hundert Jahren eine Pariser Institution: das Revuetheater Moulin Rouge.

Selbstbedienungsrestaurant. Man holt sich Salat, Tagesgericht und Nachspeise und nimmt unter einem Sonnenschirm mit Blick auf Seine und Eiffelturm Platz.
Tokyo Self, Avenue du Président-Wilson 13, Metro-Station: Iéna, Tel.: 01-47200029. Montag geschlossen.

»Le Train Bleu«, benannt nach dem einst zwischen Paris und Côte d'Azur verkehrenden Luxuszug, ist das wohl schönste Bahnhofsrestaurant der Welt – ein Stück Belle Époque im 21. Jahrhundert. Vergoldete Stuckaturen und riesige Landschaftsbilder, Najaden, Engel und Satyre schmücken Wände und Decken der beiden Säle. Allerdings entspricht die Küche nur bedingt der Raffinesse des Dekors.
Le Train Bleu, Gare de Lyon, Metro-Station: Gare de Lyon, Tel.: 01-43430906. Täglich geöffnet.

Bercy Village, auch Cour Saint-Émilion genannt, liegt am rechten Seine-Ufer im Südosten von Paris und ist eine knapp 200 Meter lange kopfsteingepflasterte Gasse, die beidseitig von ehemaligen Weingewölben gesäumt ist. Heute befinden sich dort Weinbars, Bistros, Cafés, Restaurants und Boutiquen. Hier bummeln »Bobos« und Familien mit Kindern, wird bis spät in die Nacht getrunken und gegessen, geflirtet und geshoppt.
Bercy Village, Metro-Station: Cour Saint-Émilion. Die Boutiquen sind von 9 bis 21 Uhr geöffnet, die Restaurants bis 2 Uhr früh. Internet: www.bercyvillage.com

Gut und preisgünstig – mittags zwischen 15 und 21 Euro – sind die Restaurants der Pariser Hotelfachschulen. Allerdings ist eine Vorbestellung obligatorisch, und es gibt feste Essenszeiten. Am Wochenende und während der Schulferien bleiben die Restaurants geschlossen.
Ecole supérieure de cuisine française Grégoire Ferrandi, Rue de l'Abbé-Grégoire 28, Metro-Station: Saint-Placide, Tel.: 01-49541731. Mittagessen von Montag bis Freitag zwischen 12.30 und 14.30 Uhr.
La Table d'Albert im Lycée Albert de Mun, Rue Pierre-Leroux 3, Metro-Station: Vaneau, Tel.: 01-43063309. Mittagessen von Montag bis Donnerstag um 12.30 Uhr, Abendessen Mittwoch und Donnerstag um 19.30 Uhr.
Restaurant de l'Institut Vatel, Rue Nollet 122, Metro-Station: Brochant, Tel.: 01-42262660. Mittag- und Abendessen von Montag bis Freitag zwischen 12 und 13.15 Uhr beziehungsweise 19 und 20.30 Uhr.

Baguettes

Alljährlich veranstaltet die Stadt Paris einen Grand Prix de la baguette. Über 250 Bäcker stellen sich einer Jury, die den besten Baguette-Bäcker der Metropole kürt. Sieger des Jahres 2006 wurde Jean-Pierre Cohier.

Sein Tipp für Hobbybäcker: »Mehl und Wasser müssen zuerst geknetet werden und danach zwei bis drei Stunden ruhen, bevor Salz und Hefe dazukommen.« Frankreich kennt weit über hundert Brotsorten, 74 Prozent der Franzosen kaufen Baguettes. Die traditionelle Version ist fünf bis sechs Zentimeter breit, drei bis vier Zentimeter hoch, einen Meter lang, 250 Gramm schwer, außen knusprig, innen zart und kostet um einen Euro. Für ein gutes Stangenweißbrot durchqueren Pariser nicht nur die halbe Stadt, sie stehen sogar vor der Bäckerei diszipliniert Schlange.

Top-Adressen in Paris:
Jean-Pierre Cohier, Rue du Faubourg-Saint-Honoré 270, Metro-Station: Tuileries.
La fournée d'Augustine, Rue Raymond Losserand, Grand-Prix-Sieger 2004, Metro-Station: Plaisance.
Au 140 (Grand-Prix-Sieger 2001), Rue de Belleville 140, Metro-Station: Pyrénées.

Paris by night

Pigalle oder Theater? Revue oder Zirkus? Konzert oder Disco? Die in Kiosken erhältliche Broschüre »Pariscope« listet auf über 200 Seiten nahezu lückenlos Veranstaltungen und Kulturangebot einer Woche – jeweils von Mittwoch bis Dienstag – auf. Man findet dort Adressen von 183 Theatern samt kurzer Inhaltsangabe der gespielten Werke, den Spielplan von 110 Kinos mit Inhaltsangabe, Kurzpräsentationen von Restaurants sowie auf sechs Seiten »Paris by night«-Adressen. »Pariscope« bringt aber auch die Spielzeiten von 13 Kasperletheatern sowie eine Liste kommentierter Stadtspaziergänge mit Themen wie »Künstlerateliers in Montparnasse« oder »Schwarzer Humor im Friedhof Père-Lachaise«. Eine wahre Fundgrube zum Preis von 40 Cents!

Register

Impressum

Unser komplettes Programm:
www.bruckmann.de

Die Autoren:

Kurt Ulrich, Reisejournalist und Fotograf, wuchs in der Schweiz an der französisch-deutschen Sprachgrenze auf und lebt am Zürichsee, wenn er nicht gerade auf Reisen ist. Paris ist und bleibt seine alte Liebe.

Dominique Lesbros, Journalistin und Buchautorin, stammt aus Südfrankreich und lebt in Paris. In bislang sechs Büchern hat sie den Leser zu Entdeckungsreisen durch »ihre« Metropole eingeladen.

Dank:
Die Autoren danken Caroline Martin Rebier von der Maison de la France in Zürich und Véronique Potelet vom Office du Tourisme et des Congrès de Paris für ihre tatkräftige Unterstützung, Monika Widler, Renate Herzfeld und François Kneuss fürs wohlwollend-kritische Lesen des Manuskripts.

Einbandfotos:

Vorderseite: Restaurant »La Duree« auf den Champs-Élyseés (gr. Bild); Pärchen vor dem Eiffelturm, Place des Vogeses, Klezmer-Band im Marais (o., v. l. n. r.).
Rückseite: Salsa-Party an der Seine (gr. Bild); Chanson-Abend im »Le Vieux Belleville«, Eiffelturm bei Nacht, »Le Train Bleu« in der Gare de Lyon (o., v. l. n. r.).

Bildnachweis:

Bildagentur Huber: S. 28 (gr. Bild), S. 48 l.; Cinetext Bild- und Textarchiv, Frankfurt a. M.: S. 96 (Nr. 3); dpa/Picture Alliance, Frankfurt a. M.: S. 24/25 u. (akg-images), S. 84/85 (ABACAPRESS.COM/Apaydin, A.), S. 82 (gr. Bild, PHOTOPQR/Le Parisien/Haegeli, L.), S. 100 u. l. (Mary Evans Picture Library), S. 86/87 (Robin, J.), S. 49 o. r. (UPPA.CO.UK), S. 102 u. r. (KPA); Hôtel Saint-James & Albany: S. 93 r. (2); Hôtel du 7e Art: S. 105 r.; Hôtel Raphael: S. 175 u.; Hôtel Rotary: S. 133; Hôtel Chopin: S. 145; Hôtel Cécil: S. 175; laif, Köln: S. 74 (gr. Bild, Adenis, P.), S. 24/25 o. (Aubert, A./Le Figaro), S. 74 o. l. (Haenel, G.), S. 156/157 (Redux/Edwards, P.); LOOK, München: S. 1 (Werner, F.), S. 48/49 (age-fotostock), S. 84 l. (Johaentges, K.), S. 154 (gr. Bild, travelstock44); Musée de la Contrefaçon: S. 158 o. r.; Musée du Vin: S. 158 o. M.; Musée de la Poupée: S. 161 r.; Musée des Lettres et Manuscrits: S. 161 o.; Terrass Hôtel: S. 51 r.
Umschlagvorderseite: gr. Bild: Wrba, Ernst; o. l.: dpa/Picture Alliance, Frankfurt a. M. (Chlers, C.); o. M.: laif, Köln (TOP/Jarry, M.-J., Tripelon, J.-F.); o. r.: Ulrich, Kurt.

Alle anderen Fotos stammen von Kurt Ulrich.

Die Karten für diesen Band zeichnete Astrid Fischer-Leitl, München.

Zeit für Paris – Die »Lichterstadt« entdecken und genießen

Alle Angaben dieses Bandes wurden von den Autoren sorgfältig recherchiert und vom Verlag auf Stimmigkeit und Aktualität geprüft. Allerdings kann keine Haftung für die Richtigkeit der Informationen übernommen werden. Für Hinweise und Anregungen sind wir dankbar. Zuschriften an den: Bruckmann Verlag, Produktmanagement, Postfach 400209, D-80702 München E-Mail: lektorat@bruckmann.de

Produktmanagement:
Joachim Hellmuth, Stephanie Iber
Textlektorat: Caroline Kazianka
Korrektorat: Anke Höhne
Grafische Gestaltung: Werner Poll, Stephansposching
Herstellung: Bettina Schippel
Repro: Repro Ludwig, Zell am See
Printed and bound in Italy
by Printer Trento

Die Deutsche Bibliothek – CIP Einheitsaufnahme
Ein Titeldatensatz für diese Publikation ist bei Der Deutschen Bibliothek erhältlich.